# 数字营销用户分析

主　编　王晓明　王　蕾
副主编　刘　焱　赵露杰　鲁晨琪
参　编　虞晓莉　单勤琴

北京理工大学出版社
BEIJING INSTITUTE OF TECHNOLOGY PRESS

## 内容简介

本书依托消费者行为理论,结合数字营销发展新趋势,紧紧围绕"新用户的自我重构"的个体内在分析、"新用户的圈层效应"群体外在分析、"用户画像"的营销技术分析、"用户行为"和"用户体验"业务场景分析,以及"用户禁区"的公序良俗规制分析内容展开。全书强调数字营销在用户行为研究中的新背景;强调数字技术在用户行为分析中的新引领;强调数字用户在营销时代的新特征和行为新轨迹;强调理论知识点睛,案例场景托底,突出网络经济、信息经济和数字经济的时代连接和结合。案例分析贯穿全书,同时每个项目末附有视频、练习或实验,采用调查、设计、话题讨论、习题等形式,加深读者对课程内容的理解。

**版权专有 侵权必究**

### 图书在版编目(CIP)数据

数字营销用户分析 / 王晓明,王蕾主编. -- 北京:北京理工大学出版社,2021.7(2021.8重印)
ISBN 978-7-5763-0084-0

Ⅰ. ①数… Ⅱ. ①王… ②王… Ⅲ. ①网络营销-高等学校-教材 Ⅳ. ①F713.365.2

中国版本图书馆 CIP 数据核字(2021)第 144666 号

---

出版发行 / 北京理工大学出版社有限责任公司
社　　址 / 北京市海淀区中关村南大街 5 号
邮　　编 / 100081
电　　话 /(010)68914775(总编室)
　　　　　(010)82562903(教材售后服务热线)
　　　　　(010)68944723(其他图书服务热线)
网　　址 / http://www.bitpress.com.cn
经　　销 / 全国各地新华书店
印　　刷 / 北京侨友印刷有限公司
开　　本 / 787 毫米 × 1092 毫米　1/16
印　　张 / 17　　　　　　　　　　　　　　　责任编辑 / 徐春英
字　　数 / 380 千字　　　　　　　　　　　　文案编辑 / 吴　欣
版　　次 / 2021 年 7 月第 1 版　2021 年 8 月第 2 次印刷　责任校对 / 周瑞红
定　　价 / 49.80 元　　　　　　　　　　　　责任印制 / 施胜娟

图书出现印装质量问题,请拨打售后服务热线,本社负责调换

# 前　言

不管你所在的行业是什么，或者提供什么产品和服务——数字营销的趋势不可忽视。我们将它理解为利用互联网、移动设备、社交媒体、搜索引擎等渠道接触消费者，通过技术赋能，实现营销过程精准化、营销效果可量化、营销结果数据化的一种高层次营销活动。在这种活动中，消费者已然"数字化"，只需要一部手机就能够及时、动态地自主选择场景，可以感受流畅的视频直播体验，可以随时随地为内容付费，可以让浏览网页信息成为日常习惯，当然也可以随时随地远离企业。事实上，从消费者能够启动即时通信工具那一刻起，消费者就已经是某个甚至某几个企业的用户了。众多企业已经意识到未来他们将从品牌逻辑转向用户逻辑。毕竟，数字领域的变化如此之快，数字达尔文主义是一个无情的现实：如果不适应，肯定会被甩在后面。本教材正是应和这样的时代背景和时代趋势予以编写。

"数字营销用户分析"是一门从企业或商家的角度讲授数字用户特征、分析数字用户行为、提升数字用户体验的应用型课程。与其他传统消费者行为教材内容相比，本书紧扣现实，强调以案例分析、视频展现、课程讨论和虚拟仿真实训为引导的理论解读和技术性知识应用，图文并茂地阐述新场景、新业务下用户行为轨迹和模式。

本书主要有三大特色：

（1）采用任务驱动的方式组织内容，将数字营销用户分析课程设计的内容融入任务教学之中，使学生带着真实的任务在探索中学习。在这个过程中，学生明确目标后，可以根据阶段性的教学内容不断获得成就感，更大激发下一阶段求知欲，逐步形成一个认知—感知—再认知的良性循环，从而培养出独立探索、勇于开拓进取的自学能力。

（2）采用虚拟仿真实验平台，将用户画像和用户体验的授课内容通过数字技术，提供实验数据，以虚拟仿真形式进行实验。学生可以方便地在 PC 端或手机端进行各种仿真操作，把理论知识应用到具体的现实场景中；系统会根据学生的操作，把实时情况通过动画形式展现出来，以便学生直观看到自己运作的优缺点。数字教学实验方法，不仅让学生学得轻松、教师教得愉快，也同时契合本书"数字"的时代背景。

（3）以消费者行为的现代教学理论为指导，聚焦于数字营销领域用户分析实践新模态、新说法、新成就，将业界前沿、典型的圈层用户、用户画像、用户禁言等内容引入书中；同时注重学生的认知程度，以案例、视频形式激发学生的学习兴趣，匹配学生学习能力，调动学生学习积极性，教材内容的每个项目案例只对应该部分理论内容，以便学生自主探索，举一反三，触类旁通，从而训练他们的科学思维方式和创新能力。最后，本教材适应性强，不限于学生，也将为企业所有者、营销专业人士和任何希望磨炼自己当前技能并跟上数字营销最新发展的人提供丰富的见解和策略。

  为了提升本书知识内容的前瞻性、实用性、适应性，本书组织了跨学校、跨专业教师团队参与和校企合作。除主编外，感谢来自义乌工商职业技术学院、浙江商业职业技术学院、许昌职业技术学院和青岛酒店职业技术学院四所高校的老师和江苏一鼎堂软件科技有限公司的贡献。本书按照"项目-任务"体例共分七个板块，王晓明、王蕾构建全书逻辑结构，虞晓莉编写项目一，王蕾编写项目二，鲁晨琪编写项目三，刘焱编写项目四，单勤琴编写项目六，赵露杰编写项目五和项目七，项目四和项目六的虚拟仿真实验由江苏一鼎堂软件科技有限公司提供技术支持。

  由于编写时间短，经验积累不足，书中难免存在错误和遗漏，期待各单位的同行在使用过程中多提宝贵意见，共同提高教材质量。

编　者

# 目 录

## 模块一　洞悉数字时代的新用户

### 项目一　数字营销生态系统面面观 …………………………………………… 3

#### 任务一　数字营销时代已经到来 ………………………………………… 7
一、数字营销的本质 …………………………………………………… 7
二、数字营销与传统营销差异 ………………………………………… 10
三、数字营销发展脉络与态势 ………………………………………… 11

#### 任务二　数字营销生态系统构成 ………………………………………… 13
一、4.0时代的营销市场 ……………………………………………… 13
二、4.0时代的买家和卖家 …………………………………………… 14
三、4.0时代的政府规制 ……………………………………………… 16

#### 任务三　数字营销生态系统新赋能 ……………………………………… 19
一、营销渠道新赋能 …………………………………………………… 19
二、营销传播新赋能 …………………………………………………… 25
三、营销价值新赋能 …………………………………………………… 27
四、营销决策新赋能 …………………………………………………… 27

### 项目二　新用户的自我重构 …………………………………………………… 31

#### 任务一　数字营销中的新用户 …………………………………………… 33
一、营销进化卷轴 ……………………………………………………… 33
二、新时代的用户辨析和分层 ………………………………………… 35
三、数字用户的应用场景 ……………………………………………… 39

#### 任务二　新用户的"新" …………………………………………………… 40

一、新的用户流 ································································ 41
　　二、新的用户活跃时间 ······················································ 44
　　三、新的用户偏好 ···························································· 47
**任务三　洞悉数字用户生命周期** ··············································· 49
　　一、数字用户生命周期概述 ················································ 49
　　二、数字用户生命周期管理 ················································ 55
　　三、数字用户生命周期管理实训案例 ···································· 57

**项目三　新用户的圈层效应** ······················································· 62

**任务一　新用户的圈层类型** ···················································· 64
　　一、圈层效应的影响力 ······················································ 64
　　二、圈层类型 ·································································· 65
**任务二　不同圈层的消费"魔力"** ············································ 68
　　一、年龄维度圈层 ···························································· 68
　　二、空间维度圈层 ···························································· 74
　　三、职场维度圈层 ···························································· 76
　　四、教育维度圈层 ···························································· 78
**任务三　圈层效应下的数字营销策略** ········································ 81
　　一、年龄圈层的数字营销策略 ············································ 81
　　二、空间圈层的数字营销策略 ············································ 83
　　三、职场圈层的数字营销策略 ············································ 85
　　四、教育圈层的数字营销策略 ············································ 88

# 模块二　掌握用户运营的新技术

**项目四　数字营销中的用户画像** ················································ 95

**任务一　用户画像的"画像"** ·················································· 99
　　一、传统营销到数字营销的思维演进 ···································· 99
　　二、何谓用户画像 ···························································· 100
**任务二　用户画像的构建流程** ················································· 104
　　一、整体流程 ·································································· 104
　　二、分步流程 ·································································· 105
　　三、关键要素 ·································································· 110
**任务三　用户画像的技术路径** ················································· 114
　　一、准备阶段 ·································································· 114
　　二、成型阶段 ·································································· 115

三、职场演练 ·················································· 116
任务四　用户画像的应用 ·································· 122
　　一、明确用户场景 ········································ 123
　　二、软件用户建模 ········································ 124
　　三、定位目标用户 ········································ 125
　　四、分析用户画像 ········································ 125
　　五、制定营销策略 ········································ 131

## 项目五　数字营销中的用户行为 ························ 138

任务一　新用户的行为特点 ·································· 141
　　一、行为模式 ············································ 142
　　二、行为类型 ············································ 148
　　三、消费过程 ············································ 150
任务二　影响用户行为的内在因素 ························ 155
　　一、自然因素 ············································ 155
　　二、心理因素 ············································ 161
任务三　影响用户行为的外在因素 ························ 165
　　一、营销因素 ············································ 166
　　二、环境因素 ············································ 166

# 模块三　感受用户旅程的新经验

## 项目六　数字营销中的用户体验 ························ 173

任务一　提升用户感知、激活消费情绪 ·················· 175
　　一、用户感知的差异 ···································· 175
　　二、提升用户感知的几种方法 ························· 177
　　三、情绪如何影响用户决策 ···························· 180
　　四、激活消费情绪的几种方法 ························· 183
任务二　提高用户参与 ······································· 185
　　一、口碑媒体与用户参与 ······························· 186
　　二、提升用户参与度 ···································· 186
　　三、口碑声誉管理 ······································· 191
任务三　"流量"到"留量"的运营 ······················ 192
　　一、"流量"和"留量"特征 ·························· 192
　　二、拉新、促活与留存 ································· 193
　　三、留量留存工具 ······································· 198

## 项目七　数字营销中的用户"禁区" ································· 205

### 任务一　道德和法律问题概述 ································· 207
　　一、营销中的道德边界 ································· 207
　　二、营销中的法律约束 ································· 211

### 任务二　数字营销中用户隐私权保护 ································· 215
　　一、隐私、隐私观念和隐私权 ································· 216
　　二、数字营销用户的隐私侵权行为 ································· 219
　　三、数字营销用户的隐私权保护 ································· 222

### 任务三　新用户的在线言论 ································· 226
　　一、语言的"力量" ································· 226
　　二、在线言论不当情景 ································· 228
　　三、在线言论的规制 ································· 230
　　四、营造"绿色""和谐"营销场域 ································· 231

## 附录一　基于用户画像分析的精准营销实践实验手册 ································· 234
　　一、课程概况 ································· 234
　　二、实验课程设计目的与考核 ································· 234
　　三、实验内容概述 ································· 235

## 附录二　基于大数据分析的用户体验改善实验手册 ································· 249
　　一、课程概况 ································· 249
　　二、实验课程设计目的与考核 ································· 249
　　三、实验内容概述 ································· 250

# 模块一
# 洞悉数字时代的新用户

# 项目一　数字营销生态系统面面观

**项目介绍**
　本项目是本教材所授知识的背景章，通过项目的学习需要学生能够明确数字营销内涵、构成、特征及赋能意义。

**知识目标**
　了解数字营销的本质和数字营销的生态系统构成；掌握数字营销生态系统新赋能。

**能力目标**
　运用新技术手段收集获取有关数字营销的概述；具有数字分析能力，了解数字营销生态系统的新赋能。

**素质目标**
　了解数字营销，助推"双创双服"职业精神；了解文化是构成数字营销环境的因素，尊重中华民族文化。

**项目导图**

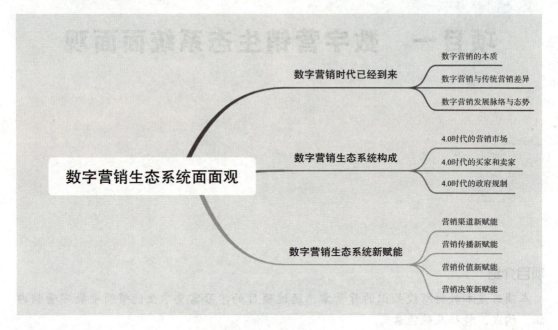

**案例导入**

互联网还在不断地创造新的奇迹。许多奇迹在人们的质疑声中脱颖而出，冲击着人们的传统思维。小米科技就是这样的一个典型。小米科技超高的业绩增长速度，以及让人匪夷所思的营销方法，令世人瞠目结舌。

小米科技成立于2010年4月。2011年8月小米科技发布了第一代小米手机。自第一代小米手机发布以来，小米手机销售量即以令人瞠目结舌的超高速度增长。2013年，小米售出1 870万部手机，含税销售额约为300亿元。2014年，在国内手机市场整体销量同比下滑的背景下，小米公司销售手机6 112万部，含税销售额743亿元。根据权威机构IDC统计，2014年第三季度小米手机出货量已跃居全球第三，仅次于三星和苹果，也超越传统的四大中国手机品牌"中华酷联"（中兴、华为、酷派、联想四个品牌的简称）。

华为、联想花了约30年成为世界500强企业，中国互联网三大巨头BAT（百度、阿里巴巴和腾讯）成为世界500强企业用了约15年。而小米科技在2019年就成为世界500强企业，仅仅历经9年时间。这不仅是手机行业的奇迹，在整个中国商业史上也堪称奇闻。

小米是依靠什么成就奇迹的呢？这一直是人们讨论的热门话题。成就奇迹的小米有许多令传统营销人耳目一新但又匪夷所思的营销策略：小米绝大部分手机都通过互联网而不是线下门店销售，小米手机互联网销售采取预售甚至网络"抢购"方法，被称为"饥饿营销"。小米品牌几乎不做广告，也不投资大规模的公关宣传活动，但却能让三四线小城市的年轻人也耳熟能详。小米拥有巨量的粉丝，每天小米论坛上粉丝的讨论帖子高达20多万条，小米粉丝们总是热情高涨地向别人宣扬小米品牌。小米的手机系统MIUI每周迭代更新，许多更新内容由粉丝投票决定……

小米的成功也带来了巨大争议。从手机业到传统行业，从企业界到学术界，对小米的质疑声一直不断。小米的营销是否只是炒作？小米的辉煌业绩是否只是昙花一现？小米的性价比有没有瑕疵？诚然，从消费者反馈的信息来看，小米也有若干问题。但即使如此，小米的销售业绩依然超高速增长。近一年来，国际媒体开始关注小米颠覆性的营销模式，多家知名国产手机品牌开始从手机硬件配置、定价、销售渠道以及粉丝互动等方面悄悄学习小米的做法。

联想CEO杨元庆说，"小米把构建粉丝社区作为起点，听取粉丝的反馈来开发、改进产品，通过他们的口碑推广产品……依靠这样的模式，小米取得了飞速的成长。包括联想都在向小米学习，但显然它更长于此道，有很深的基因。""很深的基因"意味着这是一个新的商业"物种"。同行的态度间接证明小米模式有过人之处。未来小米能否继续辉煌很难预知，但小米的这种独特的互联网营销模式却已经成为手机行业一种典型的成功模式，也影响诸多行业的营销实践，颠覆了人们对营销的理解。

小米依托大数据进行数字营销。首先，数据收集只是数字营销的最基本层面，数字营销还涉及基层数据库的建立、大数据处理等核心过程。另外，大数据的碎片化给数据分析带来了巨大的困难，海量的数据存在于不同地区的不同数据库中，对这些非结构化数据进行提取、转换、清洗和加载，极大地增加了数据处理的难度，也使实现大数据营销的过程变得尤为重要。一般来说，继数据收集之后，还涉及数据库的建立、数据挖掘和精细化、消费者行为的全覆盖以及相应大数据产品的供给等，如图1-1所示。

小米手机的市场营销数据来源广泛，通过不同渠道搜集而来的数据，层次相对不够统一，比方说小米官网的交易数据相对准确可靠，而来自论坛的用户反馈则未必真实，因此，小米在大数据处理方面采用了差异化策略，将数据分为基础层、中间层和应用层。不同层次的划分不仅有利于数据的汇拢，更有利于相关分析的展开。通过对用户的细分，有利于掌握更恰当的信息，信息获取更为精准。

在建立数据库的基础上，必须选择恰当的数据挖掘方式，如数据挖掘的精细化最基本的依据是按性别对客户进行划分，了解不同人群的商品追求方式。另外，对于不同地区的数据处理要分开进行，小米通过与百度地图合作准确把握用户区域差异，根据不同地区的经济发展状况，推送不同型号的小米手机。另外，对消费者在线行为数据的分析，小米也日益精准，需求方平台DSP（digital signal processing）技术的应用就可以体现。用户登录小米官网时，有各自不同的行为习惯和浏览目的，不同年龄、不同兴趣爱好的用户对广告位的关注层次不同，DSP技术可以从网页数以百万计的访问记录中，将不同的用户分离开来。另外，利用cookie技术捕捉和定位用户ID，同时通过锁定ID，跟踪其在其他网站的访问情况，将碎片化的信息进行整合以推断出用户的身份特征，然后通过论坛、社交的追踪判断用户的行为习惯和消费习惯。总之，大数据的数据挖掘要从大的概念找到小的信息，无论是性别划分、区域划分、年龄划分还是个体划分，都体现了小米数据挖掘的精细化。

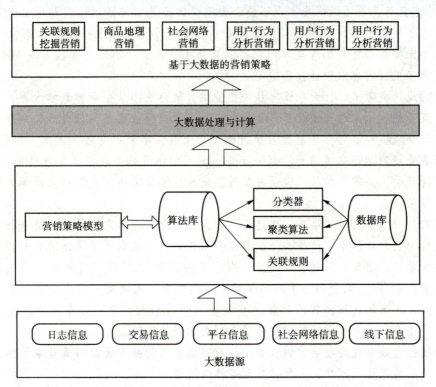

图1-1 小米手机的大数据营销过程

小米通过强大的技术支持,能够根据用户的痕迹对其行为路径进行系统还原,实现营销的闭环化。在小米看来,移动互联网的发展使手机行业产生了根本的变革,手机日益普通化,用户通过平台浏览信息而决定购买已经变得司空见惯。小米通过小米手机应用和 MIUI 系统的有机结合,可以有效获取 1.7 亿小米用户的网络轨迹、生活习惯等。大数据分析也表明,无论是最终的网络下单,还是实体购买,用户都要经过网络的信息搜集与选择,甚至通过商家的推广活动进行购买。用户行为日益随机化和碎片化,解释用户的消费习惯必须通过消费者网状结构的分析,才能了解消费者的真实目的。

大数据营销的关键是将用户的需求还原为最初产品的生产。由于手机本身的特殊性,各个品牌的竞争归根结底是技术的竞争,只有做出符合消费者口味的产品才能获得最佳的销售空间。从小米 1 到小米 5,小米手机的像素由 800 万提升到 1 600 万,ROM(只读存储器)大小由最初的 4 GB 提升到 128 GB,RAM(随机存储器)容量也由 1 GB 提升到 4 GB,这些技术的发展,都是以用户的需求为导向的。小米手机在营销的同时,相应配件不断健全,小米耳机、小米移动电源、小米盒子、小米手环等配件日益丰富人们的生活,并且为后续小米的客户信息获取提供了辅助支持。同时,小米手机提供了大量的软件支持,包括小米云、小米钱包、小米生活等应用,都保证了良好的用户体验。

(参考资料:周苏,王文. 大数据导论[M]. 北京:清华大学出版社,2016.)

**思考:**回顾小米手机的数字营销过程,思考数字营销的特点和内涵是什么,数字营销的生态是如何构成的。

# 任务一　数字营销时代已经到来

【任务描述】本任务将主要介绍并阐释数字营销的本质，数字营销和传统营销的差异以及数字营销的发展脉络和态势。

【任务分析】记忆数字营销内涵与本质，以案例解释数字营销与传统营销差异并论述数字营销发展脉络与趋势。

一、　数字营销的本质

**1. 数字营销的含义**

数字营销是利用互联网、移动设备、社交媒体、搜索引擎等渠道接触消费者，通过技术赋能，实现营销过程精准化，营销效果可量化，营销结果数据化的一种高层次营销活动。

数字营销是利用大数据技术从具有低价值密度的海量数据集合中，深度挖掘、准确分析，进而获得巨大的商业价值。具体来说，就是在市场营销领域中利用大数据技术对可用的、不断增长的、不断变化的、不同来源的（传统的和数字渠道）、多种形式（结构化和非结构化数据）的海量数据，进行收集、分析和执行，以鼓励客户参与、提高营销效果和衡量内部责任的过程。大数据营销凭借其"精准"和"可定制"的特点，有效地保证了企业营销的效率和效果。

美国市场营销协会（AMA）对数字营销的定义：

"数字营销"是使用数字技术来营销产品和服务，包含了很多互联网营销（网络营销）中的技术与实践，但它的范围要更加广泛，还涉及手机及数字展示广告等各种数字媒介。

然而，我们总结了如下简单的概念表述公式，数字营销可能更有意义：

数字营销=（内容平台+数字平台）×（大数据营销的运营）×（营销战略思维的升级）

**2. 数字营销的本质概述**

数字营销也是营销。市场营销管理从"4P"发展到"4C"，大数据营销的特点恰巧符合"4C"的要求。同时企业市场营销战略将向"4D"战略转变，即数字化沟通、数字化调研、数字化促销、数字化贸易四个方面。"4D"战略是以信息沟通的数字化为基础，以市场信息的有效获取为主要内容，以数字化促销作为传统营销手段的重要补充和发展，以贸易的网络化为最高阶段。运用"4D"战略进行营销是未来营销的主要营销方式。因此，数字营销的核心就是解决用户的信任问题，让消费者信任企业品牌和产品是数字营销的终极目标。

因此，大数据营销+程序化营销即为数字营销的本质，这也是数字化营销重构后的真正内涵，是数字营销迎合全球市场经济发展而进行的变革，也是一种发展趋势。而新时代的程序化营销本质上是让用户选择广告主，或者为用户提供相匹配的广告服务，通过对消费者的消费行为等诸多方面的数据信息精心分析，发现消费者和广告的个性链接，这也是程序化营销中最为关键的一环。

### 3. 数字营销的特点

（1）多样化、多平台化数据采集　多样化、多平台化的数据采集能使对网民行为的刻画更加全面而准确。多平台采集可包含互联网、移动互联网、广电网、智能电视，未来还有户外智能屏等数据。

（2）强调时效性　在网络时代，网民的消费行为和购买方式极易在较短的时间内发生变化。因此，在网民需求点最高时及时进行营销非常重要。

（3）个性化营销　在网络时代，广告主的营销理念已从"媒体导向"向"受众导向"转变。现在广告主完全以受众为导向进行广告营销，因为大数据技术可让他们知晓目标受众身处何方，关注着什么位置的什么屏幕。大数据技术可以做到当不同用户关注同一媒体的相同界面时，广告内容不同。大数据营销实现了对网民的个性化营销。

（4）性价比高　和传统广告"一半的广告费被浪费掉"相比，大数据营销在最大程度上，让广告主的投放做到有的放矢，并可根据实时性的效果反馈，及时对投放策略进行调整。

（5）关联性　大数据营销的一个重要特点在于网民关注的广告与广告之间的关联性。由于大数据在采集过程中可快速得知目标受众关注的内容，以及可知晓网民身在何处，而这些有价值的信息可让广告的投放过程产生前所未有的关联性，即网民所看到的上一条广告可与下一条广告进行深度互动。

### 4. 数字营销的运营方式

数据是未来企业营销的基石。企业获取用户数据的方式由多个因素决定。而企业在现实业务活动中对这一问题的不同的解决方式，也就形成了不同的大数据运营方式。

（1）基础运营方式　无论企业间有何不同，只要是希望在市场上有所作为的企业都应该实施的运营方式就是基础运营方式。基础运营方式，是指企业建设自己的大数据平台，对企业自身已有数据进行集中管理，通过自身网站获取潜在目标客户，通过一系列的大数据营销策略开展大数据营销，与目标客户建立起通向信任与忠诚的互动关系，为企业创造出长期的商业价值。

（2）数据租赁运营方式　这种运营方式是利用专业的数据营销公司提供的潜在目标客户数据，向潜在目标客户投递品牌信息或者产品广告信息，实现精准营销的广告投放效果。这种运营方式，也是企业重要的、需要长期执行的数据营销策略。通过数据租赁这种运营方式，企业可以获取精准的目标客户对企业品牌与产品的关注，为建立客户关系、销售线索挖掘、品牌推广等市场行为提供较好的投资回报率。

（3）数据购买运营方式　这种运营方式是通过一系列的、符合法律程序的形式获取潜在目标客户数据，企业通过自己的大数据营销部门开展大数据营销，这种运营方式一般要和基础运营方式配合使用。这种方式的效果，很大程度上要依赖两个因素：一是基础运营方式中是否搭建适合企业的大数据营销平台；二是企业是否已经建立了大数据营销运营机制以及是否已经具备了大数据营销所要求的人力资源条件。

根据企业所处不同行业、企业产品不同生命周期、企业经营战略与经营策略的不同阶段，可以为企业量身定制一个合适的综合运营方式。总之，三种大数据运营方式的配合使用，对企业开展大数据营销十分重要。

### 5. 数字营销步骤

那么数字营销应该如何做呢？其步骤包含以下方面（图1-2）。

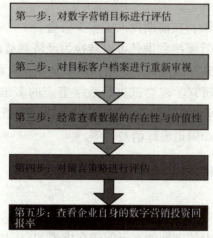

图1-2　数字营销步骤

**第一步：对数字营销目标进行评估**

对过去设定的目标进行全面评估，具体包括以下几个方面：

（1）微博发表文章所收到的评论数量；

（2）社交网络上的粉丝数量；

（3）有多少网站中提到了公司的品牌；

（4）在大型网站中人们对公司的企业形象和品牌口碑是如何评价的。

如果之前设定的目标已经不再适应企业的发展，那么企业主就应当及时改进自己的目标计划，同时要注意这些目标的改变都应当是以产品和服务的不断提升为基础的。

**第二步：对目标客户档案进行重新审视**

运作良好的数字营销必然是以良好、精细的客户档案为基础的，因此，企业营销人员就应当想好哪些人群是想要营销的对象，经过数字营销想要达到什么样的营销目的。实际上这与"胸中无丘壑，下笔难有神"的道理是一样的，没有好的营销目标和营销策略，是很难实现数字化营销的。另外，进行数字化营销还需要企业对目标客户档案等数据信息进行不断的更新。

**第三步：经常查看数据的存在性与价值性**

数据是一个具有动态特性的变量，很多时候随着时间、地域的变动或差异发生着改变，因此使得原始数据的价值逐渐消退，这样就需要企业经常结合当前的实际情况，对已有数据的存在性与价值性进行查看。

**第四步：对留言策略进行评估**

通常，企业将博客、微博、微信等作为获取留言的主要工具，因为从这些留言当中，可以真正地看到和感受到人们对你的产品和服务有什么样的评价。如果你的数字营销留言符合你的客户的期望，那么你会发现你的品牌在社会中的活跃度会很高。反之，则你发布的留言与客户之间的利益关系存在一定的差异性或者是相违背的。

**第五步：查看企业自身的数字营销投资回报率**

投资回报率是企业进行数字营销必须考虑的一个环节。企业利用大数据分析投资回报率的大小，以此来判断数字营销的投资回报率，衡量投资回报率的时候，需要从两个不同的变量出发进行研究。

（1）企业为进行数字营销，在前期投入了多少资金。

（2）了解并着重分析，看哪些数据是可以转换为经济利益的。

目前，数字营销已经在多方面得到了应用，诸多企业在大数据数字营销方面做出了有益的尝试，例如，百度营销研究学院尝试进行数字资产的多维度盘点，PICC利用数字营销分析客户诉求打造全新保险产品，可口可乐借用大数据分析为数字营销决策提供支持，雪铁龙利用数字营销跨平台和渠道追踪消费者等。

## 二、数字营销与传统营销差异

### （一）数字营销精细，传统营销粗放

数字营销和传统营销最大的区别就在于能够在虚拟的空间内尽可能地运用数字技术手段追踪用户的行为以及他们在网上留下的蛛丝马迹。同时，数字营销依靠数据驱动，营销越来越精细，而传统营销方式是粗放的，老大们"拍脑门"决策。在获取这些数据之后，我们又可以通过数据管理平台（DMP）进一步应用这些数据。所以，你可以看到，DMP的存在是帮助收集、组织、管理和应用互联网营销的数据，尤其是消费者（或称为受众）的相关数据。这为数字营销获得更准确的洞悉，建立更准确的策略，定位更准确的人群，提供更有针对性的创意提供了无限可能。这也就是我们常说的，真正意义上的数据驱动的数字营销。

### （二）数字营销贯穿整个用户生命周期，传统营销只介入早期用户生命周期阶段

以往传统的营销方式只切入用户生命周期的开始部分，例如品牌、定位以及获客等早期阶段，因此这类营销方法都比较粗放，市场部门把营销预算打包然后逐步外包给第三方的代理来推行计划和落地，但是如今这种粗放的模式不断受到各种挑战和质疑。如今的数据化运营已经远远超过传统营销所定义的范畴，而且已经超过了普通企业数字营销的概念。例如我们所知道的网站营销、微信营销、搜索引擎营销、社交媒体营销等，媒体广告等概念已经渐渐变成每一家公司的必备竞争力。今天的营销概念已经悄悄地扩展到产品内部，以及销售和服务等各个部门和领域。

特别重要的是，如今的数字化运营已经通过核心产品的研发以及用户体验等工作获得更快速的业务成长。特别在用户的留存上，需要提高各个环节的转化效率，同时在各种渠道上进行优化，迅速用数据找到优化的方式，不断进化和迭代。因此，未来的数字化运营，将不再单纯以市场营销为核心，而是贯穿整个客户生命周期，通过各个部门间的协作为客户提供一个整体的、持续的最佳体验。

##  三、数字营销发展脉络与态势

### （一）数字营销的 3 个重要趋势

#### 1. "互联网+"重构数字营销链条

商品从企业流转到消费者手里，涉及品牌、市场、渠道及交易、服务等内容，就是传统的营销链条。

在数字经济时代，由于消费的场景化、渠道的多元化、产品与服务的一体化，企业开始利用"互联网+"思维模式重构营销链条。以客户价值为核心，打通研发、营销、销售和服务环节，通过对消费者全方位洞察和全生命周期管理，使业务与数字形成营销闭环，达成业务到数字的一体化、数字到业务的运营化，从而提高获客户数量和客户价值。

重构数字营销链条，大体上可以分为如下 4 个步骤：

（1）打通所有销售通路，包括渠道类（即 B2B）、电商类（即 B2C）及线下门店类（即 O2O），将客户信息、商品信息、交易信息、合同信息等汇聚到统一的平台上。

（2）通过对数据的多场景分析，管理用户生命周期，判断用户运营策略。

（3）根据用户消费习惯和行为分析，实现精准场景、精准渠道、精准业态的营销活动。

（4）根据数据分析和运营结果，支持新产品研发、营销决策、业务运营，从而构建企业发展的新格局。

#### 2. 大数据、AI 全面赋能精准营销

全球数字营销正在被数据驱动，传统单一渠道优势已不能支撑市场的多变冲击。打通全渠道客户，让数据孤岛融入场景，将数据转换为个性化营销、差异化服务成为新一代企业的竞争利器。

通过大数据、人工智能等技术手段能精准找到对的消费者，并根据历史表现数据和行业参考数据，科学地计算出边际递减效应的最佳临界点，从而以更有效的方式触达消费者；再利用原生的方式来整合广告和内容去影响消费者。其中，大数据能力与技术是实现数字营销变革的基石。通过用户画像和推荐算法能构建消费者全触点场景，精准触达消费人群。此外，大数据营销监测可以实现营销成果转化追踪，实时修正营销方案，进一步吸引消费者，促使消费者做出购买决策。

#### 3. 平台化、微服务变革传统架构

在以消费者为中心的时代，企业的数字化应用发生深刻变革。在原来以系统为核心的建设模式中，业务和数据被烟囱式 IT 系统分割到了不同系统中，各系统之间数据不能完全共享。一旦业务变更，产生新的应用需求，这种烟囱式体系架构难以支撑业务变化与创新。并且，以消费者为中心的应用系统面临巨大的性能挑战，传统架构难以应付海量访问的并发，因此向分布式、平台化转变成为变革的方向。

分布式架构的灵活性、可扩展性，以及承载海量用户的能力，使云化平台成为必然选择；为了支撑业务迭代创新，以阿里巴巴、腾讯为代表的互联网巨头开始实施"中台"战略，引入数据资源整合与交换中心、共享服务中心，即数据中台与业务中台，以支撑数据交换与业务交互。通过中台将共性需求抽象化，通过解耦和组件化方式，保证整个系统是

分布式的，各种业务应用以微服务方式进行交互处理，可保障业务随着场景发展而迭代，支撑给予用户全新体验与个性化服务。

### （二）数字营销新常态

数字时代，每一个消费者的行为都会迅速得到反应（比如，买车前去阅读网上的帖子或者问 Facebook 上的朋友和当地信任的汽车经销商关于车的信息），总的来说，这些构成了"数字营销新常态"的基础。

**1. 数字时代对营销研究的升级**

（1）从常规调研到碎片化研究。

（2）从文本观察到行为跟踪。

（3）众包模式对市场调研的颠覆。

（4）从市场研究到"泛数据分析"。

（5）神经营销学的应用：探测大脑的黑箱。

（6）大数据的文本抓取。

**2. 数字时代对营销战略 STP 的升级**

（1）市场细分：从目标消费者到消费者网络。

（2）营销细分的"超细分"与"动态精准化"。

（3）目标市场选择战略：从小众演进。

（4）KOL：目标用户的圈层选择。

（5）天使客户与技术采用周期曲线：目标客户的迭代与升级。

（6）定位：战略逻辑、品类逻辑、连接逻辑。

**3. 数字时代对产品战略的升级**

（1）从洞察主导到循证主导与 MVP 模式。

（2）产品升级依赖于"边界扩展"，要变成"产品+社区"。

（3）从大创想（bigidea）走向大数据（bigdata）。

（4）产品服务化：从拥有到共享。

**4. 数字时代对价格、渠道策略的升级**

（1）从收费到免费、补贴组合策略。

（2）从无差别定价到动态与场景定价。

（3）从单渠道、多渠道到 O2O、O2M。

（4）触点与渠道的合一。

**5. 数字时代对品牌策略的升级**

（1）从价值导向到价值观导向。

（2）从劝服者到互动者与赋能者。

（3）从硬性广告到内容与数据营销。

（4）品牌性格更重要：魅力经济。

**6. 数字时代对客户服务策略的升级**

（1）从客户关系管理到社会化客户关系管理。

（2）从客户服务代表到全员工参与。

（3）从以流程为核心到以对话为核心：体验管理。
（4）从客户分层管理到核心圈层与社区管理。

### （三）数字化营销推动传统行业转型升级

我们现在做B2B垂直电商也好，做外贸电商也好，都能产生并接触到大量数据，但是如果缺乏支持或促进销售的应用，就不能叫"数字营销"。B2B企业和服务代理商在数字营销的需求和定义上是有差别的。内容的鲜活度和表现形式并不是B2B企业做内容营销要优先考虑的，B2B行业的核心依然是如何以比竞争对手更低的成本和更高的效率去满足用户的需求，这些是市场营销与品牌部门最重要的职责。数字营销最大的价值仍然还是基于数据来挖掘和判断客户的真实需求，客户需要什么我们就给他什么，通常有用的信息比有趣的信息更重要。

B2B行业的核心依然是如何以比竞争对手更低的成本和更高的效率去满足用户的需求，这些是市场营销与品牌部门最重要的职责。

对于传统企业而言，"互联网+"更像是一种新的生产经济形态。对应于"互联网+"这种新的生产经济形态，其个性化、碎片化、去中心化、去中介化等特质，都让传统企业在组织管理、生产、产品、服务以及营销层面感受到变革的压力与创新的期待。

面对"互联网+"的趋势，可做以下两种尝试。
（1）销售与营销流程的互联网化。
（2）生产运营流程的互联网化。

# 任务二　数字营销生态系统构成

【任务描述】本任务将主要介绍数字营销生态系统的构成部分，包括时代、主体和管理者特征。

【任务分析】熟悉4.0时代的营销市场、买家和卖家、政府规制等构成了数字营销生态系统的各个部分。

 一、4.0时代的营销市场

工业4.0时代正在逐步推动产业界和全社会的数字转型。数字转型的本质是连接、数据和智能，企业的连接又包括连接消费者、连接员工、连接设备，分别对应企业数字营销、数字管理和数字制造三大领域，其中数字营销领域作为最接近消费者、最容易为企业带来实际收益的环节，得到了企业的重视，也成为企业数字化转型升级中最核心、市场受众最广、发展潜力最大、空间最大的一个领域。如图1-3所示，数字营销已经达到很高的市场规模，并且仍在高速增长。

目前，以云计算、大数据等前沿技术为基础，国内已经形成了以阿里云、腾讯云等为代表的云计算生态的数字营销新阵营。

图1-3 中国数字营销市场规模

其中，凭借突出的客户运营能力、消费者基础以及技术实力，阿里云通过共享服务、区域服务、Apsara Aliware、阿里云大学等合作计划，并收购端点科技，与云徙科技等优秀企业建立合作关系，构建出具有丰富开发功能的 PaaS 平台。在此基础上，阿里云帮助国内外众多企业用户轻松上云，助力目标客户企业搭建自由营销推广系统。

工业 4.0 推动了营销 3.0 转变成营销 4.0。营销 4.0 是一种结合企业与用户线上和线下交互的营销方式。在数字经济中，仅仅依靠数字交互是不够的，事实上，随着世界的网络化，线下交互代表着截然不同的特性。营销 4.0 也结合了风格和实质。诚然，随着技术的迅速革新，品牌的灵活性和适应性意义重大，但其实体的特征也变得愈发重要。在一个日益透明化的世界中，真实是企业最难能可贵的财富。最后，营销 4.0 利用了机对机连通性和人工智能来提高营销效率，利用人对人连通性促进用户的参与。

## 二、4.0 时代的买家和卖家

### （一）4.0 时代的买家

4.0 时代的买家，即为消费者。消费者研究是营销战略的基础，然而 4.0 时代，消费者行为究竟发生了哪些显著的变化，这些变化之间是如何相互影响的呢？我们可以通过了解 4.0 时代的买家需掌握的四项关键能力和买家购买决策过程来了解 4.0 时代的买家。

**1. 4.0 时代的买家需掌握的四项关键能力**

企业为了打造出色的数字消费者决策旅程，需要掌握以下四项关键能力：自动化能力、前瞻性定制能力、情景互动能力以及决策旅程创新能力。

（1）自动化能力　自动化是指将过去手动操作的客户旅程自动化和简化。比如，客户以前需要到银行或者用 ATM 才能存入支票，但有了数据自动化，只需用手机拍一张支票的照片就能通过 App 将其存入银行。客户在网上购买电视时，搜索、购买和安排送货的过程可以通过数字化一步到位。自动化加快且简化了此前复杂的旅程，为更具黏性的旅程打下了坚实的基础。出色的自动化工具能将复杂的后端运营变为简单、有互动、基于 App 的前端体验。

（2）前瞻性定制能力　在自动化的基础上，企业应当从过去或现在的用户互动中搜集信息，前瞻性定制即时用户体验。我们熟悉的两个例子是亚马逊的搜索引擎和再订购智能算法。但请谨记，了解用户偏好只是开始，真正的定制能力要拓展到客户旅程的下一步。当用户参与时，公司必须分析用户行为，据此定制下一步互动。

（3）情景互动能力　利用用户在购买旅程的实际位置（进入一家酒店）或虚拟位置（阅读产品介绍）等信息，吸引其进入下一步互动。比如，在旅程某关键步骤后改变屏幕内容，或者根据用户当下的情景提供一条相关信息。例如，一款航空公司的 App 也许会在你进入机场时显示你的登机牌；或者当你登录某零售商的主页时，获知你最近的订单状态。更复杂的情况是进一步引发互动、塑造和强化客户旅程。

（4）决策旅程创新能力　为了找到机会和用户建立关系，企业要不断测试，并对用户需求、技术和服务进行有效分析，这一过程中需要创新能力。企业的最终目标是为公司和用户找出价值的新来源。最优秀的企业会设计出能够进行开放式测试的旅程软件。它们会不断进行 AB 测试，比较不同版本的交互界面和消息副本，之后选出更好的一种；做出新服务原型，分析各种实验结果，并加入优异的步骤或功能，其目的不仅仅是改进现有旅程，还要对其进行拓展。

### 2. 4.0 时代的买家决策过程

4.0 时代背景也影响了企业的销售方式。在传统的销售过程中，销售漏斗工具是用来管理消费者行为的。现在企业则将更多的精力投入到利用数字化方式构建更深度的客户关系上。销售漏斗是用来反映、解释消费者行为的 AIDA（了解、兴趣、需要、购买）模型的，它假设消费者会考虑对许多品牌进入了解阶段。通过一系列的输入和与消费者的互动，消费者对这些品牌进行筛选，一直前进到"购买"阶段，销售才能进行。

销售漏斗实际上是一个数字游戏。企业利用各种渠道和工具引导客户不断进入下一层级漏斗。模型聚焦于短期互动，并建立在假设前提下：如果我能获得 $X$ 数量的联系方式（客户），我就能获得 $Y$ 数量的销售线索，并最终实现 $Z$ 数量的销售订单。

数字参与周期更准确地反映了现有客户决策过程。客户从初步了解阶段到承诺购买阶段，然后从承诺购买阶段到支持拥护阶段。在数字环境中，客户会穿越周期中的每一个阶段，在众多的网络互动接触点搜索、了解不同方案的区别，然后评估他们的方案。在数字参与周期的这种方式下，数字客户决策过程不再是以往传统的线性的，而是迭代的。在每一次进入和移动过程中，他们逐渐地建立对品牌的认知，直到最后他们做出购买决策。此时就会开启一个次级循环，一个新客户变为忠诚客户，他通过社交媒体分享他的购物体验以及对品牌的观点，向他人推荐品牌。

和销售漏斗不同，数字参与周期的目的是在市场当中发展长期客户资产和"社交资本"，关注重点从实现短期收益转移到发展可持续的、互惠的客户关系。

### （二）4.0 时代的卖家

在数字化转型的浪潮中，不少卖家从不同维度涉入。理特咨询公司于 2015 年发表《数字转型报告研究》，按照全球调研的结论，数字导向战略和以数字为中心战略的企业并不多，占不到整体样本的 3%。不同的企业有不同的数字布局，有些企业侧重在组织中转型，将以前科层制的组织架构改革为"大平台、小作战分队"的阿米巴组织，也有些企业侧重于内外部流程的改造，我们曾在企业内部看到过很多咨询公司提交的 DT 转型流程实施方案。

4.0 时代的卖家决策过程如图 1-4 所示。

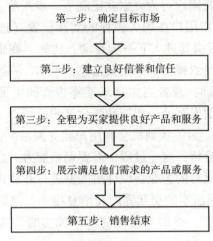

图 1-4  4.0 时代的卖家决策过程

## 三、4.0 时代的政府规制

数字营销的生态在不断完善，过去十年间，中国广告市场规模总体增长近 4 倍，但是，互联网广告却增长了 17.6 倍。根据国家市场监督管理总局的数据，2009 年，中国广告行业市场规模超过 2 000 亿元，到 2018 年这一数字为 7 991.48 亿元，其中，互联网广告收入达 3 694 亿元，占整体广告收入的 46.2%。4.0 时代背景下，互联网的普及、技术的进步、营销环境的利好，以及国家出台的一系列政策扶持，推动我国数字营销行业又快又好地发展。

### （一）广告产业规划：行业建设积极推进，广告法治不断加强

广告行业是国民经济的晴雨表，广告市场增速与 GDP 保持正向波动。由于广告市场的投放主要来自国民经济各行各业的广告主，因此广告市场的整体增速与 GDP 增速有着较强的同步性。随着经济趋稳，中国广告市场的变化主要来源于广告格局内部结构的变化，消费者行为习惯的变化和国内经济结构的变化导致了不同广告主投放意愿和方向的变化。

（1）国家工商总局和北京市政府签署《推动首都广告业发展战略合作协议》，确定将建设国家级广告业示范区；党的十七届六中全会明确指出文化产业将成为国民经济的支柱性产业，广告业作为文化产业的重要组成部分，也将成为国家重点支持和发展的行业。

（2）2016 年，《广告产业发展"十三五"规划》提出要建立新的数字广告生态，这为促进数字营销的快速发展创造了更加良好的政策环境。

### （二）数字经济：数字化进程加速，推动实体经济融合发展

党的十九大报告总结了十八大以来中国经济建设取得的重大成就，肯定了数字经济等新兴产业蓬勃发展对经济结构优化的深远影响。习近平总书记在中共中央政治局第二次集

体学习时的讲话中指出，要加快发展数字经济，推动实体经济和数字经济融合发展，推动互联网、大数据、人工智能同实体经济深度融合。

（1）2015年1月，李克强总理在全国"两会"上做政府工作报告时，首次提出"互联网+"行动计划。

（2）2015年7月发布的《国务院关于积极推进"互联网+"行动的指导意见》为重要开端，习近平总书记围绕数字经济相关议题发表了一系列重要讲话，同时各部委密集出台了鼓励数字经济发展的相关政策和指导意见。

（3）2015年12月，习近平总书记在第二届世界互联网大会上发表主旨演讲，指出中国将推进"数字中国"建设，发展分享经济，支持基于互联网的各类创新，通过发展跨境电子商务、建设信息经济示范区等，促进世界范围内投资和贸易发展，推动全球数字经济发展。

（4）2016年4月，国务院发布了《国务院办公厅关于加快推进广播电视村村通向户户通升级工作的通知》，提出明确的工作目标：到2020年，基本实现数字广播电视户户通，形成覆盖城乡、便捷高效、功能完备、服务到户的新型广播电视覆盖服务体系。

（5）2016年11月，国务院发布《"十三五"国家战略性新兴产业发展规划》，新增了数字创意产业。

（6）2017年3月，李克强总理在政府工作报告中提及数字经济，进一步体现了中国国家层面对数字经济的高度关注，同时表明数字经济发展已经上升到国家战略高度。

（7）2017年12月，习近平总书记在中共中央政治局第二次集体学习时的讲话中指出，要加快发展数字经济，推动实体经济和数字经济融合发展。

### （三）大数据：坚持创新驱动发展，深化大数据应用

推动大数据产业持续健康发展，是党中央、国务院做出的重大战略部署，是实施国家大数据战略、实现我国从数据大国向数据强国转变的重要举措。

（1）2015年9月，国务院印发《促进大数据发展行动纲要》，系统部署大数据发展工作，坚持创新驱动发展，加快大数据部署，深化大数据应用，已成为稳增长、促改革、调结构、惠民生和推动政府治理能力现代化的内在需要和必然选择。

（2）2015年11月，工业和信息化部办公厅印发《云计算综合标准化体系建设指南》，旨在加快推进云计算标准化工作，提升标准对构建云计算生态系统和云计算产业发展的整体支撑作用。

（3）2016年1月，国家发改委印发《关于组织实施促进大数据发展重大工程的通知》提出，将重点支持大数据示范应用、共享开放、基础设施统筹发展，以及数据要素流通。

（4）2016年3月，环境保护部办公厅正式发布《关于印发〈生态环境大数据建设总体方案〉的通知》，党中央、国务院高度重视大数据在推进生态文明建设中的地位和作用，对生态环境大数据的建设和应用提出明确要求。

（5）2016年6月，国务院办公厅印发《关于促进和规范健康医疗大数据应用发展的指导意见》，部署通过"互联网+健康医疗"探索服务新模式、培育发展新业态，努力建设人民满意的医疗卫生事业，为打造健康中国提供有力支撑。

（6）2016年，我国先后批复建设八个国家级大数据综合试验区，包括贵州国家大数据综合试验区，京津冀、珠江三角洲两个跨区域类大数据综合试验区，上海、河南、重庆、沈阳四个区域示范类综合试验区，内蒙古大数据基础设施统筹发展类综合试验区。

（四）工业互联网：加快部署工业互联网力度，推动制造业转型升级

2015年以来，国家陆续出台了"中国制造2025""互联网+"等产业政策，以推动我国制造业转型升级。进入2018年，工业互联网相关政策更是持续加码，从年初的政府工作报告到年末的中央经济工作会议，国家和地方无不在加快工业互联网决策部署的力度和速度。

（1）2015年7月，国务院发布《关于积极推进"互联网+"行动指导意见》，提出要充分发挥我国互联网的规模优势和应用优势，推动互联网在消费领域向生产领域拓展。

（2）2016年5月，国务院发布《关于深化制造业与互联网融合发展的指导意见》，意见指出，要以建设制造业与互联网融合"双创"平台为抓手，围绕制造业与互联网融合关键环节，积极培育新模式新业态。

（3）2017年11月，国务院发布《关于深化"互联网+先进制造业"发展工业互联网的指导意见》，提出加快建设和发展工业互联网，推动互联网、大数据、人工智能和实体经济深度结合，发展先进制造业，支持传统产业优化升级。

（4）2018年2月，工信部发布《工业互联网"323"行动》，该行动是指打造网络、平台、安全三大体系，推进两类运用，一是大型企业集成创新，二是中小企业应用普及，构建产业、生态、国际化三大支撑。

（5）2019年1月，工信部发布《工业互联网网络建设及推广指南》，到2020年形成相对完善的工业互联网网络顶层设计，初步建设工业互联网基础设施和技术产业体系。

（6）2019年3月5日，国务院总理李克强代表国务院作政府工作报告。报告提出，要打造工业互联网平台，拓展"智能+"，为制造业转型升级赋能。这是工业互联网被首次写入政府工作报告，行业发展再迎政策利好。

（五）视听传播：推动媒体融合发展，构建全媒体传播格局

万物皆视听的新图景正在徐徐展开，互联网新媒体的发展正在成为重塑社会政治、经济、文化等各个方面的革新性力量，其中视听传播以活跃的创新、高速的增长、广泛的辐射深度融入社会经济文化生活领域，成为舆论宣传的阵地、文化传承的载体、经济发展的动能、国际交流的桥梁。

（1）2016年7月，广电总局印发的《关于进一步加快广播电视媒体与新兴媒体融合发展的意见》提出，加快融合型传播体系、融合型服务体系、融合型技术体系等八个融合型体系建设；大力开展综合信息服务，积极融入现代服务业。

（2）2017年5月，中共中央办公厅、国务院办公厅印发《国家"十三五"时期文化发展改革规划纲要》，提出强化文化科技支撑，推动"三网融合"，加快全国有线电视网络整合和智能化建设，建立互联互通、安全可控的全国性数字化文化传播渠道。

（3）2018年3月16日，国家新闻出版广电总局下发《关于进一步规范网络视听节目传播秩序的通知》，坚决禁止非法抓取、剪拼改编视听节目的行为。

今天的广告行业正处于重重迷雾之中。KOL宣称要取代广告公司，咨询公司不断向广

告业渗透，大平台带来了全新的游戏规则。但迷雾的制造者并非是这些显而易见的外部挑战者，而是我们所处的时代。

十年间，营销产业链也发生了巨大变化，数字营销从十年前的门户网站展示广告、搜索营销，逐步拓展到社会化营销、视频营销、内容营销等形态，并不断融入新的技术元素，可以说，数字营销重构了整个营销生态。

## 任务三 数字营销生态系统新赋能

【任务描述】本任务主要介绍数字营销生态系统新赋能：营销渠道、营销传播、营销价值和营销决策。

【任务分析】能够结合切身体会描述数字营销生态系统的赋能表现。

 一、营销渠道新赋能

当产品从生产者向最后的用户或产业客户移动时，所经过的途径都可以被称为渠道。在不同的时期和行业中，销售渠道不尽相同，渠道需要顺应时代的要求而变。在数字化时代，数字化、智能化是渠道发展的方向，传统渠道不断地通过数字化转型以适应时代的新发展，同时不断涌现出了更多新型的数字化渠道。

（一）渠道泛化

本节将对手机营销渠道的案例进行分析，希望该案例能帮助大家对渠道的发展变迁有更清晰的认识。

### 手机销售渠道从线下到线上再到全渠道的发展之路

**第一阶段：线下渠道大发展阶段**

从1995年到2007年，手机的线下营销渠道大发展，先后出现了总代理制/区域代理制的分销渠道，厂家直供模式的家电连锁店和专业手机连锁卖场渠道，运营商营业厅终端零售渠道。

总代理制/区域代理制都是多级分销渠道，从1995年到1999年，国外手机品牌如爱立信、摩托罗拉的渠道都是总代理制，总代理制的产品流通途径是"厂家→总代理→区域代理→省代理→地市代理→零售终端"，总代理制的特点是渠道层级多、范围广。之后在2000年左右国产手机起步，国产手机厂家采用区域代理制，产品的流通途径一般是"厂家→区域代理/分公司→经销商→零售终端"，区域代理制缩短了产品流通环节。

厂家直供渠道是指从2002年至2004年的三年内，出现了以苏宁、国美等家电连锁店和以迪信通、中域为代表的专业手机连锁卖场。在厂家直供模式下产品的流通途径是"厂家→家电连锁店/专业手机卖场"。直供模式的层级更少，对多级分销体制造成冲击，迫使一些采用多级分销的企业减少渠道层次，比如诺基亚曾经推行 FD 模式直供零售商，越过省级分销商延伸销售触角到三四线城市。运营商营业厅终端渠道在 2004 年至 2007 年这个阶段又重新崭露头角。运营商从厂家直接采购手机，并且与运营商的自有业务进行组合并销售给用户，运营商营业厅变成终端零售网络。

**第二阶段：线上渠道蓬勃发展阶段**

随着电子商务的发展，天猫、京东、亚马逊等大量的电子商务平台涌现。这些线上渠道抛开了手机传统渠道的层层代理，降低了渠道成本，能直接让利给用户，让用户以更低的价格购买正品手机。除了最初的价格优势，互联网信息的快速传播突破了地域和时空限制，并且用户越来越习惯于在线上购买各种各样的商品，也养成了用手机消费购物的习惯等。这些因素促使手机的线上渠道营销蓬勃发展。除了第三方的电商平台，国内的大型终端厂商也自建网上商城，开始做手机直供。比如小米手机就直接选择自建小米网进行网络直销，同时在第三方平台如京东、天猫等建立自营旗舰店。各个传统手机厂商也都进行了手机销售渠道的改变，包括构建线上渠道、成立手机互联网专属品牌进行线上销售等。总之，2014 年是手机产品线上营销高速发展的一年。

**第三阶段：线下渠道再次爆发，线上不再是风口，全渠道布局成为必然**

随着数字化产品更加复杂和多样化，用户期待更加直接的体验和服务，以产品为核心的传统手机零售思维早已被围绕用户建立起来的新零售模式取代，服务优势更加明显的线下体验式购物模式逐渐成为行业内的主流发展趋势。根据此前赛诺公布的数据显示，2016 年手机线上渠道增速下滑幅度较大，而线下渠道的增速则不断攀升。渠道进入稳定的二八格局，即线上渠道占比 20%，线下渠道占比 80%。例如 OPPO、vivo 凭借多年来坚持深耕线下，实现了销量"逆袭"；华为的千县计划推动了华为零售渠道的下沉，布局县级体验店，并且计划布局基于智能生活的综合体验场所；小米、魅族、荣耀等线上品牌开始注重拥抱线下渠道，早在 2016 年小米就在广州高德置地开出了第一家零售直营店"小米之家"。无独有偶，国内最大的专业手机连锁品牌迪信通联合"未来盒子"启动了渠道新品牌建设计划，建立了 Shopping Mall 渠道连锁品牌——D.Phone UP+。与其他普通的手机零售门店不同，迪信通将手机以拍照、音乐、游戏等功能作为区分进行场景式陈列，从细节处满足用户需求，给用户带来了更优质的体验，营造了体验式服务的新模式。这些都说明线下销售依然保持着其独有的价值，是不可替代的，但传统的线下渠道一定要围绕体验进行转型，方能提高价值。总之，手机终端厂商无论是从线上走向线下还是从线下走向线上，最终都需要全渠道发展。

**第四阶段：不同的行业合作，互为渠道阶段**

随着全渠道的发展，手机终端企业也在不断探讨渠道和拓展新路径。有些企业开始以渠道资源运作的视角来寻求异业之间的"联姻"，用自己的渠道资源去置换自己想要的异业资源，比如红米手机、"二次元"少女，这两个在现实世界里看上去毫不沾边的东西，在弹幕视频网站 bilibili 上联手玩起了营销，红米 Note 4X 初音未来限量版，"二次元"少女头发的颜色"初音绿"成了红米 Note 4X 初音未来限量版的主打色，发布当日网站开启红米 Note 4X 初音未来限量版活动，当天粉丝们可以在 bilibili 上抢购手机。同样 bilibili 平台借助该活动热点实现引流,获得更高关注度,初音粉与米粉圈的融合提升了平台粉丝的忠诚度。这种渠道之间的合作,就是合作双方通过开放各自的渠道资源,或者是开放销售渠道让合作企业的产品通过自己的销售渠道进行销售的有益尝试。

从上述手机终端的渠道发展历史可以看出,渠道的发展经历了线下、线上、线下线上全渠道、互为渠道的时代。全渠道时代分销与直销、线上与线下同时并存,总结来看可以把企业的渠道分为线下自营、线下代理、线上自营、网络代理四大面向用户的直接销售渠道。

进入数字化时代,随着数字化技术的进一步发展,渠道又有什么样的新变化呢?最显著的特点是数字化技术引发"渠道泛化"。

"渠道泛化"可以理解为渠道不再局限于线下的各类直营或分销渠道,也不再局限于线上的各类电子商务平台,人、物、内容、应用等与人接触的触点都能演化为营销渠道,借助各类App,如微博、微信等,每个独立的人和社群都可以泛化为企业的渠道。内容可以泛化为渠道,借助摇一摇、手机扫码、手机扫图等数字化手段使内容传播渠道从单向的广而告知变成销售渠道的延伸;应用可以泛化为渠道,除了传统的电子商务应用渠道,以及其他各类流媒体、社交等娱乐交友渠道,还可以拓展应用的营销功能渠道。

可以想象,一切与人接触的点都可以变成一个渠道。企业面对的就是一个处处皆渠道的时代,并且每个渠道的数字化特征、智能化特征越来越明显。后面我们将具体从传统渠道数字化、新型数字化渠道两方面对渠道数字化进行具体分析。

**1. 传统渠道的数字化**

在电子商务出现以后,业界把实体渠道称为传统渠道。实际上,电子商务经过了这么多年的发展,传统电商也可以被称为传统渠道了。下面对这些渠道在数字化时代的新变化进行分析,看看这些传统的零售实体、分销实体、电商渠道出现了哪些数字化变化。

**2. 实体零售终端的数字化**

用户经常接触的实体渠道有商场、超市、连锁便利店、社区夫妻店等。在这些实体渠道购买商品时,人们常会觉得比较同类商品有些困难,或者对收款台前排起的长队感到厌烦等。然而这些传统渠道在数字化转型的推动下也在发生着变化,数字化和智能化再造使得实体店获得新生,借助数字化的工具、数字化的全流程改造,各实体零售终端致力于打造更注重用户体验的智慧实体店,放眼全球,不同形态的AI智慧新型实体店不断兴起,很多企业都在数字化、智能化方面积极尝试。

### 新零售风口上无人便利店渠道的数字化创新

在新零售的风口上,小业态零售也出现了很多新形态,无人零售便是其中之一。各企业在无人零售领域的布局在2017年左右集中爆发,纷纷推出产品:瑞典初创公司Wheelys在上海推出第一个有"脚"的无人商店(图1-5);欧尚推出缤果盒子;连锁巨头沃尔玛推出了自助杂货售卖亭;北京居然之家推出了无人便利店EAT BOX;娃哈哈和深蓝科技签订了3年10万台、10年百万台的Take Go无人店；阿里巴巴无人零售店"淘咖啡"亮相淘宝造物节，这些例子不胜枚举。

图1-5　瑞典初创公司Wheelys在上海开设无人商店

有"脚"的无人商店是瑞典初创公司Wheelys在中国设置的一家无人智能型商店"车"，这家商店名为Moby，外形类似一辆公交车，顾客可以在手机下载官方App，当需要买东西时只需在App上发出指令，Moby就可以自动来到顾客面前，可让顾客通过App打开Moby的门。整个商店由AI控制——一个被称为"Hol"的全息商店助理，顾客进到里面后全息虚拟店员会跟顾客打招呼并回答顾客的问题，顾客想买什么商品，用手机刷一下就能拿走。Moby会依照顾客在App上所填写的信用卡信息扣款。我们甚至可以设想商店直接开到家门口送货或者通过配备的无人机将包裹运送到顾客手中。通过将AI和云技术结合在一起，Moby零售部门将自动监控库存状况和电池电量，并根据需要进行补货。若目前暂不考虑无人驾驶等相关的政策法规是否允许，那么有"脚"的无人商店可以带来新奇的购物体验。

深蓝科技的无人智能店Take Go，采用了quiXmart快猫智能零售系统，应用了卷积神经网络、深度学习、机器视觉、生物识别、生物支付等技术，顾客扫手进店，直接购物，拿了就走，无须结账。其中的技术核心为顾客首次注册时，通过扫手系统基于手掌血管结构关系的算法，被演算出一串加密数字，称之为"人的终身ID"，并绑定微信或支付宝，以后顾客只要见到有quiXmart快猫标志的无人值守门店就可以直接扫码进入。

在上面提到的无人零售形态中，商品与顾客之间是开放的；而F5的无人值守便利店和24爱购是无人零售的另一种形态，通过封闭式机器人实现无人售货，体验更像是传统自动贩卖机的升级版，差别在于一次可以分拣出更多的商品，而自动贩卖机通常只能弹出一件。相比传统自动贩卖机，其面积更大，最多可放400～700SKU（库存量单位）、7 000件库存，能够卖更多的品类。F5未来商店不需服务员，所有烹饪、冲调饮品、取货、结算、库存盘点、清洁工作均由机器自动完成，面对数千件百货商品，机器手可自动取出购买商品。对于咖啡、奶茶、巧克力、芒果汁、黑加仑汁等现冲饮品，机器在密闭空间现场冲调；对于现做鲜食，也是在密闭无尘的机器厨房内由机械臂现场加工制作的。目前F5商店提供三种购买方式：第一种是通过移动端下单，到邻近的F5门店取货；第二种是通过店内的自助终端下单，机器在出货后取货；第三种是通过店内的商品墙扫码下单，机器在出货后取货。

无人便利店是数字化技术发展到一定阶段的产物，其灵活布点的特性能实现对现有渠道的有效补充，未来将主要分布在商场、医院、公园、学校、车站、企业工厂、展会等地，比终端自动售货机有更好的购物体验和更丰富的商品选择。

>  **课堂讨论**
>
> 　　**课堂案例中的无人便利店如何运用数字营销建立数字化渠道？**
>
> 　　基于前面的案例，传统实体渠道的数字化转型主要从优化用户体验、优化企业运营成本和效率两方面为着眼点，帮助企业积累与用户相关的数据，为用户提供更为便捷的服务。下面从这两个着眼点分别对渠道的数字化转型进行总结分析。

**1. 围绕优化用户体验的数字化转型**

人工智能、虚拟现实、增强现实技术被越来越多地应用于实体零售终端去优化用户的体验。比如，安装传感器的智能货架能够在零售商店提供深度的用户行为数据，智能货架能记录货架前的人流量、能知道用户拿起了什么、能知道用户曾经拿起了什么又放了回去，这些数据是用户行为深度分析的基础，在此基础上可以分析用户的购买偏好，提供更加友好的推荐体验。例如在美国俄亥俄州的一家克罗格商店中，货架上显示着数字化的价格标签和商品的信息，下一步设想将数字标签与用户个人绑定，比如对那些青睐无谷蛋白产品的用户，货架上所有该类产品的价签都会闪亮地给出提示。例如，在京东智能购物车智能应用方案中，购物车除了单一的"载货"功能，看起来更像一个"机器人"，可以"跟随"顾客行走，顾客不用手推购物车，购物更具乐趣；它还可以为顾客导航，顾客在智能购物车上输入想要选购的商品时，购物车会带领顾客前往该类商品的陈列区进行选购。在这种场景下，购物车成为一个随身的导购甚至促销工具，是对购物便利性体验的提升。

数字化手段在各行各业的实体零售终端变得越来越普遍，可助力实体渠道的数字化转型，升级客户购物体验。

**2. 围绕优化门店运营成本和效率的数字化转型**

数字化手段也可以助力运营成本的优化和运营效率的提升。

（1）成本优化　　零售行业作为劳动密集型企业，主要的运营成本是人工成本和房租成本。各种形态的无人便利店试水，首先带来的是人力成本、租金成本的大幅下降。以缤果盒子为例，官方称15平方米便利店的缤果盒子可售卖的数量与40平方米的传统便利店相当，但前者造价10万元人民币，约为后者的1/4，试错成本低，而且自带升降系统，能随时移动位置，可减少拆迁、装修造成的成本损失。

（2）效率提升　　门店的效率体现在购物效率和管理效率两方面，具体包括导购、咨询、收银、促销、防盗、补货、盘点等工作。互动触屏支持顾客查询商品位置和库存并提供相关商品信息；增强现实技术实现了门店内导航，帮助顾客快速找到商品；电子货架展示了门店推荐、热销、优惠活动等商品信息并提醒顾客，这些都可以辅助顾客提高购物效率。在提升管理效率方面，可以通过移动设备辅助门店员工展示商品、实现销售；可以借助智能化门店管理终端，帮助门店运营人员实时掌控门店库存、销售、补货情况，实现门店销售实时营销数据分析等。可以说智能化无所不在，这些都是门店围绕效率提升采取的数字化转型举措。

### 3. 分销渠道的数字化

除了直营渠道，在销售渠道中另一类主流渠道是分销渠道。分销渠道的弊端在于层级多。以快消品为例，从厂商到零售终端要经过多级经销商层层加价，供应链冗长、效率低、成本较高，缺少厂商与零售终端之间的高效链接。分销渠道的数字化转型趋势表现为通过行业平台整合供应端和销售端，打破多层级结构以换取效率。

各电商巨头纷纷布局构建行业的 B2B 垂直平台，针对行业进行深入研究，整合优化行业供应链，降低供应链成本，提升产品和服务的质量。各个行业出现了很多 B2B 平台，在与用户出行相关的汽配行业中，汽配供应链服务平台中驰车福在供应端整合上游配件厂商，在销售端整合下游修理厂商；在零售行业中，京东"新通路"是零售行业 B2B 平台，在供应端整合了品牌商，在销售端整合了 3~6 线城市的夫妻店。因为分销模式本身的特性，以上这两个细分行业，其分销渠道的特点都是市场份额高度分散、中间环节杂乱、信息化水平低，这些制约着其产业的发展。数字化转型趋势催生各行业构建新型的 B2B 平台，在这些 B2B 平台上，第一个 B 已经不是各种代理商，而是品牌厂商，第二个 B 是直接面对用户的服务商。通过平台，品牌商与服务商之间的用户、订单、支付、物流、金融服务、售后服务流程实现了数字化，所以品牌商可以通过平台实现全渠道数据监控，做到对产品的价格、真伪的全程把控。服务商表面上看起来还是原来的维修店、夫妻店，但实际上因为流程的数字化、平台数据运营增值服务，服务商将更懂得用数据精细化运营，同时，在这个体验经济时代，作为与顾客接触的前端，服务商要对线下的服务和用户体验负责。

### 4. 电商平台深度数字化

传统电商包括企业自有的官方商城、移动端的 App 商城、众多种类的第三方电子商务平台。这些传统电商渠道从建立之初都自带数字化基因。在目前线上渠道增长放缓的环境下，传统电商也在不断尝试进行数字化、智能化创新，尝试通过 VR、AR、MR 改善与用户交互的数字界面，尝试以内容吸引用户，尝试 AI 驱动的产品推荐引擎，总之尝试从商品搜索、推荐、展示、下单、客服等方面全方位改善购物体验。内容、体验、智能是当今数字化时代电商平台进化的主要发力点。VR 购物在商品的呈现方式上是一次伟大的革新，能为用户创造沉浸式的购物方式，商品的展现形式从流体向沉浸式转变，为用户提供了新型的、更友好的购物体验。随着 VR 购物的发展，未来必将突破时间和空间的限制，真正实现各地商场随便逛、各类商品随便试。在"智能化"方面，电商平台采用人工智能算法对海量数据进行挖掘，为商家提供精准的用户需求，为用户提供差异化的营销和服务。另外，有很多电商平台已经支持拍图搜索商品，这项功能涉及 AI 人工智能的计算机视觉和深度学习技术，这些功能使得用户更容易找到商品并激发用户的购买行为。

总之，越来越多的实体零售商和电子商务公司都在不断将 AI 整合进自己的业务中，向"智能零售"迈进，目标是回归购物的本质，带给用户更好的购物体验。

### （二）新型数字化渠道

数字化手段的发展使渠道泛化，新型的渠道会是人、物、应用、内容，只要是聚集流量的地方都可以被当作渠道，传统的传播渠道也会演变为销售渠道的延伸，因此去中心化电商是未来的一种趋势。围绕人、物、应用、内容出现的新型渠道包括智能家电渠道、微商渠道、内容电商渠道。智能家电是物泛化为渠道的相关实践，微商是人泛化为渠道的实践，内容电商是内容泛化为渠道，而所有这些都离不开 App 应用的承载，即应用亦为渠道。

随着物联网技术及人工智能的发展，可以预见在将来用户的生活中，周边设施将变得"聪明"，这些设施可以智能化地帮助用户做出购买等决策。例如，智能冰箱不再只是一个家电产品，更是一个服务平台。一台冰箱，可集合智能识别、营养推荐、在线购物、影音娱乐、远程控制、用药提醒等人性化功能于一身，串联起食品生产销售、影音娱乐等相关产业，具有无限的可能性。在此场景下，智能家电硬件必然会像现在的智能终端手机一样，承载新型渠道。

**1. 微商渠道**

移动端和社交应用的发展为微商提供了生根发芽的土壤，微商是通过微信、微博等社交平台进行社会化分销的商业模式，可以基于熟人关系，也可以基于公众号连接的非熟人，不论怎样都是以信任为基础的，微商本身需要对产品品质做信任背书。移动互联网时代最大的特点就是去中心化，这让电商变得碎片化、社交化、品牌化，微商恰如其分地利用了这些特点，通过微信、微博与用户紧密地连接在了一起。微商渠道的特点是口碑效应更大、传播速度更快、信息传递性更强，人人都可以成为微商体系下的分销者，有问题可以随时咨询售后服务，大大提高了用户的复购率。

微商的销售体系包括提供货源的面向用户的零售终端和交易平台两个方面。

从最终零售端来看，负责传播、销售的微商主体可以分为企业、个人。企业微商是企业基于微信公众号开设微商城的 B2C 模式，个人微商是个人基于朋友圈或订阅号销售商品的 C2C 模式。

从交易平台来看，按照交易平台的不同定位，又可以分为第三方平台和企业平台。第三方平台是指企业成立一个专门的平台，连接上游厂商、品牌商、下游小微商户及个人，下游参与者通过平台实现手机开店，并通过社交分享实现对上游产品的分销，比较主流的平台有拍拍微店、京东微店、微信小店、口袋购物、有赞、微盟。企业平台是指公司有自己的产品并自建平台，利用自己的平台招收自己产品的分销商，分销商在该平台只能分销该品牌的产品，基于社交平台分销。国美、苏宁、海尔等出名的电器企业都做起了自己的企业微商平台。

**2. 内容电商渠道**

在全民直播化、自媒体专业化快速发展的背景下，网红、直播等新的流量聚集地，也有效地促进了特定商品的交易转化，形成了新型的渠道。因此，视频类平台未来可能超越社交媒体，成为主要的传播渠道和营销渠道，观众在感兴趣时，可以主动地在视频中进行互动娱乐、购买商品、视频游戏、搜索精准画面，等等。

总体来说，营销到达用户的渠道有很多，企业面临的选择也很多，线上、线下、直营、分销、自有、第三方、借助人、借助物、借助内容、借助应用等都可以成为企业的营销渠道，重点在于构建适合自身的数字化渠道体系。

## 二、营销传播新赋能

互联网空间内，在无边界的社交网络平台上，生存、繁衍着林林总总的群落，即众多的社区和社群。它们通常以会员网站（论坛、贴吧）、微信群、微博圈等作为社交纽带，有发起者和管理者。共同特点是：第一，面向特定的目标人群；第二，与目标人群相关，有清晰的内容定位和风格定位；第三，内部存在一定的传播和沟通规则。

面对这些不容忽视的互联网媒体，企业和品牌如何融入？如何使传播内容成为目标社区、社群成员感兴趣、乐于加工和分享的话题？如何使传播事件和活动具有吸引目标社区、社群成员参与的动人魅力？针对这些问题，我们提出一致性传播原则，即传播者（企业和品牌）的传播策略（包括传播内容、传播方式等）需与前面所说的社区、社群媒体的特点相一致。

第一，传播的对象（目标受众）和目标社区、社群的成员构成相一致。这是不言而喻的。不可能到老年人社群里去推广年轻人喜欢的摇滚乐（个别老年人喜欢摇滚乐是特例）。但是，对一致的理解不能过于机械，不能刻板地认为不能到理科男为主的手机社区（社群）里谈论女性手机，不能到汽车社区（社群）里谈论服装。我们判断是否一致，除了职业、收入、地域、性别、年龄等显性标志，还要关注生活方式、生活态度、消费习性、价值理念等隐性标志。

第二，传播者（企业和品牌）自身的品牌理念、价值主张和目标社区、社群的价值追求、共同文化、生活方式、生活态度等相一致，彼此兼容。这是融入目标社区、社群的深层基础。没有这样的基础，无论是传播内容还是传播方式，都会让目标社区、社群成员体察到不适和违和。试想一下，如果在一个极端而激进的社区（社群）里谈理性、平和以及中庸、均衡，恐怕不仅不会引发认同和共鸣，反而会激发强烈的反感和排斥，可以说是自取其辱。

第三，传播者（企业和品牌）所传播的内容和目标社区、社群本身的内容定位、风格特征以及表达形式相一致。这一方面是为了自然、妥帖地嵌入目标社区、社群自身的内容以及目标社区、社群成员讨论、分享的主题；另一方面是为了借助目标社区、社群话题（内容）的优势增添品牌的意蕴和内涵。这也是一种借势和资源共享。比如在一个古典诗歌主题社区（社群）里，传播的内容需要与诗歌或诗人有关。如果表达的主要形式之一是朗诵，那么传播者（企业和品牌）需要在一定的情境下采用这一形式。移动网络自媒体中，有一位经常写唐朝诗人（如杜甫、李白、王维等）的作者，其文体灵动，内容诙谐，但行文最后往往夹带一点广告，不仅不突兀生硬，反而有点欧·亨利短篇小说结尾奇峰突起的味道。从投放者的角度看，这是一种精妙的嵌入。

第四，传播者（企业和品牌）的传播运作和目标社区、社群的规则相一致，即前者的做法符合后者的一些规范性要求。目前，很多社区、社群禁止规范性广告之外的商业渗透和推广，这对希望在目标社区、社群内传播和沟通的企业和品牌构成了一定的障碍。这就要求传播者（企业和品牌）在尊重、遵守目标社区、社群规则的基础上，积极参与目标社区、社群内的分享、讨论以及各种活动，并提供一定的支持和服务，以非商业的渗透式方式将传播内容细水长流、润物无声地融入目标社区和社群。不能急功近利和投机。

第五，传播者（企业和品牌）的传播方式和目标社区、社群的规模相一致。网上社区、社群有大有小，大的社区可能多达几十万人、千百万人，小的社群可能仅有数十、数百人。对于前者，传播主要依靠有穿透力和引爆力的话题及活动；对于后者，传播的方式主要是多频次的信息渗透以及与群内成员、意见领袖的直接沟通。

### 三、营销价值新赋能

#### （一）建立差异化价值

"差异化价值"应该是整个竞争数字营销战略建立的核心。没有实现差异化价值的营销，只是拼成本的血战而已。

#### （二）数据可视化价值

数据价值体现的本质回归的方式来提升数据可视化价值，相关方式如下：

（1）提高利润；
（2）细分客户；
（3）出售数据；
（4）划分客户层次。

#### （三）商业价值

通过数据挖掘技术、统计分析、自然语言的处理等方法来获取商业价值。利用这些高级的数据分析方法，使用媒体数据来扩展现有客户数据规模，企业可以更好地获取到数字营销的商业价值。

#### （四）用户价值：实现数据价值的主题化

通过大数据可以看出用户的偏好，进而推断出用户可能喜欢的相关产品。例如，前文提到的亚马逊的推荐系统，就是通过大数据分析这种相关性，从而节省了大量的人力物力。

通过数据分析出客户的偏好、用户的需求，依据用户价值，企业研发产品，并进行数字营销，从而实现主题化数据价值的用户价值。

 ### 四、营销决策新赋能

### 运用大数据让企业直接命中客户需求点

卡夫是全球第二大食品公司，趣多多、太平苏打等是它的明星产品。为了拓展新业务，打开孕妇消费者市场，卡夫公司澳洲分公司使用了大数据分析工具，对十多亿条社交网站帖子、论坛帖子等进行内容分析，总结出孕妇顾客群体对零食的几个重要关注点：健康、素食和安全，以及叶酸的含量。因此，卡夫针对调研报告及时调整了商品以及销售策略，成功打开了孕妇消费者的零食市场，创造了新业绩。

日常生活中，大多数人已经离不开手机，离不开运营商。我国移动、联通和电信三大运营商之间的竞争也相当的激烈。因此，降低客户流失率成为它们的主要诉求之一。以联通为例，它一直想挽回流失的客户，但却只能进行估算，不能很好地分析到底是哪些客户群流失了。后来，联通公司通过大数据技术，主要是通过数据监测方法，成功挽回流失客户群。比如,某手机用户的使用习惯是以发短信为主,且在三个月内短信发送次数减少,经过"监测"发现,他使用的正是"每条短信都收费的计费方案"。营销人员对此及时、精准地建议他改用短信包月或者网内短信免费优惠方案,由此成功把客户留了下来。正是通过挖掘分析得到相关数据,并总结背后隐藏的规律,中国联通的客户流失率降低了20%以上。

上述企业之所以如此成功,不仅是因为它紧紧贴合时代的要求,更是因为大数据的大力支持。在这里,大数据最大的价值就是通过对客户的数据分析,为企业做出更准确的商业决策提供科学依据,提高决策水平,从而进一步挖掘市场机会,提升运营效率,降低运营风险,实现企业和客户无缝对接的梦想。那么,要想做到让大数据直接命中客户的需求点,要做到什么呢?

**1. 要学会收集、掌握、分析数据**

互联网带来了信息大爆炸,面对海量的数据,如何对其进行收集、整理、掌握和分析成为企业命中客户需求点的主要内容。客户的定位、需求量大小、需求种类这些因素都可能决定企业的成败。在信息高速流通的商业时代,客户的每一条评价都可以发挥正面或负面的营销,为企业带来不同的营销效果。所以企业一定要做客户信息的收集、整理和分析工作,掌握客户需求的第一手数据,只有掌握了第一手数据,才能更好地为企业的发展决策提供有力支持。

**2. 要学会做好数据跟踪工作,让营销推广恰到好处**

普通的老年人在购买商品时更看重营养品、保健品和养生锻炼方面的广告;而年轻人更关注化妆品、护肤品和新潮的电子产品。企业在分析消费者需求时需要考虑到各方面的问题,而考虑这些问题的依据是什么呢?那就是大数据,通过数据信息深入了解客户的需求,做到精确营销,同时让数据贯穿企业和消费者的方方面面,最终实现长久的相互利益,才能做到贯穿消费者一生的销售。

需求决定营销,而数据又是营销决策制定的关键因素,因此,企业要想直接命中客户的需求点,就必须利用大数据准确定位,只有这样,才能给消费者提供真正想要的和需要的产品,才能给企业带来无限的商机、财富。

对于企业而言,大数据的不断创新是竞争营销的依据和手段,企业没有数据为依据很难做出正确的精准决策,更别说运用大数据营销来驱动企业的运营管理了。因此,要想让企业直接命中客户的需求点,就要运用大数据。

移动互联网的飞速发展为企业及时、快速而又精准地收集数据提供了有利的平台。都说商家比消费者自己更懂消费者的需求。消费者在互联网上产生的交易数据、浏览信息、购买行为等数据,都有助于商家对消费者的消费需求做出预测和判断,最终还原每个顾客的原貌需求,从而促使消费者进行消费,实现企业利益的最大化。通常情况下企业根据下面2个步骤来做数字营销决策:

(1) 必须要明确决策的目标。企业领导层做决策时要明确达到什么样的目标,解决哪些问题。因为,当企业具有明确的发展方向、决策时,就会专注于自身的目的和目标,以及企业运营效益成果。

(2) 依靠数据,并以事实为依据。利用企业掌握的第一手数据资料,分析挖掘数据里稀缺的客户需求,进而提供精准的服务和营销策略,来帮助企业取得更大的成功。

在大数据时代，企业有很多机会零距离接触消费者，了解他们的真实想法，甚至能够和消费者一起去体验和感受，这些都是因为企业在大数据的指引下游刃有余地掌握了消费者的需求点，并抓牢消费者的各种关键时刻，做到真正让大数据命中客户的需求点。根据需求点，企业进行数字营销战略调整，并做相应营销决策，使企业收益最大化。

观看视频

（1）给我5分钟，让你知道究竟什么是数字营销

https://www.bilibili.com/video/BV1ZA411L7X3?from=search&seid=5456318113381507687

（2）数字营销：B2B SaaS软件企业内容营销的本质

https://www.bilibili.com/video/BV1G54y1m7yw?from=search&seid=9680660981789946332

## 打造数字经济新优势

（资料来源：《光明日报》）

习近平主席在二十国集团领导人第十五次峰会第一阶段会议上指出，我们要为数字经济营造有利发展环境，加强数据安全合作，加强数字基础设施建设，为各国科技企业创造公平竞争环境。同时，要解决数字经济给就业、税收以及社会弱势群体带来的挑战，弥合数字鸿沟。

**清华大学中国经济思想与实践研究院院长李稻葵委员：协调好发展与监管的关系**

当前，我国数字经济发展呈现三个特点：一是部分数字经济企业走在世界前列，对传统产业转型升级产生积极影响；二是大部分数字产业仍然处于激烈竞争、产业结构快速演变状态，总体尚未形成传统意义上的垄断格局；三是长期以来，我国数字产业发展基本处于监管真空状态。为此，亟须建立一个促进数字产业长期健康发展和合理监管的体制。建议成立数字经济发展与监管委员会，协调好发展与监管的关系，提升对包括互联网平台在内的数字经济企业的治理能力，推动参与全球数字经济规则制定，促进我国数字经济长期健康发展。

**中国工业互联网研究院院长徐晓兰委员：促进数字技术与实体经济深度融合**

当下，我国数字经济迅速发展壮大，并催生出一系列新技术、新产品、新业态、新模式，但也存在与实体经济结合不紧密、不充分等问题。当前，用户需求日益增长，新应用、新服务形成周期不断拉长，数字产业化的发展模式已不足以支撑数字经济快速发展；产业数字化成为数字经济发展的新方向，并推动数字经济加速进入"下半场"。工业互联网为产业数字化提供了关键基础设施支撑和产业生态基础，建议在工业互联网创新发展等方面持续强化政策引导，优化市场环境，支持工业互联网企业做强做优，培育一批工业互联网技术创新企业、系统解决方案供应商和运营服务商，打造一批可复制、可推广的发展模式和典型应用场景。

**民革贵州省委会副主委、贵州财经大学西部现代化研究中心主任黄东兵代表：在数字乡村建设中抢新机**

乡村振兴的基础是乡村产业振兴，农村现代化的重心是乡村产业现代化。因此，在乡村振兴上开新局，可以将数字经济的新空间拓展到广袤的乡村大地上。要加快建设数字乡村，构筑美好数字生活新图景。要立足实际情况，顺应技术发展趋势，借力物联网、大数据、云计算、区块链、人工智能等现代信息技术，推动乡村产业经济的改造转型、提高乡村产业组织的管理水平、加速乡村产业产品的品牌升级、强化乡村产业服务的体系建立。期待数字经济的新技术、新产品、新模式在乡村产业里抢新机、出新绩、走新路。

**西昌学院院长贺盛瑜委员：加快实现农业数字化智能化**

农业是一个投资大、见效周期长、生产过程风险高的产业，实现数字化、智能化是规避风险、提质增效的必然选择。目前，我国在数字农业、智慧农业方面还存在不少短板。比如，标准体系不统一，农业农村大数据中心和重要农产品全产业链的大数据平台不完善，农业链条上各方主体关联度不深等。对此，应健全统一的平台标准体系，加快推动大数据平台建设；以"造血机制"为核心，以农产品销售为入口，以农业气象服务为纽带，以市场服务为向导，形成"多位一体"数字化农业综合体。要依靠地方高校学科优势和人才优势，鼓励高校教师和学生组成学科交叉融合的创业团队，调动其积极性、主动性、创造性，解决智慧农业生产管理过程中的问题。

**华中科技大学同济医学院附属协和医院院长胡豫委员：提升医疗健康产业智慧水平**

近年来，人工智能、大数据等信息技术迭代升级，重塑着医疗健康产业生态，智慧医疗迎来快速发展机遇。整体来看，以互联网医院为雏形的智慧医疗健康产业初具规模，但也存在诸多问题，比如智慧互联程度较低等。对此，应完善智慧医疗顶层设计，加速形成医疗健康新业态，健全相关标准与安全体系，加快建设区域卫生健康信息平台、数据共享交换平台。加快相关技术研发，探索政府主导，医院、科研院所、企业等多方协同研发应用的新模式，促进智能医疗设备、辅助系统等新技术、新产品、新方案和新策略产出。进一步健全智慧医疗相关法律法规，将在线医疗纠纷纳入互联网法院管辖范围，并加大执法力度。

### 知识与技能训练题

1. 数字营销的定义是什么？
2. 数字营销和传统营销的差异是什么？
3. 数字营销生态系统构成有哪些？
4. 数字营销新赋能有哪些？

参考答案

## 项目二　新用户的自我重构

**项目介绍**

本项目将通过分析营销演进过程进而讲授传统用户到新用户的演变及其主体、时间、偏好特征，在此基础上介绍数字用户生命周期的管理。

**知识目标**

明晰数字营销时代用户活跃场景和特征；掌握数字用户生命周期界定、分类和价值。

**能力目标**

能够结合现实场景分析用户的新特征；能够结合现实案例策划用户生命周期管理步骤和内容。

**素质目标**

对各种用户应用场景的科学性和合理性有清晰辨识；用户生命周期管理实践阶段要以公序良俗为底线。

**项目导图**

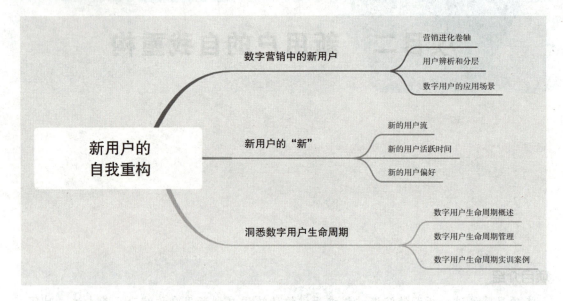

## 拼多多"拼"用户

2021年3月17日,拼多多发布了2020年第四季度及全年业绩报告,核心数据增长亮眼。截至2020年年底,拼多多年活跃买家数达7.884亿,成为中国用户规模最大的电商平台;年GMV(商品交易总额)同比增长66%,达到16 676亿元。第四季度,拼多多实现营收265.48亿元,同比增长146%;全年实现营收594.92亿元,同比增长97%,远超彭博分析师预期的518.81亿元。2020年第四季度,拼多多新增5 710万活跃买家,2020年累计新增活跃买家规模超2亿。以用户规模计,创立不到6年的拼多多,已经发展成为中国最大的电商平台。截至2020年年底,拼多多年活跃买家数达7.884亿,较上一年底的5.852亿同比增长35%。同期阿里巴巴年活跃买家数为7.79亿,京东为4.72亿。月活跃用户数方面,2020年第四季度拼多多App平均月活跃用户数达7.2亿,单季净增7 650万。2020下半年,拼多多月活用户数累计新增1.51亿。

为什么后浪拼多多能发掘阿里巴巴、京东等先行者未开发的流量?根本原因是,移动互联网时代,内容电商崛起之后,流量上游的企业掌握话语权,拼多多通过社交实现流量自供给,而依靠流量进口的企业如阿里巴巴面临用户增长危机。传统的搜索式电商是人找货,并通过大数据匹配相近商品。淘宝和京东的购物习惯中,九成来自直接搜索,再按照销量和评价来选购。这其中有部分不会主动网购的人群被忽视。拼多多正是看到了这部分被忽视的需求,尝试通过构建社交场景完成货找人的逻辑。以简化的购物流程,聚焦单品购物，并通过"拼"模式精准定位个人的消费圈层，优化购物体验，在不同用户间圈粉。用户选择在拼多多购物的原因中，有44%认为是跟熟人拼团更容易。所以，在近8亿用户的共同推动下，以"拼"为核心的新消费业态，变革了农产品分销、品牌建设等在内的传统模式，用户更加追求性价比。

拼多多不光实现了用户规模的反超，用户质量也在提升。2020年拼多多活跃买家年度订单量大幅攀升至48.6笔，平均消费额同比增长23%至2 115.2元。据物流行业人士透露，目前，拼多多已经是快递物流行业的主要业务来源。用户黏性高速增长的势头，延续至了2021年。据Quest Mobile报告，今年春节期间，拼多多日活跃用户首次登顶行业第一。其间，拼多多人均单日使用时长同比增长25.9%，在日活过亿的App中增速最快。对拼多多而言，"用户"这个牵一发而动全身的变量，也会拉动平台交易额及营收的增长。

## 任务一　数字营销中的新用户

【**任务描述**】本任务将主要介绍并阐释营销1.0到4.0的演进进程，用户分类及意义，数字用户应用场景。

【**任务分析**】掌握营销历史发展阶段，明确消费者、用户、客户的界定和区分以及数字用户在何种场景应用。

### 一、营销进化卷轴

2016年10月，在东京的世界营销峰会上，营销之父菲利普·科特勒博士将其标志性思想贡献结合西方市场的演进分为以下七个阶段，它们是：战后时期（1950—1960），高速增长期（1960—1970），市场动荡时期（1970—1980），市场混沌时期（1980—1990）一对一时期（1990—2000），价值驱动时期（2000—2010）以及价值观与大数据时期（2010年至今）。在不同的阶段，业界人士、学者们都提出了重要的营销理念，比如人们熟知的市场细分、目标市场选择、定位、营销组合4Ps、服务营销、营销ROI、用户关系管理等。从营销思想进化的路径来看，营销发展的过程也是用户价值逐渐前移的过程，用户从过往被作为价值捕捉、实现销售收入与利润的对象，逐渐变成最重要的资产，和企业共创价值、形成交互型的品牌，并进一步将资产数据化，企业、产品、用户之间变成一个共生的整体（图2-1）。

（1）营销1.0时代——以产品为导向的时代。这个时代始于工业革命时期的生产技术开发。当时的营销就是把工厂生产的产品全部卖给有支付能力的人。这些产品通常都比较初级，其生产目的就是满足大众市场需求。在这种情况下，企业尽可能地扩大规模、标准化产品，不断降低成本以形成低价格来吸引顾客，最典型的例子莫过于当年只有一种颜色的福特T型车——"无论你需要什么颜色的汽车，福特只有黑色的"。这个时代重视产品的性能，忽视产品的差异性，比如诺基亚手机强调"摔不烂、用不坏"，外观旧了可以换掉外壳继续用（图2-2）。

图2-1　营销进化卷轴

图2-2　营销1.0之产品导向

（2）营销2.0——以用户为导向的时代。这个时代是做品牌的时代，其核心技术是信息科技，目标是满足并维护用户。这个时代里，企业眼中的市场已经变成有思想和选择能力的聪明用户，企业需要通过满足用户特定的需求来吸引用户。正如宝洁、联合利华等快速消费品企业开发出几千种不同档次的日化产品来满足不同人的需求，这个时期即品牌营销、塑造品牌发展的时代（图2-3）。

（3）营销3.0——以价值驱动为导向的时代。这个时代是合作性、文化性和精神性的营销，也是价值驱动的营销。和以用户为导向的营销2.0时代一样，营销3.0也致力于满足用户的需求。但是，营销3.0时代的企业必须具备更

图2-3　营销2.0之品牌导向

远大的、服务整个世界的使命、远景和价值观，它们必须努力解决当今社会存在的各种问题。换句话说，营销3.0已经把营销理念提升到了一个关注人类期望、价值和精神的新高度，它认为用户是具有独立意识和感情的完整的人，他们的任何需求和希望都不能忽视。营销3.0把情感营销和人类精神营销很好地结合到了一起。在全球化经济震荡发生时，营销3.0和用户的生活更加密切相关，这是因为快速出现的社会、经济和环境变化与动荡对用户的影响正在加剧。营销3.0时代的企业努力为应对这些问题的人寻求答案并带来希望，因此它们也就更容易和用户形成内心共鸣。在营销3.0时代，企业之间靠彼此不同的价值观来区分定位。在经济形势动荡的年代，这种差异化定位方式对企业来说是非常有效的。因此，菲利普·科特勒也把营销3.0称为"价值观驱动的营销"（图2-4）。

（4）营销4.0是菲利普·科特勒最近提出的进一步升级。实现自我价值的营销，在丰饶社会的情况下，马斯洛需求下面生理、安全、归属、尊重的四层需求相对容易被满足，于是用户对于自我实现变成了一个很大的诉求，营销4.0正是要解决这一问题。随着移动互联网以及新的传播技术的出现，用户能够更加容易地接触到所需要的产品和服务，也更加容易和与自己有相同需求的人进行交流，于是出现了社交媒体，出现了用户社群。企业

图 2-4　营销 3.0 之价值驱动导向

将营销的中心转移到如何与用户积极互动、尊重用户作为"主体"的价值观，让用户更多地参与到营销价值的创造中来。而在用户与用户、用户与企业不断交流的过程中，由于移动互联网、物联网所造成的"连接红利"，大量的用户行为、轨迹都留有痕迹，产生了大量的行为数据，这称为"用户比特化"。这些行为数据的背后实际上代表着与用户接触的无数连接点。如何洞察与满足这些连接点所代表的需求，帮助用户实现自我价值，就是营销 4.0 所需要面对和解决的问题，它是以价值观、连接、大数据、社区、新一代分析技术为基础来造就的（图 2-5）。

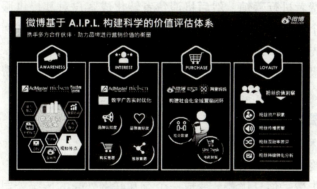

图 2-5　营销 4.0 之自我价值实现导向

 二、新时代的用户辨析和分层

用户、客户和消费者，对这三者分类在传统行业里面是属于营销范畴。在互联网行业中大多数人都知道用户的概念，对消费者和客户基本上很少进行细分，在实际操作中可能有人也进行了区分，但是因为互联网行业用户概念太流行，在表达中常常不会体现出用户、消费者和客户的差别，统一使用用户来"代言"，所以很少会将这三者分开来讲。

实际上将这三个用户角色进行区分对待非常重要，传统行业分开的目的是让营销人群

数字营销用户分析

更精准，避免造成浪费，而对于互联网行业来说，从目标用户的选择定位到产品设计，运营等首先涉及的就是用户角色，当你在设计一个产品功能的时候，需要清楚地知道自己是为哪类用户设计的，用户的特点是什么，需求有哪些，用户群体在什么地方，怎么去运营，等等。下面分别来定义和区分用户、消费者和用户，并说明区分后在实际工作中发挥的作用。

### （一）怎么区分用户、消费者和客户

#### 1. 什么是用户

用户是指使用某个产品或服务的人，正在使用或者用过的人都属于用户，这个产品和服务不一定是自己花钱买的，有可能是赠送的，有可能是借的，只要用了或者用过都算用户。比如我们每天都会使用微信，所以都属于微信的用户，尽管我们并没有给微信付款。

#### 2. 什么是消费者

我国《消费者权益保护法》第二条将"为生活消费需要购买、使用商品或者接受服务"的行为界定为消费者的消费行为。根据这一规定，所谓消费者，是指为满足生活需要而购买、使用商品或接受服务的，由国家专门法律确认其主体地位和保护其消费权益的个人。

#### 3. 什么是客户

客户是指购买了某个产品或服务的人，客户不一定是产品或服务的使用者，但一定是为这项产品或服务支出费用的人。比如某人买了一辆宝马车，他（她）就是宝马的客户，而谁来开，谁即为用户。

在这三者里面，用户所包含的人数范围最广，大多数传统企业没有用户只有客户，传统企业一般针对消费者进行营销，然后将消费者转化成客户对其提供服务，最后享受服务的只是花了钱的那个人，也就是客户；而互联网行业正好相反，互联网行业大多数产品服务的是用户，产品先养用户，然后将用户层层转化，最后挖掘消费者，把消费者转化成客户，或者用用户去吸引客户实现盈利，在某种程度上可以说用户、消费者、客户是逐渐转化的过程，人数也会越来越少。

### （二）用户分层的意义

#### 1. 让服务人群和业务模式更好地匹配

企业运转的最终目的都是获得大量的客户和收入，但是直接做客户服务，获客成本会非常大，而且会丧失数字信息优势，变成一个有互联网外壳的传统公司，所以很多线上产品都需要将用户分层，然后再以交叉的方式建立业务模式，常见的主要有下面几种：

（1）为用户提供服务，通过积累的用户获取客户　这是大多数C端产品常用的套路。比如百度，把全网的内容都抓到自己的服务器上为用户提供搜索服务，满足了用户查找信息的需求，当海量的用户都使用百度的服务，百度就以用户量为基础向有推广需求的企业出售广告服务，让这些企业变成自己的客户从而实现盈利，如果按照传统思路，百度就是一个广告公司，但是百度用了互联网的思路，有了海量的用户，所以变成了国内互联网巨头。

（2）直接面向消费者服务，通过积累大量消费者数据获取客户　这是大多数垂直类产品常用的模式。比如大众点评和美团，大众点评提供点评服务，当你产生了去餐馆吃饭的

念头，这时候的需求就是找一个好的餐馆，所以你去大众点评上面看别人评价，然后在美团上看有没有优惠，当美团和大众点评积累了大量的消费者，就可以向商家推广自己的广告等业务，让商家成为自己的客户，这个套路跟上面的差不多，只不过在人群上面向的是消费者而不是所有人。

（3）直接服务用户，然后把用户转化成消费者或客户　这种模式以社区类、内容类产品居多。比如QQ，用户可以免费使用QQ的大量基础服务，要使用高级的功能，得开通会员；还有像知乎，有大量的免费内容，但是有些内容是收费的，你要看就得付费。这类产品的消费者和客户都是同一类用户，业务模式最终能建成是一个用户逐渐转化的结果。

（4）直接面向消费者服务，把消费者直接转化成客户　这是大多数电商类产品的业务模式，主要服务于有消费企图的人，通过打折、促销、送优惠券等多种手段让用户下单购买，最后把消费者变成自己的客户；还有共享单车，针对有骑自行车出行需求并愿意付费的人，这里的消费者和客户也都是同一类用户，重要的是要做好用户的转化。

（5）为用户提供服务，并将消费者转化成客户　这类产品主要是使用者和消费者不是同一人，比如K12教育类产品、礼品类产品。以K12教育产品为例，使用产品的是中小学生，可学生没有支付能力，但家长有支付能力，只要让家长觉得能提升成绩，家长就愿意付费，所以在这类产品里面，既要满足使用者的需求，也要满足消费者购买的冲动需求，这类产品的业务模式才能建立起来。

以上这些不能说孰优孰劣，每个产品人员都应该根据自己企业的情况来选择服务的用户和对应的业务模式。

**2. 在产品构建和设计方面的作用**

不同的用户，需求差别非常大，在设计产品时考虑的因素也差别很大，我们分开来说说：

（1）针对用户的产品设计特点　从需求角度来看，以内容型产品为例，用户阅读内容的需求本质是打发无聊，这个需求可以通过看电视、玩游戏等方式解决，阅读内容只是一种备选方案，但是用户是盲目的，只要能让打发无聊的成本变得特别低，就愿意去使用。基于这个特点，在设计这个内容产品的时候，要将使用门槛设计得特别低，规则特别简单，才能和看电视、打游戏等竞争，用户才愿意用。比如今日头条，使用起来特别简单，下载后只要不断刷新就会有新的内容出来，而且会自动根据你的浏览历史推荐更适合你偏好的内容，几乎没有任何使用门槛；而且对不同层次的用户都适用，这样才能更多地去覆盖不同类型的用户。比如百度的产品，很多人说百度的设计丑，但是百度服务的用户从北上广等一线城市到乡村级都有，设计是由用户规模决定的，百度的设计只是没有突出个性，谈不上丑；而同样面向用户的产品如知乎和豆瓣，使用人群以知识分子居多，所以产品的调性和风格显得更高一点，但是用户规模就小了很多。

从功能上来说，针对用的产品不要过多堆砌功能，要分用户场景，先满足最大的需求场景，然后在不同场景下触发其他小众的需求。比如微信，查看消息、查找通讯录、看朋友圈，这三个需求的需求量最大，使用频率最高，所以直接在底部菜单展示，其他需求都是在"发现"和"我"里面进行展示。

（2）针对消费者产品的设计特点　从需求角度来说，还是以内容型产品为例，消费者阅读内容的需求是了解自己要购买的产品的介绍、评测、价格对比等，为自己购买提供参考，是有目的浏览，而不是漫无目的使用。比如你打算买一部手机，你会在网上查找不同品牌手机的外观、性能、配置、价格、别人的评价等进行对比，最后决定自己要购买哪一款。所以针对消费者的内容型产品一定要让自己专业，要对购买有帮助，在设计产品的时候，要突出影响购买决策的元素，围绕这些元素进行产品设计。比如汽车之家，就是专门针对打算购买汽车的人服务的，它的产品设置和内容都是围绕购买决策进行，比如评测、试驾、查报价、查油耗、车型对比等，很多汽车网站喜欢放车模等吸引无效流量，但是汽车之家没有这么做，因为他们很清楚地知道自己定位的人群是打算买车的人，也就是消费者，而不是无目的之人。

（3）针对客户产品的设计特点　用户具有盲目性，需要通过产品的引导来达到自己的目的，而客户则正好相反，客户对自己的需求会非常了解，在这种情况下产品是为需求服务的，而不是需要产品来引导需求，只有需要的和提供的几乎百分之百匹配的时候，客户才会付费，比如我就要一个螺丝钉，你正好能提供，我就愿意花钱购买。所以客户类产品，要关注的是能否解决问题、能否提高效率，而且这类产品在使用上具有强制性，所以功能比体验更重要。界面可以丑一点，但功能一定不能没有，一个具体的问题可能对应着某一个功能，相比针对用户的产品，功能会又多又复杂，但是只要能把问题解决了，这些都没有关系。以百度为例，面向用户的产品在前端展示只有搜索框，非常简单，而面向客户的广告投放平台则复杂得多，要设置一条广告，可能得操作十几项甚至几十项设置，不是专业的人员无法完全弄清，虽然麻烦，但是这个事必须得做，而且做了后确实会带来客户，这些就是客户类产品设计的特点。

### 3. 对产品运营的作用

产品是否能达成目标，需要运营去落地执行，产品设计的时候定义了不同的角色，运营的时候自然也需要对用户进行分层，针对不同的用户选择不同的运营策略，分层对运营的作用主要有以下几个方面：

（1）角色不同，用户获取方式不同　用户型产品在用户获取上一般是先培养种子用户验证需求，然后再寻找关注点、热点，然后形成用户和用户之间的传播，用这种方式来获取用户，如果不能形成自传播的用户型产品，也没有什么大的价值；而针对消费者类的产品，因为使用者的需求非常明确，在需求明确的情况下，一般人都会倾向于通过搜索的方式来解决问题，所以这类产品，要更好地注重通过搜索引擎方式获取用户，而针对客户类的产品，用户人群小，人群分散，小成本批量获取用户非常难，所以一般都是主动定向来转化，比如通过电话营销、广告等方式来获取用户。

（2）面向不同角色的产品，运营侧重点不一样　针对用户类的产品，我们需要的是用户的规模和用户持续使用产品，所以运营方案和策略的重心会放在用户的新增和活跃上，而把其他的运营需求优先级排得低一点，比如盈利，当用户的使用和盈利发生冲突的时候，优先考虑使用体验而不是优先考虑赚钱。

针对消费者类的产品的运营重点是要基于影响消费者决策的因素去运营产品，而不是基于用户的所有需求去开展运营。举一个最简单的例子，作为一个服务于汽车消费者的网站，如果文章中要放一张图片，一张是单纯的汽车照片，另一张是有漂亮车模的汽车照片，你会选择哪一个？如果是一个合格的面向消费者的运营，应该果断选择第一张照片，因为消费者看这张照片是为了了解汽车的外观，这对自己买哪一款车很重要，而有车模的照片会遮挡汽车的外观展示，会让看的人注意力转移，虽然后面一种情况带来的流量可能更大，但很多人可能是为了妹子来的，而不是为了汽车来的，带来的流量都是垃圾流量。

客户类的产品完全是基于交易和服务去开展运营工作。交易中需要多少个环节，每个环节都要去重点运营，每个环节都做好了，交易才能达成，而不能影响或者促成交易的工作，做得再多、再好也没有用；另外在交易完成后，还要向客户提供好的售后服务，所以交易和服务是客户类产品运营的重点。

(3) 运营考核指标不同　针对用户的产品，用户数量和使用情况是运营最重要的指标，以App为例，运营指标一般是下载量、注册量、新增用户数、活跃用户数等；针对消费者的产品，目的是为消费者提供购买决策，所以在运营指标上要关注对消费者消费有影响的指标，以导购产品为例，推荐的产品对看的人有没有用，可以把点赞、加购物车等作为运营指标来考核；针对客户类的产品一般运营的指标就是转化率、交易量，如果是使用频率比较高的产品，可能还会有复购率等运营指标。用户角色不同，运营的考核指标也应该不同，不能所有类型的产品都设置一样的指标去运营和考核。

###  三、 数字用户的应用场景

自20世纪80年代，数字营销随着电子计算技术的进步而逐渐发展。要掌握数字营销未来趋势，了解用户的关注点至关重要。如今，数字用户更倾向于使用应用程序，而非网站。这导致了用户的关注点越发被分割成一个个小块，分散在不同的手机应用中。许多新涌现的平台正在不断吸引用户的注意力，并逐渐崛起成为强大的营销平台。这其中包括大型电子商务网站、游戏渠道、电子竞技、音频、OTT流媒体应用以及大型社交媒体渠道等。

(1) 电子商务　电商规模持续扩张，在全球范围内每年增长23%。电子商务的营销人员，已经不再是单单寻找用户、而后将其转化为自己网站的用户，而是直接在众多的平台上根据用户行为开展有针对性的营销。

(2) 游戏和电子竞技　普华永道《全球娱乐及媒体市场展望》预测电子竞技经济在2023年将达到18亿美元的规模，年复合增长率达18.3%。展望中还提到，赞助费和广告费是2018年电子竞技收入增长的主要驱动因素。随着游戏专题的体育馆逐渐增多，并且随着电竞赛事逐渐进化为体育界的重磅热点，这些场馆将会成为又一个坚实的营销平台。然而，业内公司并不会简单凭借拉横幅或是30秒广告取得成功。相反，重点应放在游戏内的产品植入或内容创造等策略上。

(3) 播客和音频　以语音为媒介的业务同样正在发展成为大平台。播客的广告收入在2018年增长了61%，蹿升到9.11亿美元，预计到2023年行业的收入规模将达到32亿美元，年复合增长率达到28.5%。随着音频网站和播客内容创作的增加，他们收获的关注和收入也在逐步提升。智能扬声器的安装基数预计将在2018至2023年之间增长五倍。到2022年，语音设备上的国际广告规模预计将从今天的零元达到2022年的190亿美元，几乎与整个杂志广告业务的规模相当。要在这个新型声音领域取得成功，营销人员要学习如何基于人们的说话方式而非打字方式来优化搜索引擎。通过语音助手进行的搜索通常只能产生几条结果，因此，重点在于如何让自己的服务排在搜索结果的前列。

（4）互联网电视（OTT） 虽然有观点认为只有当 OTT 产品没有广告时用户的体验才会更好，但那些带广告的 OTT 产品依然在强势崛起，并逐步发展为独立的平台。2019 财年爱奇艺总营收达到 290 亿元人民币（约合 42 亿美元），同比增长 16%。腾讯发布的 2020 年第一季度财报数据显示，收费增值服务账户数为 1.97 亿，同比增长 19%，反映视频及音乐服务会员数大幅上升；一季度，腾讯视频服务会员数为 1.12 亿，同比增长 26%，音乐服务会员数为 4 300 万，同比增长 50%。

（5）巨型平台 微信是世界上最大的通信平台，有约 10 亿用户（三倍于 Twitter 的用户基数），成长期间内几乎没有依靠过广告，而是注重于开发支付、电商、转账和其他类型的金融服务。但是当其母公司腾讯公布 2018 年 11 月份的季度收入时，"社交及其他收入"（包括广告收入）同比增长了 61%。其中很大一部分收入来源于微信朋友圈里个性化的信息流广告，以及许多奢侈品品牌借助微信平台开展活动带来的收益。

（6）线下广告（BTL） 数字营销并不仅仅发生在知名品牌中，也并非只有基于搜索词条来推送广告这一种形式。事实上，目前越来越多的营销已开始由传统的营销手段转向"无形营销"，如花钱聘请 1 300 万粉丝的知名游戏主播来推广自己的游戏。当前时代下，用户往往倾向于屏蔽广告，对高倾向性的广告十分敏感。因此，所谓的"线下投资"（Below-the-line）开始大量涌现，包括付钱寻找具有影响力人物、组织活动体验营销、内容营销和应用开发。Redburn 和普华永道的一项联合研究发现，媒体付费营销占所有营销支出的比例由 2015 年的 42% 下降至 2018 年的 37%。相比之下，更多的资金投入到与自有媒体（owned media）、赢得媒体（earned media）和营销技术相关的活动中。这些渠道更加注重用户参与、保留和激活（而非专注于品牌建设），被视为高投资回报的渠道。

事实上，在当下的新兴环境中，仅用一种主导模式来与用户建立联系是不够的。越来越多的营销人员需要找到用户关注度较高的平台，并同时活跃于众多平台之上。在确定如何与应用程序内的用户建立联系之前，公司要先弄清楚，如何让自己的应用程序成为用户最常用的、占据核心地位的应用。

## 任务二　新用户的"新"

【任务描述】本任务将主要介绍并阐释数字用户在应用主体、消费时段和消费偏好上的新特征。

【任务分析】能够结合案例归纳数字用户的新特征。

### 案例 1　得力"抖文具"+回忆杀贴纸玩出开学营销新思路

2018 年，抖音成为手机应用下载榜单的一匹黑马。在获得指数级增长、全球月活已超

5亿的当下，依然保持超高速增长，成为最热门的短视频平台之一。每天，来自全球各个角落数量可观的抖音用户，以有趣好玩的方式记录美好生活，创造超过200亿的日播放量。抖音用户画像显示，在他们当中，九成以上年龄低于35岁，这也为抖音贴上了"年轻""活力""新奇"的标签。对文具行业而言，这里既是目标客群学生、年轻父母的聚集地，更是一片亟待开拓的流量蓝海。作为中国最大的办公与学习用品产业集团，创建于1988年的得力集团成为率先踏入这片流量蓝海的文具品牌。9月1日，得力在抖音发起#开学抖文具#挑战赛，上线7天累计收获超过1.5亿播放量、6万参与量。挑战赛紧扣"开学季"这一节点，直击并精准锁定品牌目标受众用户，为品牌主页@得力文具带来涨粉1.7万、点赞8.6万。沉淀大量潜在用户的同时，也为文具品牌全国抖音挑战赛写下里程碑式的辉煌战绩，成功打造文具行业短视频营销标杆式案例，开启品牌"圈粉"新征程。此番登陆抖音试水短视频营销，也表露出得力在近年来持续不断的产品创新、管理创新和产业布局之外，紧抓品牌影响力建设的长远眼光。

### 案例2 进击数字时代的"银发网红"

近年来，一批以鲜明的个人形象与独具特色的传播内容和风格走红网络的"银发网红"群体，成为"网红"队伍中一支异军突起的力量。还是6个月新手的B站网红江敏慈今年已经90岁了，前不久，她的一条视频"我不是年轻人，可以做UP主吗"，自上线后点击量迅速超过500万，引发网民广泛关注。"银发网红"即网络红人中年纪稍长者，是互联网时代率先跨越数字鸿沟的群体。他们之中有的因为奇人异事被报道，有的玩转各类新旧媒体平台，因发布新鲜的动态紧跟潮流而受网民喜爱。近年来，随着抖音、快手等短视频平台的迅速崛起，曾一度被认为与时代脱节的中老年群体，也逐渐成为网络新用户增长极。有数据显示，随着50岁以上银发人群占移动互联网总用户数达到1/3，这部分网民规模已经超过1亿，而且用户增速（2020年5月同比14.4%）高于全体网民，成为移动网民的重要增量。中老年网红正逐渐多元化：从身份上看，知识型、才艺型、娱乐型和意外成名等皆有；从内容上看，生活分享、美食养生、知识科普、情感励志、时尚穿搭、搞笑段子……让不少网民眼前一亮。

## 一、新的用户流

传统的消费群体以社会就业工作人员为主，他们以每月收入支撑自己的生活花费。而今，随着信息化产业和信息支付的发展，消费市场来了新的用户流，传统用户流也有了新的消费特征。

### 1. "95"后的用户特征

"95后"是数字技术的原住民，互联网和数码产品是他们与生俱来及日常生活的一部分，在技术革命的推动下，"95后"的生活方式发生了质的变化，更加关注人生的体验感，同时也更加懂得去挖掘最好的价值和服务。

中国的"95后"人群高达2.64亿人，约占当前总人口的19%。同样是赶上了中国经济腾飞的时期，物质生活富足，又同样是互联网的原住民。而不同于国外的是，受计划生育政策影响，我国的"95后"普遍都是独生子女，受到家庭长辈关注程度更高，儿时的孤独使他们更渴望依托网络渠道寻求认同。在这样的成长背景下，"95后"大都踌躇满志、注重体验、个性鲜明、自尊心强烈，愿意追求尝试各种新生事物，并且正逐步成长为未来中国新经济、新消费、新文化的主导力量（图2-6）。

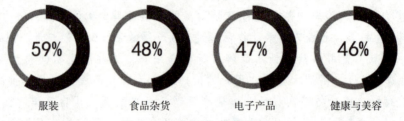

图2-6 "95后"消费特征

### 2. "70后""80后"的用户特征

中国银联发布的《2017移动互联网支付安全调查报告》显示，"70后""80后"是目前网络消费主力军，其中男性月均网上消费额超过5 000元的比例（23%）首次超越女性（15%）8个百分点。"90后"收入情况虽不及其他年龄段人群，但每月网上消费金额高于5 000元以上的比例（23%）却高于其他所有年龄段人群（图2-7）。

图2-7 代际消费特征

（1）购买的理智性胜于冲动性 随着年龄的增长，青年时的冲动情绪渐渐趋于平稳，理智逐渐支配行动。中年人的这一心理特征表现在购买决策心理和行动中，使得他们在选购商品时，很少受商品的外观因素影响，而比较注重商品的内在质量和性能，往往经过分析、比较以后，才做出购买决定，尽量使自己的购买行为合理、正确、可行，很少有冲动、随意购买的行为。

（2）购买的计划性多于盲目性　中年人虽然掌握着家庭中大部分收入和积蓄，但由于赡养和养育义务，他们中的多数人懂得量入为出的消费原则。中年人在网购商品前常常对商品的品牌、价位、性能要求乃至购买的时间、店铺都妥善安排，做到心中有数，对不需要和不合适的商品他们绝不购买，很少有计划外开支和即兴购买。

（3）购买求实用，节俭心理较强　中年人不再像青年人那样追求时尚，更多是关注商品的结构是否合理，使用是否方便，是否经济耐用、省时省力，能够切实减轻家务负担。当然，中年人也会被新产品所吸引，但他们更多是关心新产品是否比同类旧产品更具实用性。商品的实际效用、合适的价格与较好的外观的统一，是引起中年用户购买的动因。

（4）购买有主见，不受外界影响　由于中年人的购买行为具有理智性和计划性的心理特征，使得他们做事大多很有主见。他们经验丰富，对商品的鉴别能力很强，大多愿意挑选自己所喜欢的商品，对于营业员的推荐与介绍有一定的判断和分析能力，对于广告一类的宣传也有很强的评判能力，受广告这类宣传手段的影响较小。

### 3. "50后""60后"的用户特征

与传统老年人勤俭持家、精打细算不同，近年来，一些老年人网络消费热情高涨、消费场景多元——爱旅游、会摄影、能跳舞，对各类互联网新潮应用不陌生……他们的消费行为正不断打破人们对老年群体的固有印象，掀起一轮消费新风潮（图2-8）。

图2-8　"50后""60后"幸福生活

（1）进入快速发展阶段　网络购物给子女为老人代买商品和服务提供了更多有利条件，也满足了老年群体对于消费便利性的强烈诉求，消费规模持续扩大。

（2）具有显著的买用分离特征　老年消费表现出明显的购买者与使用者相分离的特征，既有年轻人为父母以及长辈朋友代买，也有老年人为子孙一代消费。

（3）注重身心健康发展　一方面，老年人对身体健康追求和疾病防治意识加强，医药保健用品成为用户最关注的老年商品；另一方面，老年群体追求精神文化生活的丰富，对电脑办公类商品也表现出较强的偏好。

（4）年轻化和时尚化趋势明显　老年消费具有明显的补偿性特征，部分老年人心态趋于年轻化和时尚化，消费观念逐渐向年轻人靠拢，越来越注重化妆、衣着等展示型消费。

（5）社交性消费需求较强烈　中国家庭趋于核心化和小型化，空巢率急速上升，老年人对更紧密的联系和社交方式的需求日益旺盛。手机消费表现出强劲增长势头，也是年轻人关怀老人的重要商品载体。

（6）呈现较强的国产品牌偏好　基于本地化优势，国产老年商品厂商对市场需求洞察清晰深入，产品迭代快速，老年商品消费仍以国产品牌为主。

（7）在空间上由集聚转向扩散　线上老年消费群体空间分布表现为"沿海大、内陆小"的格局，并且逐渐由东南沿海较发达地区向西北内陆欠发达地区扩散。老年网络消费发展速度与区域发展水平呈反向变动，表现出从一二线城市逐步向三四线城市及农村渗透的趋势。

（8）兼顾实惠与品质　大部分老年人仍表现出追求实惠的生存型消费特征，少部分老年群体正在向高水平、高层次和多元化的方向发展，表现为追求品质的享受型消费特征。

（9）性别差异性突出　在老年群体中，男性对电子设备较为敏感，女性对吃穿类基本生活品更关注；老年商品的消费群体中，男性在手机类上消费最多，女性用户则对服饰内衣类商品更为偏爱。

（10）偏好国内品牌　由于国内厂商对本地老年市场的深入洞察分析，加之老年群体对国外品牌的不熟知和对国内品牌的了解，因此中老年网购市场更多还是以国内老品牌消费为主。

##  二、新的用户活跃时间

随着中国移动互联网的发展，总的网民数量已经进入了一个瓶颈期，但是各种应用App、微信公众号、小程序还在大量增加。想想看，总的网民是有限的，每天的时间只有24小时，基数一定的前提下，大量的应用产品必然要去争取用户有限的时间，激烈的竞争过程中，带来的是获取用户的成本越来越高，有效流量获取越来越难。在这样的大背景下，产品在继续获取新用户的同时，更需要提升老用户的活跃度和留存率。这其中，把握用户的浏览时间规律就显得很重要。

### 1. 活跃用户

可以通过上传几种日志触发统计，具体包括：

（1）页面浏览日志　每当用户浏览应用页面时，终端会产生一条日志发送到MTA服务器（注：SDK 2.3.0以前需代码设置每个页面以上报页面浏览日志，SDK 2.3.0以后代码设置初始化一次后即可自动上报）。

（2）自定义事件日志　当用户触发了埋点的事件时，终端会产生一条日志发送到MTA服务器。

（3）应用后台切换至前台日志　应用从后台进程切换到前台时，终端会上报一条日志到MTA服务器（需要SDK 2.3.0及以上版本接口支持）。

（4）程序错误日志　每当应用产生Crash以及其他程序性的错误时，终端会上报一次日志以记录该错误。

（5）账号上报日志　当设置了上报用户账号进行数据统计基础时，每次上报账号都会产生一条对应的日志。

（6）网速监控日志　当应用调用开发者设置监控网速的接口或域名时，应用会产生一条对应日志。

（7）会话日志　一个会话指用户使用一次应用，每当应用启动或进程处于后台超过30秒再切换前台时，SDK会上报一次会话日志。

### 2. 活跃用户时间轴

有四个节点：24小时分时活跃，日活，周活，月活。

（1）24小时分时活跃指的是24小时内，每个时间段的活跃数量。比如在图2-9的示例中，可以看到过去24小时活跃用户的分布，可以监测到具体的时间点，在对时间段的分析基础上，制定运营策略，这对于那些需要对用户活跃行为进行精准分析的产品来说至关重要。

比如外卖行业对于配送的要求非常高，大家用餐的时间是集中的，这时需要根据用户的活跃时间段来优化配送服务。除此之外，还需要基于城市、位置来优化流程，做到快速配送，如图 2-9 所示，可以分析活跃用户的行为方式，触发环境等信息。

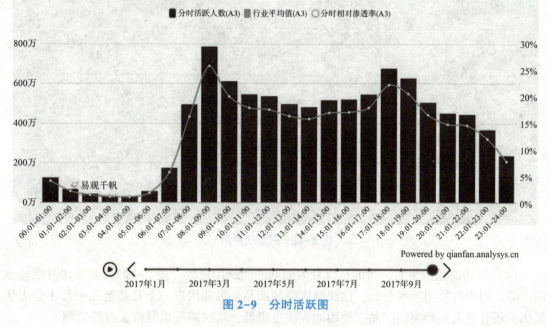

图 2-9 分时活跃图

（2）日活指的是每天的活跃用户数，可以选择看最近 7 天/14 天/30 天的活跃用户数，通过日活的监测分析，对产品运营提出建议。需要日活监测的产品有电商产品、社交产品等，比如电商产品，通过对日活的监测可以监测一周七天的内活跃用户的变化，需要知道哪天的活跃用户高，比如天猫的"双十一"、京东的"6·18"，需要分析监测每日的用户活跃数量，和平时的活跃数量做比较，评估活动吸引来的活跃用户数和效果（图 2-10）。

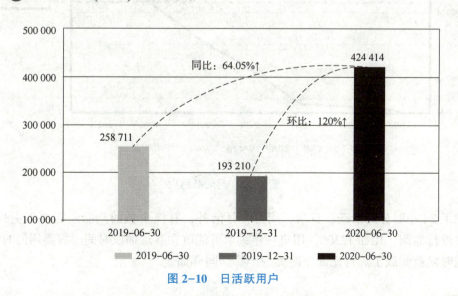

图 2-10 日活跃用户

（3）周活指的是以一周为周期的活跃用户数，通过周与周之间的对比，监测活跃用户（图2-11）。周活监测的产品主要有用户使用频率相对较低的打车、骑行类产品，比如共享单车，这些产品的用户可能不是每天都使用产品，用日活作为指标可能就不太合适了。

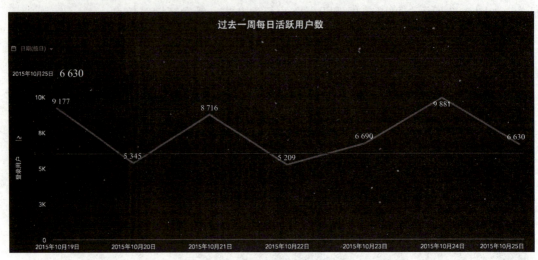

图2-11 周活跃用户

（4）月活的范围更大，指的是以月为周期的活跃用户数（图2-12）。需要用月活监测的产品，用户的使用频率更低，比如酒店类的产品，可能用户一个月甚至几个月才会去住酒店，还有理发美容类的产品，使用的频次也很低，这时需要以月活去进行监测。

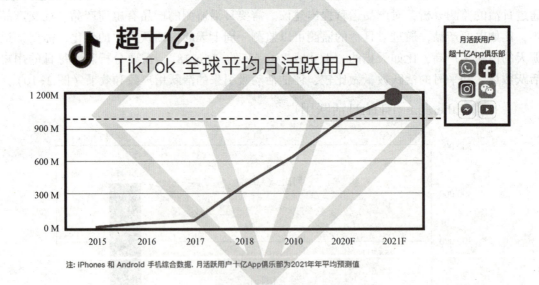

图2-12 月活跃用户

除了24小时分时活跃、日活、周月、月活外，有极少数的产品还需要以更长的时间周期去进行监测，比如12306，用户一年买票可能就在春运那段时间，需要用的时候下载，不用的时候就卸载了。再比如旅游类的产品，同样如此。

## 三、新的用户偏好

**1. 视频不再是一个选择**

基于文本的内容根本无法与视频的力量相比,尤其是试图在网上销售产品和服务时。在这个手机应用的世界里,人们观看的视频比以往任何时候都多,他们使用智能手机观看和分享各种视频,更多地了解品牌,以及它们能提供什么。统计数据显示:

70%的用户分享过一个品牌的视频。

52%的用户表示,观看产品视频让他们更有信心决定在线购买。

72%的企业认为视频内容提高了他们的转换率。

视频营销非常吸引人,尤其是直播视频。直播与网红营销相结合是一种强大的数字营销方法。无论是新一代的社交媒体网红,还是名人、运动员、音乐家等传统资源,与网红进行直播,并直接与评论互动,对观众来说具有巨大的吸引力。截至2020年6月,我国网民达9.4亿,其中综合视频、短视频、网络音频、网络直播等网络视听用户规模达9.01亿。较2020年3月新增3 625万,新增网民中,15.2%的人第一次上网使用的是短视频应用。在抖音、快手等短视频平台的加速渗透下,我国短视频用户规模已经达到8.18亿,占网民整体的87.0%。

**2. 偏好"说"而不是"写"**

多亏了Siri、谷歌、Alexa和许多其他"智能"设备,用户与设备的语言互动不断增加。对企业来说,真正的教训是,人们喜欢交谈,这是一种首选的互动方式。现在,机器终于赶上了人们搜索、购物和发现新事物的方式。然而,这也带来了一些有趣的挑战。例如,进行语音搜索与输入查询(特别是在结果中)是非常不同的。当用户执行基于文本的搜索时,屏幕每次显示一个页面的结果。但当有人要求设备进行搜索,而设备给出口头答复时,它最多只会给出几个选择,而且通常只提供一个选择。采用语音搜索策略不仅仅是保持相关性,它还涉及创造独特和优化的用户体验,这将促进关系和建立品牌忠诚度。

**3. 好的内容仍旧十分重要**

内容营销仍然是数字营销的重要组成部分,尽管人们越来越强调内容的细微差别。质量总是很重要,但现在更加强调背景和目标。百度正在对在线内容进行更深入、更成熟的理解,因此,营销人员必须仔细考虑他们的目标市场,以及如何更精确地定制内容。这在很大程度上可以归结为2019年11月谷歌发布的BERT更新。新的算法帮助搜索引擎巨头更好地理解用户搜索查询中的自然语言。谷歌的建议是,相比追逐最新的搜索引擎优化趋势,更重要的是确保网站具有快速的速度、有用的链接和良好的内容。"内容营销没有出路。"话虽如此,谷歌正变得越来越聪明,它更倾向于深度、准确、当前的内容,这与用户的意图紧密相关。

**4. 注重线上学习**

"周五下午4点,小明像往常一样,打开B站,观看讲解AI的课程。作为一名文科生,却想深入学习AI的小明,在B站学习相关课程已持续半年。"2019年4月17日,央视网发表《知道吗?这届年轻人爱上B站搞学习》称,过去一年有近2 000万人在B站学习,相当于2018年高考人数的2倍。B站正在成为年轻人学习的首要阵地。B站上的学习视频种类包罗万象，有英语、日语等语言类学习，有高考、研究生各种教育类学习，还有各行各业的技能教学。除了 B 站，网易公开课、超级课程表、百词斩、考研帮、手机知网、星火英语等都占据了"95 后"大学生的移动使用时间。除此之外，星火英语、每日英语听力、中国大学 MOOC 等 App 也受到"95 后"群体的青睐。

### 5. 勤勉养生

"7:50 起床，8:20 吃叶黄素，22:00 吃维生素 E，23:00 擦生发液，23:30 睡觉。""95 后"小吴的手机设定了好几个闹钟来提醒自己每天的注意事项。当很多年轻人还沉迷于熬夜、唱歌、蹦迪时，刚踏入社会的部分"95 后"职场新人们，已经开始认真而勤勉地养生：拒绝熬夜、健康饮食、每周健身、定期体检……第一财经商业数据中心联合口碑发布的《2018 生活消费趋势报告》指出，"95 后"对养生系列产品的偏好度明显上升，从养生食品来看，蜂蜜、枸杞、乳清蛋白、养生茶和酵素是他们目前五大最爱养生产品。

### 6. 热衷社交

"95 后"是伴随社交媒体长大的一代，他们将社交媒体视为日常生活中的重要组成部分。腾讯出品的《"95 后"社交行为洞察报告》称，"95 后"用户每天使用的 App 中最高频的是社交类应用，社交媒体是"95 后"获取感兴趣内容的主要渠道。报告将社交应用分为即时通信应用、内容社交应用、泛娱乐社交应用和陌生人社交应用四大类。"95 后"在即时通信应用的使用上与总体网民没有明显差异，在内容社交应用、泛娱乐社交应用的使用上更为突出。内容社交应用更爱知乎、微博和贴吧；泛娱乐社交应用更喜爱手游、弹幕和直播。相对于微信，"95 后"对 QQ 有独特的偏爱，因为他们从小使用 QQ，幼年结识的老朋友也基本都活跃在 QQ 空间里，所以他们对 QQ 有特殊的感情。他们更乐于表达自己，对于精彩内容，更喜欢在 QQ 空间与他人分享。社交应用已不再局限于人与人的交流，他们还希望进行内容消费、关系拓展和放松解压。

### 7. 酷爱音乐

"95 后"都喜欢什么样的音乐？来看 2019 年最火的歌单：《野狼 disco》《我曾》《世间美好与你环环相扣》《大田后生仔》《芒种》……"除了 QQ 音乐、网易云音乐这类受众广的 App 之外，相对小众但是深得人心的个性应用数量最多，如荔枝 FM、豆瓣、Lofter 等。"《"95 后"大学生图鉴》报告称，除了平时听听音乐、唱唱歌，"95 后"在音乐方面还有更为小众独特的爱好：弹吉他和剪音频。音乐剪辑、节拍器、吉他谱大全等音频辅助类 App，以及 Finger、模拟钢琴等乐器类 App 也受到"95 后"的偏爱。

### 8. 爱好游戏

"95 后"是游戏最大的消费群体。成长于互联网时代，游戏成为"95 后"日常的娱乐活动。根据调查数据，近一半的"95 后"参与游戏活动。从平均每日游戏时长来看，超过 80% 的用户每日游戏时间超过 1 小时。电子竞技是"95 后"最喜欢的活动之一，调查显示，在参与游戏的"95 后"人群中，80% 以上的受调查者会参与电子竞技。随着"95 后"消费能力的提升，将会带动直播、电子竞技设备、赛事门票等与电子竞技相关产业的发展。另外，受电子竞技潮流影响，观看游戏直播已经成为"95 后"日常生活的一部分。从"95 后"移动用户月均观看时长来看，观看游戏直播是"95 后"日常生活中普遍的娱乐行为。调查显示，"95 后"每月平均观看游戏直播时长达 10.1 小时，仅次于短视频与在线视频月均观看时长。

## 任务三　洞悉数字用户生命周期

【任务描述】本任务将主要介绍用户生命周期内涵、价值、困境与突破，以及如何在数字营销时代进行用户生命周期的管理与运营。

【任务分析】结合实训案例进行数字用户生命周期的管理与运营。

 **一、数字用户生命周期概述**

运营的核心是用户，通过一系列运营活动实现拉新（拉来新用户）、促活（促进用户活跃）、留存（留住用户）、转化（引导用户付费），而每一个有目的性的运营活动都必须针对某一类特定的用户，用户生命周期为运营提供了一个大的准绳，每一次运营活动都针对在某一特定生命周期阶段的用户基础上的细分，才能实现运营活动效果，并进行有效的评估。

### （一）概念与价值

要准确理解用户生命周期，必须分清楚用户生命周期、用户寿命、用户年龄这三个概念的差别。

**1. 用户生命周期相关概念辨析**

（1）用户生命周期（Customer Lifecycle）　指用户旅程（Custom Journey），也称访客从首次接触到产品或服务，到下载注册成为用户，在一定时间内使用产品功能或服务获得价值，到最后卸载流失的过程。这一过程最开始，"用户"还不能真正称之为用户，这个阶段通常被称为访客，访客只有注册了网站或 App，此时才可称为用户。用户会在网站或 App 上使用相关功能或服务，比如浏览内容、用户间互动、购买等。在活跃一段时间后，又因为某些原因，用户逐渐不再使用网站或 App，业界称之为用户流失。至此，用户完成了其对于网站或 App 的全部用户生命周期环节。

（2）用户寿命　指用户第一次访问产品到流失的整个时间段的长度。可以使用历史阶段数据，计算用户的寿命，根据用户寿命的分布了解用户使用产品的周期；对不同寿命的用户进行分层，进一步挖掘用户特征，可以帮助运营人员了解用户流失的原因，同时也可以对现阶段用户的流失时点进行预测，进而采取有针对性的运营策略，减少用户流失。

（3）用户年龄　指尚未流失的用户当下时点与用户第一次访问产品的时间间隔的长度。通过用户年龄可以刻画留存用户的使用产品时长分布规律，一方面能够侧面反映用户的忠诚度，另一方面针对不同年龄段以及同一年龄段按其他维度的分类特征的挖掘分析，能够指导运营人员延长用户寿命。

## 2. 用户生命周期的价值

给予相对精准的营销策略对提高整体用户生命周期价值有明显的促进作用,数字营销运营人员不只是关注获客,提高生命周期价值也是很重要的(图2-13)。

(1)判断不同流量渠道的价值。不同渠道来的流量的即时转化是比较重要的判断标准,但是在所有转化用户背后,生命周期价值也是重要的标准。

(2)判断高价值用户被吸引的原因,强化内容曝光和比例。高价值用户都有哪些共性?可以对高价值用户的分群单独分析,比如内容偏好、单内容产品停留时长偏好,这样就能知道目前的存量内容或产品里,哪些是有较高价值的。

(3)针对不同生命周期的用户给予不同的营销策略,提高总价值。组织根据每个周期的用户状态进行基本分类后,区分方法可以结合RFM模型,就可以有不同的策略制定。比如,针对生命周期价值低的用户进行定向广告和定向产品展示,针对高频次到访的成熟用户给予更多减少流失的策略,针对退化期用户积极地采取产品与服务方面的挽回弥补策略。

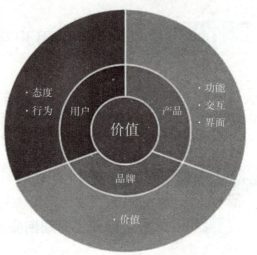

图2-13 用户生命周期价值

## (二)用户生命周期的分类

就用户关系管理而言,用户生命周期描述了用户在完成事务之前、期间和之后所经历的各个阶段。简单地说,这是用户在完成最终购买之前从A点到B点的旅程。在与品牌建立持续关系的过程中,用户所经历的阶段因人而异,但以下是根据用户生命周期对用户的分类(可根据自己产品和服务的特征调整分类):潜在用户、新生用户、有效用户、活跃用户、忠诚用户、沉睡用户及死亡用户。

### 1. 潜在用户

潜在用户是指符合企业产品目标群体标准的用户、接触过企业宣传媒体的用户、在销售渠道主动联系企业却没有购买的用户。这部分人群往往并没有产生直接购买行为,而且很多企业也没有将这部分用户纳入生命周期里面,但事实上这些人是最大的流量来源,企业的新客(新生用户)哪里来?就是从潜在用户里面挖掘(转化)出来的。

举个线下零售的例子:一个母婴用品店开在社区里,新店开业前一周,店员在社群里例行发起了传单,只发给大肚子的孕妇或是手牵着3岁以下幼儿的妈妈,告诉她们,一周后店面开业,到时候凭单页右下角回店拿礼品。这部分用户还没有来过门店,却是目标受众群,同时也得知了新店开业时间、位置和促销优惠,所以有可能在即将到来的开业期,来到店面进行消费——这就是潜在用户。

同样再举一个线上的例子:很多人逛天猫、京东购物,当搜索某个产品或者任意浏览时,点进一个产品的详情页或店家的首页,这个时候就已经被后台统计进去了;如果只是看看，而没有下单购买的话，但也表示对该产品有一定的兴趣，就已经算是潜在会员了。没有立即下单购买不代表她不是企业的潜在用户，所以才需要在营销上想办法加强转化——从潜在到新生的转化。

### 2. 新生用户

当用户从接触企业到完成了首次购买行为，就是企业产品/服务的新生用户了。一方面其在中台系统里面留存了个人信息，另一方面因为愿意购买，所以说明至少在第一次接触的时候是愿意信赖产品和服务。但是这里对于新生用户，还是要加上一个时间的限制——在一个月内产生首次购物行为的用户，才能称之为新生用户。如果不加上周期和时间限制的话，只在消费次数上标注一个"1"，那么事实上很有可能在一年里只消费了1次，这样的用户和企业产品的熟悉度已经降低了，甚至都可以说是沉睡/死亡用户了。新生用户一定在时间的范围内是相对的，企业什么时候开始核算新生用户，就以核算期推算一个月周期内产生首次消费的用户为新生。

例如，企业在5月4日核算新生用户，就是从4月4日到5月4日期间，只产生过1次消费行为的才是新生用户。建议大家对于新生用户，不要用金额进行限制。对于近期已经有过1次消费行为的新生用户，一旦筛选出来，就要进入到整个用户生命周期最重要的环节——向"有效用户"转化，也就是快消品零售行业中大家都非常关注的"一转二"。

### 3. 有效用户

有效用户又称为复购用户，或二次消费用户，其对企业才真正产生价值！这也是所有人都特别关注它的原因。有效会员的时效性，定义为"三个月内，购买二次的用户"。

快消品零售行业，一次消费会员占这个企业/品牌全年总消费用户的65%！这说明了什么？说明看似企业一年有100万甚至更多的用户在消费企业的产品和服务，但是大部分的人只买了一次，就已经和企业说再见了，今年内不会再回头了！只有很少一部分人（35%左右）在这一年中产生2次及2次以上的消费！其实并不奇怪，这也符合当下的市场环境，选择那么多，凭什么一直在你家买？尝试过一次，也没有什么特别的嘛，下次就再挑选一家更好的。现实就是这么残酷，也难怪有人说，企业做的一直是新客的生意，只做一笔头买卖。这就是行业的现状。

但是为什么一转二、有效会员那么重要呢？这不只是因为二次消费了才会真正对产品和服务产生忠诚度，对企业和品牌认可。前面说了，这里企业会用数字的方式告诉大家，为什么一转二对于企业战略目标的实现有直接影响，为什么在会员生命周期（注册会员）中是如此重要，如图2-14所示。

图2-14清楚显示了会员从一次消费到多次消费过程中每一层级的转化率。正如前面所说，绝大部分的用户在首次消费完之后就已经流失了，流失率达到64%！只有36%的人向二次及二次以上进行转化，沉淀到第二个阶梯，可见流失量的巨大，换句话说如果一年有100万人购买，但是64万人只买了一次就不来了，剩下的小部分36万人产生了多次购买行为。但是，请看二次消费向三次消费的转化，再看三次消费向四次消费的转化——是不是在逐级提升，虽然顺着

图2-14 用户转型

漏斗向下的用户越来越少，但是逐级的转化率却在不断提升！学过数学的人都知道，如果将这个公式做到 Excel 里面，只需要稍微将一次转二次的转化率提升一点点，那么销售额整体的提升幅度则是巨大的！所以从经营的角度，通过数学运算，也能在用户复购模型上看出，销售业绩的增加关键，不是把人往四次、五次、六次转化（那样营销难度也很大，收效甚微），而是就做一次向二次的转化，把新生会员变成有效会员即可！其实二次复购就是一道坎，也符合人性，第一次是因为尝鲜，但是买完了如果还能回头的，就真是信赖了，以后购买第三次、第四次的转化率就会越来越高，这就是为什么一转二的用户称为有效用户。

### 4. 活跃用户

这里限定的是在 4 个月的周期里，连续达到 3 次消费及以上的用户。对于一般的快消品而言，能够在这样的时间周期里连续复购的话，不管金额大小，都能说明用户对产品和服务产生黏性。其实生命周期也反映了用户从感知上对商家的产品服务的接受程度。所以，活跃用户对应的是"黏性"，正处于有黏性的阶段，这时候，企业/品牌需要甄别出这部分的人群，采取的措施，是将他们收纳到"核心粉丝群体中"，让他们觉得自己是不一样的，值得连续这么多次地接触和关顾你的小店。所以往往企业设计所谓的"会员门槛"的关键转折点，请考虑用户的活跃阶段，这个阶段是需要"升级"了，不然极有可能冷却下来。正如前面所说，用户的运营是用来通过经济学的数理逻辑和价值评估，来将用户分层分类发现问题，而会员营销则是通过心理学，给予用户感性层面的服务和特权，来影响他们继续留存。

### 5. 忠诚用户

就是企业说的忠粉，即在半年类消费记录达 4 次以上。忠诚用户没有唯一标准，这只是一个参考值，行业不同、品类不同，对于忠粉定义也不一样。

有的公司觉得消费金额是必要因素，有的公司觉得个体购买金额大小或者是贡献价值高低根本不重要，重要的是这个用户一直在我这里，哪怕每次就买 1 块钱，但是在短期内，连续、频繁地消费很多次，企业在哪里打广告，他就在哪里关注；企业店开在哪里，他就出现在哪里；企业一搞活动他就参加……但是他 N 次买的东西加起来，也许还不如一个新生用户的多，但他依然是我的死忠粉，是我的忠诚用户！其实，RFM 模型中，对此类用户有过相关定义，属于低价值高活跃用户，很大一部分的作用是企业的宣传材料，他们可以为品牌发声造势，群体庞大，非常容易组成粉丝团体。并且这部分人群相对年轻，虽然购买能力不足，但是日后也有消费潜力可以挖掘。

打个比方，苹果的产品比较贵，但是果粉很多，愿意在各个社交平台为苹果站台发声，苹果新机每年都发售，但并非所有"果粉"年年换机、年年购买——毕竟苹果价格相对行业中比较高。也许"果粉"们平均累计 4 年下来才购机 2 台，其余的都买一些苹果便宜的周边配件什么的，但是他们时时刻刻关注企业的动向和新品的资讯，时时刻刻在自己的社交媒体中为企业发声，所以苹果公司非常重视这部分的"活跃用户"，他们高频关注的价值，远超他们给企业带来的个体贡献价值——正因为他们的高频关注，密集宣传，才会有了更多的人来购买苹果产品。他们对企业来说是广告资源，对产品来说是粉丝团，绝不能够让他们流失掉。所以忠诚用户在某些方面不一定是高价值、VIP 用户，而是高频关注和密集接触的用户，这部分用户往往在营销层面可以挖掘的东西更多。

**6. 沉睡用户**

就快消品而言，定义是180天之前至少有过一次消费，但是在最近的180天内没有再次接触企业用户（购买行为），称之为沉睡者。他们可能已经在慢慢淡忘了企业的产品和服务，处于休眠期，这部分用户需要唤醒和激活，才有可能让他们持续在企业的平台里再接触。

其实一旦用户进入了沉睡期之后，那相当于释放了危险的信号，如果这个时候品牌不作为的话，那么用户往往"一觉就睡过去了"，再次唤醒的话也不太可能，因为用户的需求已经被其他品牌满足了。

**7. 死亡用户**

沉睡没有被激活和唤醒的情况下，再下面一个阶段就是"死亡"。也就是一年前有过消费记录，但是最近的一年已经没有再次进行过消费了。

对于死亡用户的处理方式，就是在用户量基数庞大的时候，对这部分的人群，不需要做任何投入和营销。因为企业的每一次投入都将产生成本，而对于死亡用户而言，那么久的时间没有再次回购的话，再次连接和触达他们而产生的转化率极低，往往带来的价值还冲抵不了投入，所以放弃是最佳选择（当然也不绝对，品牌方视自己的商业模式和产品特征来决定）。

以上就是对用户生命周期从用户视角的七个阶段的定义总结，读者可以根据这样的标准，定义自己企业/品牌的生命周期和营销要点。

### （三）面临的困境与突破

**1. 挖掘用户生命周期价值面临的困境**

当企业意识到用户生命周期价值对企业营销的影响时，这三种主流方法深受众企业所追捧：

（1）通过数据分析找到发力点。

（2）搭建一条用户成长的最优路径。

（3）通过各种运营手段、激励措施，促进该成长路径中每个环节发生或转化。

但在实际的应用场景中，数据的收集、分析和应用工作并不是一件轻而易举的事，在这个过程中企业面临着三种困境：

（1）数据孤岛　数字化时代，各个领域都在加速被数字化，被数据定义、描述及应用，形成庞大的数据库。这些庞大的数据分属于不同的部门、区域及领域，各自封闭，互不流通开放，形成"数据孤岛"，导致营销人员无法获得全维度的用户数据和画像。

（2）AI缺失　根据麦肯锡预计，到2030年，GDP的增长中将会有13万亿美元是来自AI，AI会影响到各行各业的各个方面。但事实上，目前企业AI能力相对有限或缺失，无法进行深度的、智能的用户流失分析和预警。

（3）缺乏全渠道能力　企业缺少全渠道营销管理能力，会导致企业在发现潜在用户群体时，无法有效地触达、建立和保持沟通、干预及召回流失用户。

**2. 三大能力，做好用户生命周期价值管理**

从目前看，针对上述困境，企业要做好用户全生命周期价值管理，重点要具备以下三大能力：

(1) 打破数据孤岛，实现精准触达　随着数字营销格局的改变，面对数据孤岛，需要打通各种"壁垒"，包括线上、线下打通，线上不同平台打通、渠道与 CRM 打通、行为采集日志与业务数据打通，形成数据闭环，使资源得到更全面的整合。移动互联网时代一个重要的特征就是用户的行为趋于多元化和碎片化，路径也越来越复杂。这也造成用户数据的分散，所以，企业需要构建新型的 CRM 系统，打破不同平台间巨大的"壁垒"，保证数据在各个场景维度中形成相关性，实现数据的互通互联。

(2) 应用 AI 技术，助力企业深度链接用户　利用大数据与 AI 技术对细分人群深入洞察，帮助企业更好地理解用户，以产品创新、多重组合精准完成需求匹配和价值赋能，进而转化为个性化内容与服务，比如个性化内容推送、精准广告投放、智能导购、个性化保单、预测性维护等，为用户提供更贴近需求的服务，提高营销效果。并根据用户流失数据，建立用户属性、服务属性和用户消费数据与用户流失可能性关联的数学模型，找出其与流失的关系，制定出明确的公式或规则，从而发现并预测群体流失趋势、分析用户流失的关键因素。可以预测到的流失越多，可以预防的流失也就越多。

(3) 构建全渠道、多元化的营销体系　通过唯一识别 ONE-ID 定位用户，打破时空、模式化限制，让用户不再是在多渠道里的分散数据。这就意味着用户可以从一个沟通渠道无缝转向另一个沟通渠道，并且在这个过程中沟通不会被打断。

### 3. 数字化技术赋能，最大化用户生命周期价值

数字化浪潮来袭，数字化转型已经成为企业营销升级的必然选择。那么，在转型之路上，企业应该利用数字化技术，把营销渗透到用户的每一个用户生命周期的节点上，最大化用户生命周期价值。企业可以从用户生命周期的 3 大阶段（获取阶段、转化阶段和保留/忠实阶段）来看：

(1) "用户获取"阶段　内容即流量，流量即价值。但流量并不直接带来价值，必须附加好的内容，将品牌诉求、产品诉求、转化诉求、销售诉求等叠加在一起才能产生价值。因此在获客阶段，要想营销取得更好的效果，必须打造精品化、定制化、标准化及批量化的内容矩阵。借助数字营销技术，一方面，可以对用户进行 360 度全方位画像，针对不同用户的偏好进行个性化的推送，完成与用户的触达与沟通。同时，也能避免消息推送的重复，防止对用户造成骚扰引起反感。另一方面，还可以打通内容、品牌、产品，实现从品牌影响力到带货能力，各个阶段从"营"到"销"的横向延展。

(2) "用户转化"阶段　随着用户的数字化，品牌面临获客成本高、用户转化链路复杂等营销痛点，单纯的"声量"已经无法满足品牌的营销需求。如何将"声量"转化为"增量"，是每一个品牌广告主关注的问题。在这一环节中，围绕社交，深度挖掘已有用户的传播价值。譬如，品牌的员工可以作为种子用户为品牌代言，产出个性化的内容分享至社交平台，为品牌与更多用户架起桥梁，辐射到他们的亲密朋友、会员及潜在的用户，在不断的扩散与循环中，达到几何裂变式的传播和实际的带货效果，让品牌获得从"社交声量"到"社交增量"品效转化。

(3) "用户保留/忠实"阶段　这个阶段强调服务为核心，其目的是通过良性的社交互动等持续提升用户满意度、延长用户生命周期，最终价值在于提升企业的服务及时率和用户满意度，从而达到提升用户忠诚度、增强用户黏性的目的。随着人工智能、5G 等技术的成熟，会有更多的智能设备加入数字营销中，衍生出更多样的渠道来链接用户。

因此，面对越来越复杂的市场环境以及人口红利进一步消失、竞争更为残酷的大环境，企业同营销机构要做的是运用数字化营销工具，深入挖掘用户全生命周期每一个节点的营销价值，占据数字化时代的增长战略制高点。

## 二、数字用户生命周期管理

在用户从接触产品到离开产品的这个过程中，人为通过数据驱动、运营手段去管理和提升用户价值。而用户生命周期，对于绝大部分产品来说，都是需要关注的。用户生命周期管理又是一套通用的运营体系，基本适合所有类型的产品，它不仅可以独立作为用户运营的一个子系统，又是用户分层运营中常用的模型，所以其价值不言而喻。对于运营人员来说，如何理解和掌握其底层的操作逻辑，将其应用在自己的产品上？接下来将解析背后的操作逻辑。

### （一）定义各阶段的用户行为

整个用户生命周期中，从时间角度来看有五个阶段，分别是导入期、成长期、成熟期、休眠期、流失期（图2-15）。

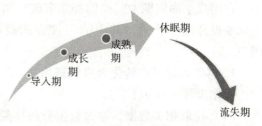

图 2-15 用户行为阶段分期

而用户生命周期的定义，必然与用户价值成长路径有关。在一款产品中，必然存在高价值用户和低价值用户，所以在去定义每一层级用户的时候，需要先将低价值用户到高价值用户的典型成长路径找出来，然后在这条路径中去划分出不同阶段的用户。

市面上大多数产品可以分为三类：一是付费类产品，二是流量类产品，三是工具类产品（纯工具类的产品暂不在本书的讨论范围内）。当然也有这三类产品的组合，比如：付费类+流量类的产品、付费类+工具类的产品。以"＊＊"App为例，先来看看付费类产品，它的一个用户生命周期该如何定义。

首先梳理出"＊＊"用户的一条典型的成长路径，大致如图2-16所示。

图 2-16 用户 App 旅程流程

所以每个阶段的用户，可根据用户的典型成长路径定义出来：

（1）导入期　完成注册，还没有深入体验产品相关服务或功能的用户（可以通过具体的登录次数和访问时间，去定义用户是否已深入体验产品相关服务或功能）。

（2）成长期　已经较深入体验产品相关的服务或功能，并完成首次付费的用户。

（3）成熟期　已经发生多次付费行为的用户。

（4）休眠期　曾经是成熟用户，但一段时间未登录和访问的用户。

（5）流失期　超过一段时间未登录和访问的用户。

对于流量型产品来说，各个阶段的用户行为，一般是通过登录次数和访问时间去定义的。比如某App如下界定：

（1）导入期　完成注册，每周的登录次数小于等于3次，平均每次访问时间小于5分钟的用户。

（2）成长期　每周的登录次数在4~10次，平均每次访问时间大于等于5分钟的用户。

（3）成熟期　每周的登录次数大于10次，平均每次访问时间大于等于10分钟的用户。

（4）休眠期　曾经是成熟用户，但是已经超过15天未登录访问的用户。

（5）流失期　超过30天未登录访问的用户。

针对每个生命周期阶段，具体定义的登录次数和访问时间，需根据业务特性和现有的用户数据得出，切记不要生搬硬套。

### （二）通过具体策略提升用户价值

在用户生命周期中，我们都知道成长期和成熟期的用户对产品的价值是最高的。所以如果要提升用户价值，其中的一种方式就是将导入期的用户转化为成长期或成熟期的用户。

#### 1. 将导入期用户转化为成长期用户

操作步骤大致如下：

（1）拉取相关数据，通过数据分析找到发力点，思考以下几个问题。从导入期的用户变为成长期和成熟期用户中，他们普遍发生过什么行为（使用过某项功能，体验过某项服务，发生过某些相似用户行为，等等）？从导入期的用户变为成长期和成熟期用户中，大部分用户符合什么特征？

（2）搭建一条导入期用户变为成长期或成熟期用户最优的成长路径。

（3）通过各种运营手段或激励措施，促进该成长路径中每个环节的发生或转化。

#### 2. 通过数据分析找到发力点

看两部分数据即可：用户基础数据和用户行为数据。

用户基础数据可以包含：年龄、性别、地区、职业、爱好等。

用户行为数据则需要结合产品业务模式综合思考，针对付费学习类产品来说，可以是：观看免费课程的数量/时长、加入学习社区情况、关注感兴趣的学习领域/知名讲师等。

拿付费学习类产品来说，通过数据分析发现：当用户完整观看了超过3门感兴趣的免费课程时，后续付费学习的概率会有显著的提升。这就是一条非常有用的数据线索，可以根据这条线索去搭建一条优质的用户成长路径。

#### 3. 搭建一条优质的用户成长路径

以线上课程为例，通过数据分析找到发力点后，一条优质的用户成长路径可能如图2-17所示。

图2-17　App用户管理流程

结合产品现状和业务模式，通过各种运营手段或激励措施，促进该路径中每个环节的发生或转化。在用户生命周期中，提升用户价值的第二种方式，就是延长用户的有效生命周期。换句话讲，就是防止用户流失。

防止用户流失的操作步骤如下：

（1）定义流失用户　流失用户的定义需要关注两个维度的事情：一是多长时间，二是发生的用户行为。比如，将超过 30 天都未登录 App 的用户定义为流失用户。流失用户的定义，需根据产品业务而定。

（2）分析流失征兆　首先需要圈定出流失用户，去分析用户流失前的行为。然后思考这些问题：在用户流失前发生过哪些类似的用户行为？流失用户是否集中于某一渠道？流失用户在性别、年龄、爱好等方面是否类似？用户流失前，产品是否做了较大改动？最后通过数据分析或用户访谈的方式，找到用户流失的主要原因。

（3）设立预警机制　监控数据，进行预流失用户的建模。结合用户流失的原因，将预流失用户定义或标记出来。比如将注册超过 15 天，还没有领取并观看免费课程的用户，标记为预流失用户。

（4）完成用户干预和引导　根据用户流失的原因，分别对用户进行干预和引导。比如针对没有领取并观看免费课程的预流失用户，可通过福利刺激的方式（比如：观看课程后，可获得优惠券等），让用户完成相应的行为。

用户生命周期管理其实是一个非常庞大的系统，想要做好此项工作，需对每个方面都做好精细化运营和管理，并且需具备超强的数据分析能力。不仅仅是用户生命周期管理，包括整个大规模用户运营，都是需要通过数据去驱动的。

### 三、数字用户生命周期管理实训案例

随着互联网和科技的不断发展，各行业都开展了互联网业务。智慧停车的出现让人们的出行变得更加方便，但智慧停车对用户的黏性及价值还需要挖掘。以下对某智慧停车的用户生命周期进行拆解。

#### （一）项目背景

停车对车主来说是一个高频的行为，且停车是一个线下场景化特别重的动作。目前普遍的智慧停车平台都通过"临停缴费"建立了与用户的链接，主要是通过关注公众号。

由于业务场景原因，用户停留时间特别短，也造成用户还没给平台创造价值就流失了；我们基于停车场景衍生了更多的停车功能，让用户停车变得更智慧；同时让用户对平台产生黏性，让用户在平台产生更大的价值，则需要延长用户生命周期，提升单体用户价值，因此结合用户生命周期进行精细化运营。

#### （二）什么是用户生命周期

用户生命周期就是用户从开始接触产品到离开产品的整个过程，分别是导入期、成长期、成熟期、休眠期、流失期。

定义用户生命周期各阶段：

导入期：获客区，核心工作是拉新以及促进新用户活跃。

成长期、成熟期：升值区，核心工作是促进用户活跃、付费/转化、制造留存、分享邀请。

休眠期、流失期：留存区，核心工作是做好用户流失预警及安抚和召回。

### （三）用户生命周期搭建

**1. 先梳理一下"××智慧停车"业务逻辑（图 2-18）**

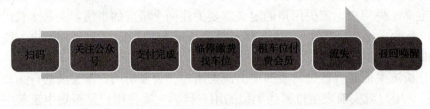

图 2-18  App 实训流程

综上分析，用户使用产品的基本逻辑为：

（1）用户通过停车缴费关注公众号。

（2）找车位解决用户出行停车难问题。

（3）最后通过增值性功能"租车位"解决用户停车难、停车贵的问题。

**2. 找到影响用户留存（付费）场景功能**

从运营角度来看，用户在使用产品的过程都属于用户付出的成本，包含时间成本、体力成本、精神成本等，用户付出的成本越高，代表对产品的黏性越强。

对于用户来说，在付出成本的对等下也需要获得感知价值，比如产品本身的价值——临停缴费，附加服务价值——找车位，衍生价值——租车位等。用户的感知价值越强烈，也就越容易活跃和留存。

那么，结合用户的使用逻辑，停车是用户付出的最大成本，"找车位"属于用户获得的感知价值，而"租车位"是衍生价值，故判断可能影响用户活跃/留存的核心关键功能：找车位。

**3. 定义各阶段用户行为（表 2-1）**

表 2-1  用户生命周期阶段行为定义

| 用户生命周期 | 用户行为特征定义 | 用户类型 |
| --- | --- | --- |
| 导入期 | 扫码临停缴费但未关注公众号用户，或者关注公众号缴费但很快取关的用户 | 潜在用户 新用户 |
| 成长期 | 在一定时间内通过公众号多次缴费临停且完成了找车位到临停缴费全过程 | 留存用户 活跃用户 |
| 成熟期 | 持续使用公众号，或者成为平台付费会员并续费或者在平台租车位并续费 | 留存用户 |
| 休眠期 | 超过15天没有使用公众号临停缴费或者租车位到期后未续费或者付费会员到期后未续费 | 沉睡用户 |
| 流失期 | 取消关注公众号 | 流失用户 |

至此，"××智慧停车"用户生命周期模型也就搭建完成。

综上分析可得，作为一款流量型工具产品，想要提高用户活跃和留存，可以从停车缴费、停车产品以及功能使用引导这几个方向出发，再来通过产品发生的一些激励动作来辅证模型。

### （四）各个阶段运营策略

#### 1. 引入期

首先，利用微信生态政策，公众号粉丝不超过 50 万的时候，扫码支付默认关注公众号；当粉丝量超过 50 万的时候，将支付二维码更换为关注二维码，用户临停缴费关注公众号后再通过菜单按钮缴费；建立各个地级市公众号，利用微信生态政策获取用户，最后通过 UNI-ID 关联识别唯一用户。其次，对于关注了公众号但很快取关的用户，在用户首次关注公众号时给用户推送信息介绍相关的功能和品牌或向用户推送停车券领取链接，测试哪种策略对留存更优。

#### 2. 成长期

首先，从用户使用场景出发，通过激励体系引导用户完成"找车位—停车—临停缴费"整个使用场景，体验产品的功能，让用户有完整的产品价值体验，以增加用户对产品黏性促使用户在产品的成长。其次，通过数据分析发现，在一定的时间内达到一定的交易笔数就会让用户形成兴致从而对用户产生留存（新用户成长转化）；在用户首次关注公众号后推送领取停车券的链接让用户领取 5 张不等面额的停车券，同时通过实验测试验证停车券有效期对用户的留存和成本控制支出达到最优。

#### 3. 成熟期

这个阶段主要围绕着用户价值提升展开，平台收入通过用户租车位交易产生佣金和用户开通付费会员获得增值性业务收益。首先，通过相关的活动吸引用户体验租车位，解决用户停车难、停车贵问题；在浏览量高的页面呈现"租车位"的功能入口转化用户；缴费完成通过微信信息推送告知用户，同时通过会员积分体系提升用户续费。其次，付费会员是平台收入来源之一，通过相关页面对付费会员权益进行告知，可以解决用户在什么场景下遇到什么问题或者带来直接的收益从而促进用户转化；同时，对付费会员进行策略运营以促进用户续费，结合不同的用户画像行为数据分析，发放不等面额的抵扣券以促进用户续费或者转化。

#### 4. 休眠期和流失期

这个阶段主要工作是为了延长用户生命周期，要制定流失预警及相应的召回策略。流失在用户生命周期各个阶段发生，有在新用户没成长的时候流失，有在成长期的时候流失，也有在成熟期的时候流失，各个运营人的理想状态是用户能走完整个生命周期各个阶段。要做流失预警及召回，则先要做好流失的定义。首先，流失定义：用户在 15 天内已没有通过公众号菜单"临停缴费"进行缴费，且也没有使用"找车位"相关功能。其次，召回策略：利用召回工具（公众号消息推送、短信推送），在用户一定时间内没有访问或者缴费推送，如停车券链接推送、功能迭代更新消息推送、停车消费报告推送、积分账户余额消息推送、活动优惠消息推送等。这个自动触发结合了用户的行为及时间，企业需不断测试推送时间以达最大的效果。

## 任务实施

### 观看视频

Z时代消费偏好调查 https://v.qq.com/x/page/a32335v541m.html

### 思政空间

**网络时代更应关注大学生身心健康**

(资料来源：《光明日报》)

随着互联网的发展和高校信息化进程的加快，大学生已经成为网络用户的重要组成部分。可以说，大学的"贴吧"既反映了当前大学生的思想取向，也为高校的思想政治工作提供了条件。根据青年大学生接受信息途径发生的新变化，我们要善于运用互联网这样的现代传媒，把思想政治教育的内容有机地渗透其中，构建积极健康的网络文化环境，实现潜移默化的思想品德教育功能。

互联网信息丰富，网络为大学生开启了一扇全面了解社会政治、经济、科技、文化信息的窗口，同时，网络文化具有开放性的特点，大量新鲜而有益的信息有利于大学生了解世界，掌握科技前沿知识，有利于大学生正确观念的树立和创新意识的培养。高校要善于利用网络的这些优势，占领文化主阵地，围绕一些重大问题进行积极引导，弘扬优秀的民族文化，借鉴国外的文化成果，让网络成为教师与学生之间沟通的桥梁。通过这些方式，对思想活跃的大学生来进行引导，可以帮助他们树立社会责任感和道德法制观念，进行人格教育，树立正确的世界观、人生观和价值观。

网络交流具有互动性，同时网络的隐匿性使大学生更加容易表达自己的真实情感，这有助于教育者获得真实而有价值的信息，并针对大学生的各种问题及时准确地加以引导，提高思想教育工作的成效。同时，面对面的教育亦不可少，对于如何判断是非，面对参差复杂的信息怎么样进行选择等，要把网络教育与日常教育结合起来，充分发挥网络教育的积极作用，避免网络不良信息的负面影响。

当前，对大学生进行网络道德教育至关重要。高校工作者要增强大学生自我教育、自我管理的自觉性、主动性和创造性。要引导学生遵守网络道德，具备网络法制意识，引导其自觉抵制网络垃圾的侵蚀，自觉维护网络秩序。要丰富校园网形式，做到目标明确、内容丰富、形式多样，让大学生喜爱。新媒体的飞速发展，向我们提出了许多新的课题。我们要努力创新，与时俱进，充分利用网络的优势，扩展大学生思想政治教育的空间和渠道，提高教育的针对性和实效性，为祖国培养出更多身心健康、人格健全、品德高尚的建设者。

### 知识与技能训练题

**一、判断题**

1. 营销2.0时代是以产品为导向的时代，产品品牌的树立对企业至关重要。（    ）
2. 用户、消费者和用户在数字时代是没有任何分别可以通用的术语。（    ）

3. 针对用户类的产品，需要的是用户的规模和用户持续对产品的使用，所以运营方案和策略的重心会放在用户的新增和活跃上，而对其他的运营需求优先级会排得低一点。
（    ）

4. 潜在用户是指符合企业产品目标群体标准的用户、接触过企业宣传媒体的用户、在销售渠道主动联系企业却没有购买的用户。（    ）

5. 从运营角度来看，用户使用产品的过程并不完全属于用户付出的成本，用户付出的成本越高，代表对产品的黏性越强。（    ）

## 二、单选题

1. 以价值驱动为导向的时代是营销（    ）时代。
   A. 1.0　　　　　　B. 2.0　　　　　　C. 3.0　　　　　　D. 4.0

2. 新的中老年用户消费偏好不包括（    ）。
   A. 视频　　　　　B. 音频　　　　　C. 线上学习　　　D. 快消品

3. 当企业意识到用户生命周期价值对企业营销的影响时，哪一种主流方法并不深受众企业所追捧？（    ）
   A. 通过数据分析找到发力点
   B. 搭建一条用户成长的最优路径
   C. 通过各种运营手段、激励措施，促进该成长路径中每个环节发生或转化
   D. 企业内开发自有 AI 业务

4. 对于 1~2 年没有任何业务接触的用户的处理方式，就是对这类用户（    ）。
   A. 定期推送消息　　　　　　　B. 不做任何动作
   C. 给用户赠送小礼品　　　　　D. 电话联络寻问原因

5. 大学生对待现代网络文化应该（    ）。
   A. 严格自律
   B. 适合自己倾向
   C. 只要是为了学习就不用顾忌时间
   D. 网络文化已有国家相关部门管理，所以完全能够信任

## 三、简答题

简述根据用户生命周期对用户的分类。

参考答案

# 项目三　新用户的圈层效应

**项目介绍**
　　本项目将通过描述新用户的群体性特征，分析不同圈层的消费特征，以及针对不同圈层的数字营销策略。

**知识目标**
　　了解新用户的圈层效应；分析不同圈层的消费特点。

**能力目标**
　　能判断新用户的圈层类型；掌握圈层效应下的数字营销策略。

**素质目标**
　　理解《网络直播营销管理办法（试行）》中的相关条例；理解《移动互联网应用程序信息服务管理规定》中的相关条例。

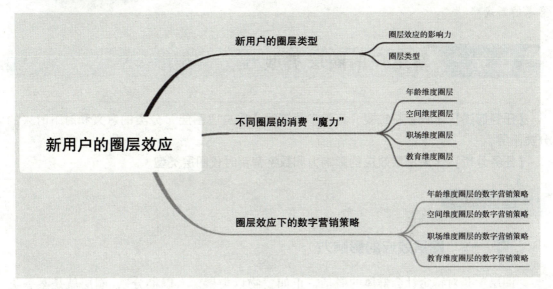

## 宝洁"退市"之路

1988年，宝洁以海飞丝洗发水作为敲门砖进入中国市场，正赶上了最好的时代，相继推出了飘柔、玉兰油、潘婷、舒肤佳等众多品牌，一时令国人大开眼界，开启了长达二十多年的霸屏时间。在巅峰时期的2008年、2011年以及2012年这三年，宝洁营收都达到800亿美元之高。营收增长主要得益于收购的品牌的增加，在巅峰时期宝洁旗下有超过300个子品牌。

然而2013年以后，从来都是吃平价红利的宝洁，变成了吃亏，销售额已处于停滞不前的状态。随着中国经济的迅猛发展，个性化成为时代的潮流。一大批本土品牌如丸美、韩束、珀莱雅，以及御泥坊、一叶子等淘品牌、微商品牌也开始迅速崛起，在日常生活用品领域，立白和蓝月亮等众多国内品牌也一拥而上。

为应对品牌老化问题，飘柔于2013年推出升级产品，光是前期的市场费用就投入了上亿元，但是第一年的销售数据没能达到预期的一半。2015年，潘婷升级产品PRO-V系列，同样溃败。玉兰油的"妈妈品牌"身份也难以被甩掉。宝洁的形象，在年轻消费者的心中已经"太老太老"，被许多"80后""90后"消费者认为是妈妈的牌子，甚至部分"00后"都不知道宝洁的存在。为了挽救颓势，宝洁更换CEO，砍掉上百个品牌甚至裁员近万人，都没能盘活自身，最终于2019年4月从巴黎泛欧证券交易所（Euronext）退市。

宝洁一蹶不振的内因究竟是什么？飘柔、海飞丝、舒肤佳这些品牌是给哪个固定人群

数字营销用户分析

打造的呢？答不上来，说明目前宝洁的产品缺少"圈层感"，没有按照圈层细分，仍然在走大众化老路——它想讨好所有圈层的人，但哪个圈层的人都不太会买账。所以，准确识别目标群体的圈层类型和特点，有针对性地进行精准营销，是每一家企业在数字时代需要思考的新战略。

## 任务一　新用户的圈层类型

【任务描述】本任务将主要介绍数字营销时代用户"圈层"分类的意义和时下时兴的分类圈层。

【任务分析】了解圈层效应的影响力和数字营销时代圈层类型。

### 相关知识

#### 一、圈层效应的影响力

"圈层"是对特定社会群体的概括，正如"物以类聚，人以群分"，圈层就是某一类具有相似的经济条件、生活形态、艺术品位的人，在互相联系中形成的一个小圈子。数字时代的移动互联网使得相同属性的人可以更容易地进行交流，从而加速圈层的形成，不同类型的圈层也越来越丰富。

圈层效应具有由核心向外沿扩散的影响力，如图3-1所示，新用户圈层主要分为核心圈层、组织圈层、扩散圈层。核心圈层的主要目的是沉淀，组成人员是高质量人群、大咖，具有思考能力并能产生独到的见解。组织圈层的主要作用是发酵，组成人员是运营人员，能够对核心圈层产生的观点和见解在社群内引导互动。扩散圈层的主要作用是口碑分享和二次传播，其他所有成员均为扩散圈层人员。那么，圈层效应下的数字营销就是在众多圈层中，选择与企业自身营销定位最接近的圈层，定义为核心圈层，投其所好，进行精准营销。

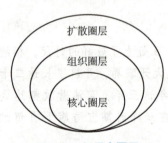

图3-1　新用户圈层

圈层效应的核心目的在于先实现小众产品对小众客户的渗透，使得一部分用户先形成高认同感和高推荐度。产生圈层效应，是实现从小众营销到大众市场的一个关键性过渡环节，许多企业先通过小众营销切入到一小部分用户的生活场景当中，再扩大消费群，逐步向品牌广度传播，占领大众市场。

### 课堂案例

### 小米社区

小米公司在早期还没有手机的时候，就建立了MIUI爱好者社区，让用户决定OS的功

· 64 ·

能，一起改进MIUI，打造了当时最好用的中文安卓系统之一，为后来的手机上市积累了大批的潜在消费者。小米手机上市后，也建设了基于各款手机的专属社区，吸引用户讨论，倾听用户对下一代手机的期待，牢牢地让消费者和企业连接在一起，保持高用户黏性。

最初，小米科技的首批用户只有100人，当时小米默默无名，也没有进行任何推广，最初的这100名用户成了小米最珍贵的种子用户，小米将他们称为"100个梦想的赞助商"。MIUI发展一年后，这100人的队伍壮大到500万用户的规模，成为日后小米"发烧友"粉丝用户群的基础，也成为小米手机上市后最主要的购买者。

有效的圈层管理能使品牌信息有效传递，不断吸纳"新粉"，拓展客户。通过圈层效应传播口碑，能统一大众的品牌认知度，还可以作为一种维系手段，促进用户长期多次购买。通过塑造一个个拥有良好使用体验的消费者，影响其周边的潜在消费群体，将营销从"B-C模式"转化为"B-C-C模式"。

在圈层管理中，为了激发口碑和参与度，最重要的途径就是建立社群。可以通过与用户共同搭建社区论坛，鼓励用户成为社区的核心，自发讨论话题，分享观点，发表对产品和品牌的意见，提出建议。企业则通过收集并吸取这些信息，为产品、渠道、供应链等各个方面提供参考意见。

### DJI 大疆社区

全球领先的专业航拍无人机制造商——大疆科技，在其社区的功能设置上除了包含一般企业社区所有的售后服务、问题反馈等功能板块之外，还设置了专门针对无人机航拍的专业教程以及定期的客户活动板块。用户可以在这里分享自己的航拍摄影作品，和兴趣相同的粉丝分享自己使用大疆无人机过程的经历、游记等；大疆还经常举行无人机航拍摄影比赛，在线下举行各种"以机会友"的官方活动，引导客户增加对无人机的应用场景，使之变成一个常用摄影设备，而不仅仅是一个"高级玩具"。这些服务都增加了用户与企业的交流，使企业未来设计出更符合用户习惯的无人机，同时让用户对企业更有身份认同感。

 二、圈层类型

（一）购物类圈层

购物类圈层是指以购物为目的而聚集的圈层用户，主要分为都市青年消费者、小镇青年消费者、辣妈奶爸消费者和中老年消费者等。都市青年消费者，是指生活在一二线城市的年轻购物群体，他们的线上消费能力强，是潜在的高价值购物消费人群。小镇青年消费

者，是指三线及以下城市市场的年轻购物群体，他们的消费能力较强，消费潜力较大。辣妈奶爸消费者，是指有孩子的新生代家长用户群体，他们的需求量较大，是购物消费人群中的中坚力量。中老年消费者，是指有购物消费习惯的中老年用户，他们的规模较大，有待进一步开发。

不论在都市还是小镇，年轻消费群体都表现出较高的线上消费能力。辣妈奶爸群体规模和线上消费能力都不容小觑。年轻消费者都有平台型电商的使用习惯，都市青年对互联网依赖较强，追求生活品质，使用生鲜电商的占比明显高于小镇青年。生鲜电商将仓库前置或依托实体门店，缩短商品配送时间，提高了时效性的同时也降低了配送成本，大大满足了用户的实际需求。淘宝是年轻消费群体浏览时间最多的购物类平台，拼多多则被更多的有娃用户关注，京东是各年龄层消费者使用时长较为均衡的平台。

### （二）娱乐类圈层

娱乐类圈层定义为使用泛娱乐典型行业应用的用户群体，主要包括爱娱乐人群、爱娱乐的"00后"以及爱娱乐的中老年群体。泛娱乐典型行业包括在线视频、短视频、在线阅读、在线音乐和手机游戏行业等。爱娱乐人群即泛娱乐典型行业的普通用户，他们的规模庞大，规模突破10亿。泛娱乐典型行业的"00后"用户及中老年用户是娱乐类圈层的主要新增来源，成为娱乐行业新的推动力。平台热剧、自制综艺成为泛娱乐行业中最受欢迎的内容，获得大量年轻用户的青睐。在线视频与短视频活跃用户规模最大，以抖音、快手、芒果TV为代表，在线阅读和在线音乐紧随其后。

## TikTok 的力量

全球最大市场研究集团凯度（Kantar）于2020年10月发布了一份新报告——《TikTok 的力量》，揭示了社交媒体平 TikTok 上最成功的营销活动。

这份报告专门着眼于用户生成内容（UGC）的使用，特别是 Hashtag 推文话题（用前带#号的字词表示推文的话题），即品牌要求人们执行特定任务，然后使用 Hashtag 对品牌进行标签。报告显示，与其他黄金时段广告相比，最成功的 Hashtag 被观看的次数更多。虽然人们认为该平台绝大多数用户是非常年轻的人，但凯度的研究发现，全球在 TikTok 上看到广告的人中的67%年龄在25岁以上。

研究人员结合了对世界各地营销人员的采访，分析了60个品牌 Hashtag，以及来自 Kantar TGI Global Quick View 2020 的人口数据。研究凸显 TikTok 对品牌的价值，以及支撑该平台上最成功的营销活动的因素。

营销人员表示，TikTok 产生了巨大的参与度，一些 Hashtag 的浏览量超过了大型体育和文化活动，例如 River Island 的#Glowing Out 活动的浏览量与 Andy Murray 在2013年赢得温布尔登决赛的一样多。

TikTok 营销活动还可能导致现实世界的行为，鼓励消费者进入商店和网站。研究人员发现，在 TikTok 上因品牌的#Glowing Out 活动而访问 River Island 网站的受访者中有90%是新用户。

品牌 Hashtag 在帮助品牌在万圣节、圣诞节或"黑色星期五"等拥挤的营销期脱颖而出方面特别有效。

调查发现,品牌成功的关键之一是:通过与创作者社区的合作,在营销中利用平台固有的创造力;这样一来,品牌就可以最大限度地利用平台上的功能,比如永远在线等。

### (三) 办公类圈层

办公类圈层是指使用商务办公行业应用的用户群体,主要包括一二线城市办公人群,他们频繁使用商务办公类 App,规模近 6 亿,另一部分则是三线及以下城市的下沉办公人群,他们是办公类圈层的主要新增来源。

办公类圈层人群规模随着疫情影响上升明显,35 岁以下、三四线及以下城市用户成为商务行业主要的增量来源。在线办公情景下,使用 BAT 巨头系 App 的用户规模最大。在求职应聘时,注重效率的年轻办公类圈层用户偏爱直聊类平台,如 Boss 直聘、智联招聘、前程无忧等。

### (四) 兴趣类圈层

兴趣类圈层是指有特定兴趣爱好的用户群体,主要有美食爱好者、运动健身爱好者等。美食爱好者是兴趣偏好为美食的用户,他们喜欢尝试新鲜美食,并能积极尝试美食烹饪,活跃度高,消费能力较强。运动健身爱好者,指使用过运动健身行业 App 的用户,他们关注自己的身体健康,愿意花时间和金钱用于健身投资,有较高的活跃度和较强的消费能力。

基于兴趣偏好而形成的各类圈层人群已经初具规模,而且线上消费能力价值凸显。全国范围内的美食圈都热爱烧烤;东北偏爱炖菜;炸酱面在华北大受欢迎;华东用户爱吃淮扬菜和客家菜,大闸蟹也必不可少;华南用户钟爱嗦粉和烧蓝;西南川渝用户更爱火锅;西北面食爱好者众多。菜谱类 App 也是美食爱好者必不可少的阵地,外卖服务则能满足他们的即时和品质需求,生鲜电商和本地生活保证了日常食材采购和美食打卡。利用互联网平台进行运动健身的用户越来越多,运动健身爱好者通过直播、在线课程、线上线下活动等方式参与其中。

### (五) 学习类圈层

学习类圈层是指有学习充电需求的群体,主要包括求学备考、业余充电或寻求新的工作机会的用户,他们有着浓厚的学习积极性,活跃度高,愿意为知识付费。随着社会的快节奏发展,职场压力逐渐增大,需要不断提升和训练专业技能,年轻一代养成了付费学习的习惯,知识消费方式更加多元,学习场景愈发丰富。

学习类圈层习惯在数字化环境下学习和工作,该圈层的上班族习惯使用电子文档、效率办公等工具,并且能熟练使用百科问答、词典翻译,喜欢用有道词典学习外语,并在知乎上解答难题。该圈层的有娃一族将学前教育、K12 教育工具作为他们得力的育儿帮手。该圈层的年轻用户更注重对自身能力的提升,更多地关注于语言学习、高等教育、教育工具等板块。

## 任务二 不同圈层的消费"魔力"

【任务描述】本任务将描述年龄、空间、职场和教育圈层内部子圈层特征。

【任务分析】能够迅速判断用户的圈层归属：年龄维度、空间维度、职场维度、教育维度。

### 相关知识

#### 一、年龄维度圈层

（一）青年圈层

联合国世界卫生组织提出的年龄分段指出，44岁以下为青年人。青年圈层是数字营销的重点用户群体，是数字时代最具影响力的群体。他们不一定是最有钱的，但却是最愿意花钱的，同时又是最懂得如何花钱来满足自己的群体。在流行文化领域中，他们对时尚、美食、音乐、电影、运动、科技样样精通。中老年圈层往往没有足够多的时间和精力去领略瞬息万变的潮流变化，他们通常选择跟随潮流，依赖于年轻人的推荐。年轻人往往是市场中"第一个吃螃蟹的人"，最先试用新产品，尝试新体验。如果年轻人接受了新的产品，那就意味着主流市场在不久的将来也能接纳这款产品。营销学专家将44岁以下这一年龄跨度较大的青年群体，按世代圈层细分为"千禧一代"和"Z世代"。

1. 千禧一代

"千禧一代"又叫Y世代（1980—1994年出生），即"80后""90后"群体。中国的"80后"和"90后"群体约有4.15亿人，占总人口的31%，随着他们的平均年收入从2014年的4万元增长至2024年的8.8万元，他们将主导未来十年的消费格局。"千禧一代"不同于上一代人，他们成长于我国改革开放以来经济飞速发展时期，充分享受到了经济增长的红利，成长中大多没有经历严重的物质短缺，因此他们更具备消费升级的主观需求。生于消费社会、长于消费社会，千禧一代在互联网、全球化和升学文化中长大，父母多半是"60后"，比"50后"物质丰富，更具市场意识，家庭教育也相对更为科学民主。

"千禧一代"希望与众不同，追求品牌个性，但出于经济能力暂时相对有限的考虑，他们更愿意通过多元的消费渠道对比价格，用最少的钱买到最想要的商品。"千禧一代"较少受广告宣传的影响，对食物的口味、环境、服务等都有自己的独到偏好，并且乐于传播口碑，分享自己的体验感受。"千禧一代"热爱旅游，尤其是"90后"群体，这与他们喜欢新鲜事物、愿意尝试的个性一致。随着互联网技术的爆炸式发展以及新兴业态的不断涌现，"千禧一代"的消费习惯也在悄然显露出新的趋势，主要体现为日渐崛起的小众消费、蒸蒸日上的"懒人消费"、逐渐明显的超前消费倾向。

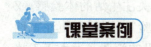

## 爱彼迎:"千禧一代"的体验式营销样本

以"为不同类型的旅行者带来原汁原味的当地旅行体验"为目标的平台服务提供商爱彼迎(Airbnb)创立于2008年,目前在全球191个国家和地区为旅行者提供400万个独特的住宿选择。不管是公寓、别墅、城堡还是树屋,通过"体验",爱彼迎希望创造一个为旅行者带来归属感的世界,无论人们去到哪里,都可以与当地的文化产生联系,获得独一无二的旅行体验。

数据显示,作为全球出境游最大的市场,中国出境游的人数比美国多3倍,其中包括被称为"千禧一代"的约4亿年轻人。面对这一拥有巨大潜力的市场,爱彼迎在2019年初推出了针对千禧一代群体的"48小时够你玩"营销活动。

爱彼迎中国市场营销负责人陈慕儒表示,千禧一代一直以来是爱彼迎的主要受众群体,爱彼迎的营销活动也一直在跟千禧一代旅行者进行沟通、对话。"千禧一代是有着非常不一样状态的一个群体。"在她看来,千禧一代非常注重社交和分享。他们希望被启发,通过和他人的接触来获取新的灵感、体验与知识。另外,相比名牌包等奢侈品,他们更愿意为精神上的享受买单,也就是说,如果旅行体验是跟精神相关的,对他们更有吸引力。

事实上,这与爱彼迎的品牌愿景是不谋而合的。这也是为什么,爱彼迎从2016年开始推出了"体验"(Experiences)平台。当时约有500种体验同时上线。如今,全球已经拥有超过30 000种体验。在中国,爱彼迎的"当地体验"数量已从2017年前仅有10个,发展到500多项。中国包括北京、成都、杭州、苏州和南京也将陆续开放各有特色的当地体验。

"千禧一代不想做传统意义上的'游客',而是把自己当作'世界公民'。"陈慕儒说,"旅行对于他们的意义不同于以往,他们更倾向于通过旅行去不断地发现并充实自我,在旅行中真正融入当地的社区与文化,拥抱多元化的生活方式。思考怎么给到他们想要的东西,反复与他们沟通,有助于我们思考出更多的有趣的营销策略。"

"千禧一代既喜欢冒险,热爱分享,乐于探索和发掘新奇的世界,又喜欢追求独特的、个性化的体验。怎样找到他们的痛点,怎样在最短的时间内抓住他们的兴趣点,但又不是以一个品牌高姿态的态度跟他们做沟通,对我们来说是非常重要的。"陈慕儒说。

如今,爱彼迎的中国团队策划的"体验匠心"非物质文化遗产旅游示范项目正在与北京市东城区、广州市越秀区、成都市、贵州省黔东南州四个城市和地区,与当地政府和非遗匠人们一起,帮助"千禧一代"体验和传承包括景泰蓝制作技艺、篆刻艺术、便宜坊焖炉烤鸭、都一处烧麦制作、北京面人、毛猴制作技艺等在内的非物质文化遗产代表性项目。

### 2. Z世代

Z世代(1995—2009年出生),即"95后""00后"群体,他们是数字技术的原住民,互联网和数码产品是他们与生俱来及日常生活的一部分。在技术革命的推动下,Z世代的生活方式发生了质的变化，他们的性格也更加自我独立，更加关注生活的体验感。Z世代青年并不像千禧一代那样沉迷"网购"，他们更关心的是"体验"，同时也更注重性价比，尝试去挖掘最好的价值和服务。Z世代的青少年影响他们父母的消费，远大于千禧一代曾经的影响力，他们有较高的生活费用且其偏好能显著影响家庭购买决策。

Z世代是二次元文化的主要受众群体，他们的成长之路与之紧密相关，二次元对他们的日常习惯和价值观养成产生了深远影响。除了个性鲜明、注重体验、愿意尝试新鲜事物等特征之外，深受二次元文化影响的Z世代至少还具有崇尚高颜值、"脑洞大开"、寻求理想"人设"、"同人志"属性以及社交需求旺盛等性格特点。

Z世代愿意为自己的兴趣付费，他们青睐有思想、有质量的内容，内容创作代表了他们的自我实现和社交方式。一部分Z世代群体将创作发展为自身职业，并迅速成为流行文化的主要引领者和制造者。通过短视频、图文等形式，促进自己与相同圈层的年轻人进行社会链接，有相似爱好和匹配创造力的年轻人，也会跨文化圈层形成彼此的认同与合作。由于Z世代们相互之间对作品存在高度认同，其衍生的种种模式也会深受该圈子内用户的热捧，如此便激发出相关的付费行为。这种"乐意付费"的态度，正是二次元产业火爆的根本原因。

Z世代对国货有着极大的兴趣，拥有强大的爱国热情、文化自信和对主流意识形态的认可。根据阿里研究院的报告，在购买新锐国货品牌的消费者中，超过半数是"95后"。从李宁、大白兔、六神、云南白药的备受欢迎，再到百雀羚、回力鞋等经典国货品牌的翻红，无不反映出新一轮"国货潮"的降临。因为热衷于追求理想"人设"，Z世代格外喜欢追随偶像的步伐。调查数据显示，接近70%的Z世代年轻人会愿意购买爱豆周边及同款产品，或是其代言推荐的产品，为"偶像经济"的发展做出了不小的贡献。另外，Z世代人群还偏爱跟着KOL直播种草，有数据表明，30%的Z世代群体在购物前会受到明星、KOL流量及口碑的影响。

#### "双十一"——Z世代营销的下半场，天猫或将引领年轻化营销风向标

"搞定Z世代"已经成为当下品牌营销的主旋律，我们也看到不少品牌年轻化的营销案例，有的品牌在讲述Z世代的故事，比如B站的《后浪》；有的品牌热衷跨界，比如喜茶频频推出城市周边；也有的品牌带上Z世代一起玩。

天猫在"双十一"期间联动8座城市构建"理想之城"，围绕城市特色行业心智1城1创意，通过11天线上线下互动和城市惊喜派对，打造最具温度的"双十一"线下极致体验嘉年华。

天猫同好派作为天猫专门针对游戏电竞动漫等IP及品牌合作打造的营销IP，奠定了其强IP的属性。之所以选择游戏切入，源于天猫同好派对这届Z世代的洞察。

一方面体现在游戏用户画像上。2019年中国游戏用户规模达到6.4亿，市场规模近2 000亿元。广东省游戏产业占据全国三分之一的份额，广州更是位居前列。另外从游戏用户画像上看，Z世代玩家占比90%。

对于游戏用户而言，他们愿意认同和维护自己喜欢的游戏 IP，且乐于用游戏 IP 内容来表达自我，他们也渴望在现实生活的三次元领域接触游戏元素，为自己喜欢的游戏衍生品买单。

其次还要从 Z 世代的消费动机说起。"为社交、为人设、为悦己"成为 Z 世代的三大消费动机，这届 Z 世代以兴趣交心，喜欢用自成一派的玩法建立圈层。同理，每个热门游戏 IP 领域，聚集着自己的同人圈子。

这两个现象也透露着当下是 Z 世代玩家的时代，游戏兴趣话题成为品牌营销一大机会点。为此天猫同好派深入 Z 世代的游戏兴趣腹地，与多维度的游戏 IP 联手，比如网易的《梦幻西游》手游、《阴阳师》《明日之后》，深受"95 后""00 后"喜欢的《光·遇》，国内独角兽厂商米哈游的乙女向头部 IP《未定事件簿》及海外知名厂商育碧的经典 IP《刺客信条》，通过游戏内外的深度联动，为"游戏同好"打造线上+线下沉浸式体验。

### （二）中年圈层

中年圈层的用户年龄设定为 45 岁至 59 岁，即"60 后""70 后"群体。通常情况下，中年圈层的经济状况良好，能满足基本生活用品的消费需求，并且拥有房、车、存款等能满足安稳生活需求的资产。中年圈层较青年圈层相比，更注重物质生活的品质，具有一定的奢侈品消费能力。但是面对上有老、下有小的"中年危机"，年龄、精力、体力和学习能力都不再是优势，部分中年圈层的工资性收入呈逐渐下降趋势，而与此同时，父母的赡养费、孩子的教育费、房贷、汽车和医疗的开销等家庭支出却持续上升，经济压力骤然加大。不过，随着子女成年，参加工作，逐渐经济独立，家庭进入成熟期，中年圈层的财富能得到一定积累。

中年圈层是房地产市场的重要目标群体之一，之前没有买房的家庭需要购买房子，以前住的小房子也需要换为面积更大、居住更舒适的"二套房"，有的中年夫妻还需考虑为子女购置房产。中年圈层还是奢侈品消费市场的主力军，相比青年群体，他们有更高的品质追求和更强的消费能力。中年圈层抱着对物质和精神双高标准的要求，来构建自己多元化的圈子，用心地经营自己的人脉，会对圈子进行分类，比如朋友、事业伙伴、兴趣相投者等。他们追求的成功是财富的积累、自我的成就、家庭的美满和理想的实现。

中年圈层消费者体现出越来越高的理性，他们阅历广，生活经验丰富，情绪反应一般比较稳定，多以理智支配自己的行动，感情用事的情况不多见。他们注重商品的实际效用，价格和外观的统一，从购买欲望形成到实际购买往往是经过多次分析、比较后才做出判断，不常出现随意性和冲动型消费。其次，中年圈层的购买计划性强，盲目性小，尽管他们的收入不低，但肩负着赡老育幼的重任，使他们养成了勤俭持家、精打细算的消费习惯，以量入为出作为消费原则，消费支出计划性强，很少计划外支出和即兴购买。最后，中年圈层注重传统，他们内心既留恋青年时代的美好岁月，又要做青年的表率，因此，青年顾客身上的特点正在他们身上逐渐淡化，他们希望以稳重、老练和富有涵养的风度有别于青年。反映在消费方面，他们不再完全按照自己的兴趣爱好选择商品或消费方式，而是更多地考虑他人的看法，以维护自己的形象，与众人保持一致。

## 地产的圈层营销

圈层营销，使地产行业的营销操作也变得简单，基本的原则就是高端化、小众化，很多人理解的地产圈层营销就是找到最有钱的那群人，结合项目推广，举办高端酒会或者时尚 Party。在注重精神文化生活的现在，圈层营销俨然成为能让业主获得精神归属感与内心荣耀感的活动。

作为一个营销术语，圈层营销概念在地产行业流行有段时间了，好多高端项目的营销中，圈层营销已经发挥了不少作用，例如"万科·17英里""万科·兰乔圣菲""广州星河湾""北京星河湾""贵阳山水黔城"等。但多数项目还只是把它看成与所谓的文本营销、活动营销一样的营销活动，而不是一个系统的营销战术或者特定的营销策略。目前对于圈层营销的理解还过于简单化，很容易通过字面意义对它有个基本的理解，就是在项目营销过程中，把目标客户当作一个圈层，通过针对他们的一些信息传递、体验互动，进行精准化营销。而在操作手法上，最普遍的就是做品质鉴赏酒会、高尔夫球比赛、网球比赛之类的活动等。略高明如深圳的"星河丹堤"，会通过产品属性定位"CEO官邸"来给这个圈层一个概念定义，当然这个项目也取得了成功，CEO们在互相的敬仰中举杯共饮，在这场圈层运动中，成就了"星河丹堤"的畅销之势。

### （三）老年圈层

老年圈层的用户年龄设定为60岁以上，其中60岁至74岁为年轻老年人，75岁至89岁为老年人，90岁以上为长寿老人。随着人口寿命的延长与消费水平的提升，新锐老年圈层快速崛起。他们拥有更多财富和更开放的心态，试图显得比自己的实际年龄更年轻，打破人们对"中老年人"这一标签的刻板印象。他们仍然保持着旺盛的精力，退而不休已成常态。他们崇尚自由、追求舒适，对旅游、休闲娱乐、兴趣爱好保持热情。随着年龄增长带来的焦虑感，他们对时尚前沿的选择极为敏感，乐于接受新技术的发展，美容、约会、健身、时尚、美食、创业和旅游不再是年轻人专属的生活方式。新锐老年圈层的崛起，对传统的老年消费观念产生巨大的冲击。

从住房情况来看，和许多无房无车的年轻人相比，绝大多数老年人拥有一套或多套住房，与此同时，八成以上的老年人享有养老保险，稳定的收入让他们的生活不再拮据。数字经济时代下商品经济的成熟，为具有消费能力的老年群体提供了更多的选择。中国的老年群体走出缺衣少食的生存阶段后，生理与物质上的需求得到初步满足，借助稳定的收入和大量的空闲时间，基于社交、尊重和自我实现的需求日渐强烈，消费行为从节俭型消费过渡到享受型消费。他们愿意为提升自己的生活质量而消费，愿意为更高品质商品与服务而买单，他们购买高质量商品，投资自己的兴趣爱好，周游世界开阔视野，这标志着品质消费时代正式开启。

老年圈层对健康生活方式的追求是关键的趋势之一，他们对健康的追求不再局限于传统的医疗保健品消费，而是追求充满活力的生活方式，包括身体、心理健康和更开放的和平心态。他们不再受工作时间的限制，意味着他们的闲暇时间相当充裕，可以安排时间在旅游、登山等户外运动上。基于相似的兴趣爱好和同样富裕的闲暇时间，他们倾向于和同龄朋友、圈子而非家庭成员一起分享诸多爱好。他们对于健康保健产品能更多地寻求专业知识咨询，而非过往经验、口口相传，面对纷繁复杂的养生信息时能够辨别真伪，避免不必要的决策失误和财产损失。

老年圈层中能熟练使用移动互联网的群体称为"银发网民"。我国银发网民活跃用户规模超过一亿，增速远超全网，是重要的用户增量来源。其中女性占比远高于男性占比，上网基础和氛围更好的一二线城市银发网民占比较高。已进入人生的下半场，时间较为充裕，银发网民对泛娱乐类、资讯相关等内容需求较多。距离职场、社会舆论中心较远，存在与社会脱节的风险，需要不断与时俱进，所以银发网民对获取最新新闻资讯的需求突出。随着身体机能的逐渐退化，空巢家庭增多，需要陪伴和照顾，银发网民对生活服务也有相应的需求。资金基础较好，有较大的消费潜力，银发网民对金融理财、移动购物等需求不断增多，潜力巨大。银发网民对泛生活应用比例普遍低于全网，其中本地生活、用车服务、快递物流、外卖服务等需要涉及线下互动，使用门槛较高，使用习惯有待培养。不过银发网民也在尝试更多地使用地图导航、快递物流、外卖服务等应用，来享受互联网经济下的便利生活。从在线消费来看，银发网民对家电、食品、电器等标品消费占比较高，淘宝、京东成为他们最常用的电商平台，消费潜力有所释放。

## 突破年龄圈层的《大江大河》

东方卫视热播剧《大江大河》日前落下帷幕，但作品引发的观众热议仍在进一步发酵。作为主旋律献礼剧，《大江大河》在播出期间始终占据55个城市卫视收视的第一名，也在7万网友参与打分的豆瓣上获得了8.9的高分，不仅在2018年国产剧评分中成功夺魁，更成为2019年现实主义题材剧作新标杆。作为上海广播电视台重大影视剧项目办公室重新整合后的起航之作，《大江大河》由金牌制作团队正午阳光承制。该剧讲述了自1978年起改革开放第一个十年里，国营经济、集体经济、个体经济的典型代表宋运辉、雷东宝、杨巡等人在变革浪潮中不断探索和突围的浮沉故事。《大江大河》的播出不仅引发与剧情所处时代共成长的"父辈一代"的情感共鸣，还激起了更多"90后""00后"年轻观众的追剧热情。

一部主旋律献礼剧的收视群体缘何能突破年龄圈层？研讨会上，作为改革开放的亲历者之一，原陆家嘴集团首任总经理王安德表示："一打开剧集就被深深吸引，电视剧让我们这代人好像回到激情燃烧的改革初期的岁月。""80后"上海大学副教授齐伟坦言："在新时代，主旋律作品如何面对'80后''90后'甚至是'00后'等更年轻一代的受众，是我们目前最为关注的话题。《大江大河》颇具典范意义，它和年轻一代形成了良好的对话关系。"

中国文艺评论家协会副主席毛时安表示："《大江大河》体现了大时代的青春气息，也从根本上写出了这一代人和下一代人都需要的精神力量，也因此打通了观众年龄的圈层。这是特别了不起的。"

## 二、空间维度圈层

### （一）京津冀城市群

京津冀城市群，是以北京为核心城市，以天津、石家庄为两个副核心城市，与周围13个地级城市组成的城市群，是中国的政治、文化中心，也是中国北方经济的重要核心区。京津冀地区的互联网用户活跃程度与城市经济发展情况相似，北京用户活跃度稳居第一，天津处于第二梯队，石家庄和保定位列第三梯队。该地区的核心城市对周边城市有较强的辐射效应，城市群内各城市的经济文化往来非常密切，人口流动也很频繁，形成很强的同城效应。该地区用户追求大方实用，即强调实用性、稳重和可靠的质量，又追求温顺经典，即受北方政治文化影响，强调既经典又低调的品牌特性。

### （二）粤港澳大湾区

粤港澳大湾区，是由香港、澳门两个特别行政区和广东省广州、深圳、珠海、佛山等九个珠三角城市组成的城市群，是中国开放程度最高、经济活力最强的区域之一，在国家发展大局中具有重要战略地位。大湾区用户偏爱网上消费，并愿意增加网上购物平台消费的比例。淘宝、HKTmall和京东等购物网站位列大湾区消费者主要网上购物渠道前三甲。此外，亚马逊、天猫、乐天、拼多多等本地、国际综合型购物平台已取得相当大的市场份额。粤港澳大湾区消费者，尤其是千禧一代及其后的各个世代正追求更无缝、更透明的购物体验，他们希望购物渠道全面整合，甚至能立即交付货品。

### （三）长三角城市群

长三角城市群，是以上海市为中心，集合江苏、浙江、安徽三省26个城市组成的城市群，是我国目前经济发展速度最快、经济总量最大、最具有发展潜力的经济板块。长三角用户的消费能力也随着整个城市群产业和经济的不断发展而提高。长三角用户乐于尝试新事物，作为中国近代开埠最早的地区，他们乐于接受外来事物和文化观念。他们喜欢尝试新产品、新体验，因此长三角可以作为新市场突破延展的入口。长三角用户追逐个性，享受注目，其中女性用户在彩妆、护肤市场的渗透率均高于其他城市群。长三角用户重视健康、爱好休闲，他们健身养生和休闲娱乐方面花费均高于其他城市群消费者。调查表明，长三角用户群体"钱商"最高，不管是投资领域还是消费领域，他们都能更好地处理金钱以实现更好生活水平。消费心态更成熟、消费主张更务实、消费选择更理性，是长三角用户的显著特征。

### （四）成渝城市群

成渝城市群，以重庆、成都为中心，包括四川省的15个市和重庆市的27个区，是西部大开发的重要平台，是长江经济带的战略支撑，也是国家推进新型城镇化的重要示范区。成都超越广州，成为全国城市互联网发展的新领头羊之一。成渝用户爱吃又爱美，服饰、电脑、食品占据消费榜前三。成渝用户的消费力保持着强劲的增势，其中购买奢侈品的数量仅次于北京，位居全国第二。成渝女性用户对身材管理的要求相当严格，代餐类、塑身类产品销量增幅较大。此外，她们对身体护理、口腔护理、牙齿美容类产品均有较高的市场渗透率。成渝男性用户对精致的追求也不遑多让，他们对隔离霜、粉底等美妆护肤类渗透率高于全国男性平均水平，男士香水销量也在逐年上涨。

### （五）中西部城市

中西部城市，是指中西部地区12个省、直辖市、自治区的主要城市，以武汉、西安、郑州等地为代表。近年来中西部地区经济发展速度较快，受益于"一带一路"倡议，部分东部省份产业链西迁，劳动密集型产业陆续往内地迁移，在产业转移的过程中，创造了就业机会，吸引外来务工人员。随着基础设施的完善，中西部城市的消费越来越旺盛，上升空间巨大。武汉有较好的高校资源，互联网经济表现比较亮眼。西安充分利用了它在一带一路战略中优势的地理位置和西北的经济地位，大力完善互联网基础设施，并通过政策倾斜吸引了诸多互联网公司，引进了大量高新技术人才，市场消费潜力巨大。郑州作为中部的交通枢纽，有广阔的消费市场，为互联网市场提供了开拓的空间。中西部地区一直被传统零售所忽略，未有效覆盖准富裕家庭，而淘宝等电商平台正在有效改变这一点，满足这些偏远地域潜在的高支配收入、高消费力人群的吃穿住用行。

### （六）东北城市

东北城市，指黑龙江、吉林和辽宁三省的主要城市，以哈尔滨、长春、沈阳、大连等地为代表。虽然东北四大城市在全国重点城市消费零售总额的排名中整体处于下游水平，但东北整体用户具有较强的消费意愿，其中长春的消费意愿最强，为该地区互联网商业的发展提供坚定的基础。东北用户中"80后""90后"群体是消费主力，但近年来消费欲望降低且向理性、务实转变。尽管新型在线消费平台不断兴起，但近七成东北用户以传统电商平台消费为主。东北用户在线购买生鲜菜品的接受度在逐渐提升，哈尔滨、长春、沈阳线上生鲜订单量增速在2018年二线城市中排名前五。约八成东北消费者会延续线上消费方式，方便、省时、优惠是最主要原因，其中五成消费者会采取线上、线下相结合的方式。

### （七）下沉市场圈层

下沉市场圈层，是指三线及以下城市的用户群体。从用户规模来看，下沉用户规模超6亿，占比高于非下沉用户，其中18岁以下和46岁以上群体较多。下沉用户生活节奏较慢，通勤距离短，有更多的闲暇娱乐时间，但休闲娱乐设施较少，娱乐方式也不够丰富，导致他们对泛娱乐应用和资讯类信息流应用需求大。下沉用户收入水平普遍低于非下沉用户，消费能力略低于全体用户，这导致下沉用户对价格敏感，愿意花时间进行线上线下价格比对。他们喜欢在看新闻的时候顺便赚零花钱，一些用户增量较大的新闻资讯平台普遍加入了现金奖励措施，通过现金奖励和裂变方式成为下沉市场新闻资讯增长的典型。下沉用户对线下实体店信任度高，喜欢见证实物后购买，愿意听取实体店店员的推荐。下沉用户受熟人社交影响较大，他们更愿意相信熟人推荐，所以社交属性突出的应用（比如社交电商）获得了较快的发展。

下沉用户对移动互联网生活逐渐深入，金融、办公、出行、购物、生活服务等方面的行业用户规模都有大幅度提升。综合电商平台牢牢占据下沉市场，中老年群体是重要的增长群体。下沉城市基建、物流系统的全面完善促使用户购物向线上逐渐转移。除了社交领域以外，移动视频、新闻资讯、移动购物是下沉用户的注意力集中点。泛娱乐行业满足了下沉用户打发时间的需求，短视频成为下沉用户规模和时长增长最为突出的行业，在线音乐、在线阅读等也吸引了大量下沉用户。金融支付行业的支付结算和网上银行应用获取了大量的下沉用户，但相比全网，保险、记账、理财、借贷等服务仍有提升空间。

## 三、职场维度圈层

### （一）新蓝领圈层

新蓝领圈层，是指区别于传统蓝领根据门店购买要求提供劳动服务，而是通过互联网应用平台获取服务需求，也基于平台要求提供劳动服务的蓝领人群。新蓝领职业主要包括快递员、外卖员、网约车司机、主播、房产经纪人等，他们一般没有固定的工作场所，受企业限制较少，更多基于平台规则提供劳动服务。

近五年来，新蓝领圈层月活用户规模增长超过一倍。一二线城市市场需求巨大、机会更多，新蓝领活跃度很高。随着市场消费不断下沉，三线及以下城市新蓝领圈层也蕴含着巨大的增长潜力。"80后"及"90后"是新蓝领圈层的主要人群，占比接近70%，随着"00后"人群的增长，新蓝领圈层也不断往年轻化壮大。

快递员、外卖骑手、网约车司机作为移动互联网时代孕育下的三大新业态从业人群，是新蓝领圈层中的代表群体，服务着国内巨大的需求市场。快递员活跃用户规模达到248万，工作时间相对稳定，以8:00至20:00为主；外卖骑手活跃用户规模达到493万，与用户用餐需求高度匹配，午餐和晚餐时段为接单高峰期；网约车司机活跃用户规模达到1 161万，活跃时间相对较长，从早晨6:00一直持续到凌晨。

新蓝领圈层以男性群体为主，其中快递员、外卖骑手更多是年轻未婚群体，网约车司机则以年长已婚人士为主。新蓝领圈层兴趣偏好广泛，也突出反映出他们的职业特征和生活背景。快递员、外卖骑手表现出对社交、娱乐、购物等方面强烈的兴趣，而网约车司机则更关注于汽车、理财、资讯等方面。外卖骑手们热衷于游戏和观看游戏直播；快递员们的喜好则更加多元，除视频、音乐、游戏外，在线阅读类应用也是他们的爱好；网约车司机们在泛娱乐领域的偏好集中于音乐和视频类应用。

新蓝领圈层主要有以下偏好特点：

**1. 短视频学习**

新蓝领圈层对创业和职场领域保持较高的学习热情，抖音、快手等短视频平台在娱乐之余也成为他们获取职场及创业知识的渠道之一。相比全网用户，新蓝领圈层在求职招聘领域更加活跃，主要表现为城市服务业的招聘信息，活跃渗透率较高。

**2. 多渠道社交**

奔波在大城市街道的年轻新蓝领们渴望得到更多的关注和认可，他们利用陌生人社交App作为扩大社交圈的途径。新蓝领圈层中19~35岁占比六成，面临着结婚成家的重要人生节点，在婚恋交友、社区交友方面表现出较明显偏好。

**3. 热衷于网购**

新蓝领圈层在网购时更多会选择综合电商平台，他们对数码电商及闲置交易类平台偏好明显。品质、价格和品牌在新蓝领圈层消费中的重要性在逐渐上升。汽车成为男女新蓝领共同关注的重点品类，此外男性用户热衷3C、运动类产品，女性用户则更偏好美妆、美家类产品。

**4. 泛娱乐在线**

短视频、在线视频、在线音乐及在线阅读是新蓝领圈层在泛娱乐领域点击率最高的四个方向。此外，象棋、斗地主及麻将等传统棋牌类手游也深受该人群喜爱。

### 职场理财圈层

在职场内，有一部分员工内心深处想掌握一定的财务知识和理财技能，因此万通和IDEO联合创办了理财社群，为职场圈层提供私人课程和财务咨询服务，形式新潮、放松、让人安心，就像是咖啡厅一样。同时这里还提供电子工具帮助百万富翁进行财务规划。其最终的目的是将财务规划变成职场圈层的社会和网络生活中不可或缺的一部分。

### （二）新白领圈层

新白领圈层，是指区别于传统白领"穿着白色衣领服装"的非体力劳动者，而是更活泼、更自由的新时代白领圈层。他们年轻有为，拥有较高的月均收入，稳健理财，抗风险能力强，并且能引领消费新趋势。新白领圈层的职业主要有金融、保险、贸易、公共事业，以及地产、律师、医疗、IT产业等。女性新白领热衷于通过直播在电商平台购物，加入美容护肤、服饰包包圈层获得认同感，从而紧跟潮流，将消费视为一种探索和试错，追求内心富足和丰富体验，保持独立。新白领中的主妇圈层习惯没事就翻翻电商，置办家里的大小物件，经常能买到性价比高的优质产品，并乐于宝贝评价和分享推荐，此外不放弃对自身提高的追求，积极参加身材管理和课程进修。男性新白领热爱腕表、汽车和休闲娱乐，他们关注高端和猎奇消费，消费决策耗时短，耐性低，对品牌忠诚度较高，喜欢在自己的爱好圈子中寻找新鲜感。

新白领将消费视为休闲娱乐的一部分，习惯边逛边买，喜欢基于他人的推荐减少试错成本。各类社交应用不再仅仅是一个社交工具，逐渐成为用户获取消费信息、对比产品好坏并决定最终消费的重要渠道，同时电商平台也引入"种草"、分享、社区等内容辅助用户决策。在出行旅游方面，较传统旅游相比，新白领更偏好去陌生的地方体验不同生活，期望深度体验游，但缺少做攻略的时间，主要依赖微信公众号、旅游攻略平台、小红书等社交平台获得推荐来选择自己的目的地。换车也是新白领热衷的一项投资，他们期望通过置换更高级的汽车来获得更新的驾驶体验，搭载新技术的新能源汽车成为首选。新白领对网红店不盲从，他们认为网红店只是一种营销手段，"打卡"网红店是盲目跟风行为，优质服务和良心商品才是商家的核心竞争力。

新白领虽然房贷和车贷压力大，但日常消费支出仍占月收入的一半左右，仅有约一成的收入结余。新白领消费习惯使用支付宝花呗、信用卡付款，对于手机、腕表、大家电等较大额订单，善于使用分期付款的方式提前享受好物。新白领容易冲动消费，喜欢逛淘宝来打发碎片化时间，逛了就一定要有所收获，看到喜欢的容易冲动购买，经常临时买一些之前没有计划买的商品，尤其是女性用户。突出的产品性能是吸引新白领冲动消费的关键因素，而品牌的影响力在逐渐下降。奢侈品、轻奢品牌消费在新白领圈层中具备社交属性，在朋友都有轻奢配饰的情况下，自己也必须要有，同时受明星网红"种草"、品牌新款爆款影响较大。

新白领对财产的风控意识较强，稳健理财，银行理财产品和保险持有率高于股票，他们对资金流动性的关注提升，减少定期储蓄，增加灵活提取型零钱收益产品的投入。金融服务平台也开始迎合新白领的消费特征，构建"生活+购物+金融"一站式场景，提升购买转化。

### 以C端撬动B端 LinkedIn构建双环服务生态

LinkedIn成立于2003年，于2014年进入中国市场，目前已经成为覆盖全球多个国家地区，是以商务社交为基础的多解决方案提供方。C端服务作为LinkedIn基础用户服务，为全球多个国家地区用户提供社交网络平台，帮助个人用户建立自己的社交网络，并塑造个人品牌。此外，职业教育板块还为用户提供丰富、个性化、高质量的在线教育资源，提升用户业务技能与生产力水平，支持用户长期职业发展。在大量C端用户基础之上，LinkedIn积极发展B端业务，提供征才、营销、销售解决方案。利用海量用户及数据，帮助企业多角度评估人才能力、预测招聘竞争、找到更多潜在候选人；围绕潜在用户建立专业网络，导入流量促进业务成长，建立品牌知名度；基于庞大的职场社交网络，帮助销售人员了解目标用户需求，快速、准确获取商机，建立与购买决策者之间的联系。

## 四、教育维度圈层

### （一）大学生圈层

大学生圈层，是指正在接受高等教育还未毕业的用户群体，主要包括专科生、本科生和研究生。大学生中男生群体多于女生，但女性中大学生占比略高于男性。作为互联网原住民的大学生圈层依赖网络生活，对社交互动需求很高。大数据显示，大学生微信、QQ、微博的活跃度皆高于全量人群。他们也偏好垂直社交类应用，以相同的兴趣爱好为中心形成各种"社交圈"，从中寻找有趣的灵魂和感兴趣的话题。他们还热衷内容社交，百度贴吧、知乎、小红书等内容社交类应用偏好皆高于全量人群。此外，大学生对游戏、直播、音乐、漫画等泛娱乐内容也表现出明显偏好，并乐意为兴趣"氪金"。大学生圈层也是受宅文化、懒人经济影响最大的一代人。尽管各大高校都配有食堂，但外卖依然是部分大学生的心头好。

大学生消费潜力大，在线消费能力也高于普通网民，他们在各大电商平台占据着越来越重要的位置。在消费偏好上，大学生多为新潮产品的尝试者。从男女对比分析来看，女生虽然热爱"买买买"，整体消费水平却是男生更高。女生倾向多种购物平台结合，手机淘宝、考拉海购、唯品会、小红书等电商应用的活跃度都高于男生，而京东则更受男生欢迎。由于没有收入来源，资金有限，大学生更关注低价营销宣传，被各大平台的"拼团"

"秒杀"吸引。同时,大学生爱用二手交易平台,一是受校园"跳蚤市场"文化影响,消费习惯自然从线下过渡到线上;二是能很好地通过二手平台寻找到价廉物美的商品改善生活。大学生对金融理财类的关注度有明显提高,他们会使用分期付款或借贷的方式进行超前消费。

### (二)留学生圈层

留学生圈层,是指留居海外学习或研究的学生。近年来中国留学人数呈现快速增长的趋势,截至2020年,海外留学总人数达160万人,其中硕士生是主体,约占留学总人数的四成,主要分布于北美、欧洲、澳洲、亚洲等地,大多数选择了商务管理类、工程类和计算机类等专业进行学习。其中,美国留学生的消费总额最高,实际人均消费也是最高的。留学生热衷购物,常用信用卡结算,在"黑色星期五"、圣诞节等西方传统消费高峰时段的消费力不容小觑。留学生购买汽车作为通勤工具的比例较高,尤其以价廉物美的二手车为主。留学生也爱点外卖,爱去当地的连锁中国餐厅、奶茶店,也会花较多时间利用美食类App自学烹饪。

留学生格外热衷追求时尚,是潮流尖端的引领者,时尚类消费几乎与日常吃住行的开销持平。他们精通潮牌,也是当红美妆的第一批"试验者"和"种草者",愿意为国内朋友代购,成为朋友圈中当之无愧的潮人。留学生每周和家人视频通话,家长则通过各类家长群参与孩子的留学生活。留学生平均每年有136天的假期,他们热爱旅游,最受欢迎的目的地有阿拉斯加、夏威夷、北海道等。留学生归国就业成大势,更多的企业倾向于招聘海归,绝大多数企业认可留学带给就业方面的正向影响。

### (三)新生代家长圈层

新生代家长圈层,是指孩子正处于基础教育阶段的家长群体。我国基础教育主要包括幼儿教育、小学教育、普通中学教育(初中、高中)。在我国全面实施三孩生育政策的背景下,新生代家长对孩子教育的关注度越来越高。除一线城市以外,新生代家长对教育的关注度同样在二三四线城市崛起并呈现均衡分布。新时代家长的育儿观念已逐渐从倾向于老人育儿,转变为倾向听取专业人士的指导和建议,其中"90后"已经成为科学早教的中坚力量。消费水平上,家长们对于孩子教育的支出,随着孩子年龄的增长,呈现上升趋势,尤其是"90后"的新生代父母,更愿意在孩子教育上做更大的经济投入。中国家庭平均教育支出水平在全球排第6名,教育支出占中国家庭总收入比例达到30%,远超教育强国美国的1.6%。亚洲地区的课外辅导风气远高于全球其他地区,其中中国学生参与课外辅导的比例更是达到了98%。

新生代父母的新消费方式已占据风口。移动互联和社交化是新生代父母早期教育知识获取的标签特征,移动互联网让垂直化服务和个性化需求成为可能,成为年轻父母的知识获取途径中上升最快的渠道。新生代父母对育儿知识的求助对象从原有的熟人经验分享趋向线上交流和互动,他们乐于关注并信任育儿达人,其次是求助早教专家和早教老师。在众多早教内容中,新生代父母对心理教育的重视占据首要位置。同时,新生代父母在早期教育方面关注的内容形式更多元化,主要包括早教课程、启智玩具、绘本童书等消费形式。基础教育阶段,在线教育行业内容规模成倍增长,其中最突出的是"少儿编程"和"少儿英语"两大模块。关注少儿编程的新生代家长乐于从游戏中培养孩子的编程思维,而关注少儿英语的新生代家长重在尝试有助于孩子英语启蒙的各种方法，此外，少儿语文、少儿思维训练也在萌芽成长。

### （四）成长教育圈层

成长教育圈层，是指关注职业成长和自身能力提升的职场人群。我国职业教育以"是否颁发学历证书"为标准，分为学历和非学历两类，其中学历职业教育分为中等和高等职业教育，非学历职业教育主要包含职业技能、职业考试和企业培训等类型。成长教育圈层主要关注非学历职业教育，主要诉求点集中在"能力提升""兴趣培养""升职加薪""外语水平""获得专业证书"等方面。该圈层人群主要集中于一二线城市，女性用户占比略高，消费水平以中、高消费者为主。该圈层人群年龄主要集中在20~49岁，其中29岁以下用户更关注职业能力提升和求职招聘平台，而40岁以上用户则更关注职业考证。

自我提升、自我成长是该圈层人群关注的焦点，他们对跳槽、考证、升职加薪的焦虑程度较高，愿意花费时间和金钱提高自己的综合实力以达成目标。移动互联网的发展使他们对内容产品的需求旺盛，各类在线知识平台也借此在移动化、碎片化的背景下帮助用户拓展职业技能、培养兴趣、解决焦虑。成长教育类应用在晚高峰时段持续活跃，从晚间到凌晨都显示出较高的活跃度，可以发现成长教育圈层在工作八小时之外，热衷于自我提升、自我管理，并具有较高的自觉性。该圈层容易养成线上知识付费习惯，市场需求持续旺盛。

## 阶梯学社：职场成长阶梯

我们终身离不开学习，青少年时期学习不同的课程，为自己立足社会打下坚实基础；初入职场，学习职场技能，才能胜任本职工作；管理团队需要学习领导力，激发和赋能成员产生更好的绩效。持续学习，使自己远离舒适圈，主动引领职场与人生的变革，立于不败之地。

当下的职场人，利用碎片化的时间"学习"是人人都会喊的口号，但是冤枉钱花了不少，买了各种平台的"充电"课，提升了什么却一点都想不出。如何在眼花缭乱的"学习"中真正吸收营养，并获得系统的职场规划呢？"阶梯学社"创始人冯媛为我们带来她的经验分享。

冯媛介绍，阶梯学社的导师团队是来自不同行业的资深高管老师，他们都有一个共同的初衷就是可以协助阶梯青年们（学员）绕开职场雷区，快速定位自己，打造属于自己的个性职场品牌，稳步发展。当阶梯学开始专注职场人才发展与学习的方向后，无论是企业中层干部的培养，还是企业管培生项目，从学员里常常看到当年冯媛自己的影子——对职场的迷茫，对人际沟通的困惑，对专业发展的瓶颈等。阶梯学社的导师团队们希望"阶梯学社"可以陪伴职场年轻人清扫迷茫，拓宽视角，夯实职场技能，一路脚踏实地迈上更高的阶梯。

当今时代职场教育已经是一个竞争激烈的市场，但学者的很多痛点仍然没有被解决。比如花45分钟听了非常厉害的理论，课后想运用在自己工作中，却发现无从下手，而这个概念花 5 分钟在百度上也可以搜索到。阶梯学社最大的特色就是教给大家实用的、可落地的"干货",让学员学了就能运用到职场生涯中。"授人以鱼不如授人以渔",阶梯学社传授的是一种方法,而不是一个标准答案。阶梯学社的学员主要有三类人:大四的职前学生,初入职场的小白,以及职场经理级别管理者。阶梯学社的教学内容主要包括"职前学院、职场必修、精英管理、成长选修"四个模块,协助阶梯青年们共同成长。

## 任务三 圈层效应下的数字营销策略

【任务描述】本任务将介绍针对不同圈层的典型营销策略。
【任务分析】了解和掌握对应各圈层的数字营销策略。

### 相关知识

 一、年龄圈层的数字营销策略

#### (一) 基于 KOL 的内容营销

内容营销,是指基于对目标圈层的理解,有针对性地创造与发布内容,来吸引、获得这些受众,并使其产生购买行为,为企业带来盈利的全部过程。内容营销着重挖掘和生产用户真正感兴趣,对用户有价值,并且能产生共鸣的信息,从而让用户主动追随和分享。内容营销通过真实有效的内容为用户提供真正的价值,也因此触及更多的用户,强化品牌形象,产生潜在销售机会,并且在行业中拥有话语权,实现领导者的地位。内容营销包裹着温柔的外衣,它的内容并不像广告那样目的外显,甚至比公关软文更为隐性。好的内容营销润物无声,能在不知不觉中引导客户。内容营销因为提供内容的价值性、友好性和趣味性,有机地将品牌和产品融入内容中,从而减少违和感,在获得品牌传播的同时保持很好的接受度和传播度。

基于 KOL 进行内容营销非常重要,KOL 在各自圈层内拥有较大的话语权和影响力,企业通过影响 KOL 就能影响目标年龄圈层。用户了解相关内容后,可能会产生购买愿望,但需要参考其他使用者的意见。此时企业便可以通过 KOL 的推荐,产生"临门一脚"的作用,促使客户购买。在社交网络上的信息往往需要通过多个 KOL 进行多次放大,企业需要识别出与品牌相关的,最能够贴近目标圈层的 KOL 群体,并持续保持良好的合作关系。企业的 KOL 体系需要来自不同领域的人群组合,比如各年龄圈层的网络红人、行业专家、核心用户、企业高管以及拥有高影响力的内部人士等。此外,在突发事件发生时,还需要临时性的 KOL,因此,数字营销团队需要时刻关注 KOL 的变动。

#### (二) 基于圈层的社群营销

社群营销,是指利用网络社群作为信息交互平台,基于圈层构建品牌社群,聚拢社群成员,开展活动与激励的营销策略。如今,社群营销已成为品牌推广和营销的重要手段之

一。基于圈层的社群，是对品牌价值观或产品功能、价值具有强烈共鸣的一个社交群体。社群不等于社区，社群中人与人之间的交叉节点和网络联系明显高于社区。数字时代，每个企业都应意识到社群的重要性，社群是企业连接用户的最短途径和最经济的方式。社群具有一种圈层标识，往往具备较高的专业度或领域壁垒，体现出较强的排他性。因此，基于圈层的社群营销能更好地促使用户阅读与分享，实现在社群内部的深度扩展。品牌社群的持续发展对企业而言是客户资产建立的重要标志，活跃状态的社群是品牌的资产，是企业可赖以发展、进步的重要推动力。将品牌社群打造成具有社交功能的应用，围绕品牌核心价值，使得现有客户和潜在客户以及企业进行连接。

基于圈层形成的社群，能分享共同的兴趣爱好，共享与品牌吻合的价值观，是进行社群营销的重要基础。社群的运营中，发布的消息要具有真实的客户价值，而非单纯的传播类信息。消息要以满足用户的工作、生活等方面的需求为主，需要为客户提供解决其自身问题的专业信息。但是，仅仅满足客户的专业信息需求也不是社群运营的全部目的，企业仍需要考虑将信息与品牌的专业度结合，并且在适当的时机与产品进行结合。在品牌社群的平台上，相同圈层的社群成员在追求相同的归属感，能产生新的情感依赖，能实现某种社会地位的自我认定。企业需要识别出这样的需求，并组织能够更好满足这些需求的社群活动，这样的社群才有长期发展的根本。需要注意的是，企业不能将社群作为变现的工具，将达成交易作为社群活动的核心。

### （三）病毒式口碑营销

口碑传播，就是口口相传，指人与人之间对某种产品或服务的非正式口头交流。它可以发生在线下也可以发生在线上，可以是正面的也可以是负面的。与广告公关促销等商业目的明显的传播不同，口碑的传播是非商业性的。口碑传播是用户直接与其他用户分享产品品牌和服务的信息和经验从而影响他人的购买态度或导致购买行为。口碑营销是将口碑传播与数字营销活动有机结合，使圈层用户通过线上、线下渠道，分享对品牌、产品或服务的相关讨论，转发多媒体信息内容，触及更多圈层用户，从而树立品牌形象或增加销量。口碑传播最突出的特征就是可信度高，在通常情况下，口碑传播发生在关系较为密切的群体之间，在口碑传播过程之前，他们之间已经建立了一种长期稳定的关系。

病毒式口碑营销是口碑营销的一种特殊形式，是指让营销信息像病毒一样扩散和传播，传向数以万计、数以百万计的用户，它能够像病毒一样深入人脑，快速复制，迅速传播，将信息短时间内传向更多的受众。病毒式口碑营销是通过提供有价值的产品或服务，"让大家告诉大家"，让用户自发地宣传，实现"营销杠杆"的作用。

### 特斯拉：零广告投入的口碑营销

特斯拉 CEO 马斯克是硅谷的名人，他曾经创立了在线内容出版软件 Zip2、全球移动支付工具 PayPal、太空探索技术公司 Space X，所以特斯拉很早就获得了硅谷的关注。2006 年，特斯拉推出了第一辆双座敞篷概念车 Roadster，随后完成 4 000 万美元融资。从电动车计划公布以来，马斯克一直对外宣称，特斯拉不是一家简单的制造、销售汽车公司，而是一家运用各种技术梦想改变出行的科技公司。

特斯拉早期的口碑基础，是将拥有一辆 Roadster 包装成一件与众不同的事情，硅谷精英、社会名流、风险投资人都以订到一辆 Roadster 为荣，但由于性能问题和量产的难题，Roadster 数量十分稀少，间接形成了饥饿效应。拥有一辆 Roadster 逐渐成为身份的象征，精英们在各种场合晒出 Roadster，他们身边的人因此也对 Roadster 和特斯拉的其他产品产生浓厚兴趣，并乐意成为特斯拉的车主。由此，特斯拉通过产品创新和品牌理念，满足了美国最具话语权的精英阶层的喜好，形成了口碑效应。马斯克在访谈中提到，他们的客户正在主动把汽车推销给别人，随着更多人在马路上看到他们的车参与试驾或者与另一位车主交谈，更多的购车需求就会被创造出来，尽管没有任何促销活动、广告预算、付费代言等，购车需求还是大大超过了供给。2018 年，马斯克 Space X 发射了"重型猎鹰"运载火箭，同火箭一起升空是一辆红色 Roadster 跑车，特斯拉由此引爆全球口碑话题。此外，特斯拉通过车主引荐奖励计划，鼓励特斯拉车主分享使用乐趣与体验，当车主的亲友通过推荐链接下单，双方都可以获得相应的引荐奖励，主要包括免费超级充电额度、Model Y 抽奖机会、Roadster 抽奖机会等。也就是说，特斯拉不仅将自己的产品包装成奖品，奖励给用户，不仅让用户获益，加快口碑传播速度，而且进一步加深用户对品牌的认同，获得了更多的品牌展示机会，通过快速裂变，产品的需求量不断提升，用户不得不采用排队订购的方式，保持饥饿效应，更有利于特斯拉的口碑传播。

##  二、空间圈层的数字营销策略

### （一）App 移动营销

移动营销，是指在成熟的云端服务器基础上，通过移动终端（手机、平板电脑或其他移动式可穿戴设备）获取用户信息，再通过移动终端向目标群体定向传递即时信息，通过精准的个性化信息实现与用户的互动，最终达成营销目标。移动营销最早被称为"手机营销"或"无线营销"，是在一对一的基础上实现精准营销的一种方式。数字化移动营销结合并扩张了网络营销和数据库营销，手机已经成为用户量最大的移动终端，是数字营销的最终触点。目前，移动营销就是指广告的精准推送以及购物引流，在未来随着新技术的出现可以实现更多跨界合作的移动营销。

App 营销是移动营销最核心的一部分，通过网络社群、智能手机、SNS 等平台运行的 App 来进行市场营销活动。App 为企业与用户之间搭建起突破时间、空间限制的连接，App 营销使这种连接转化为消费，为移动营销提供了新的路径。如今用户手机上的 App 越来越多，用户在面对自己手机上密密麻麻的 App 的时候多少有些无所适从，所以现在一些企业已经注意到这个问题，将许多不同功能的 App 合并为一个集成类应用，比如支付宝、微信、美团等。App 移动营销将品牌沟通移动化，销售服务移动化，客户管理移动化，产品的移动化拓展，能为数字营销提供更多的实际应用价值。

### （二）基于位置的 LBS 营销

基于位置的服务（location based service，LBS），是指利用移动运营商的无线电通信网络技术或其他定位技术来获取用户当前所在的位置，通过移动互联网向移动端用户提供信息资源和基础服务的一种增值业务。LBS 营销就是指利用 LBS 技术，向目标受众群体推送精准营销信息的活动。LBS 服务的技术要求通常由应用程序、移动终端、定位系统、通信网络和服务器五部分组成。用户通过移动终端向服务器发送包含位置的信息，定位系统实时获取移动终端的位置、时间、ID 等信息，移动通信网络传输查询结果，最终由服务器响应用户查询，并返回定制的服务信息。

基于位置的 LBS 服务是精准营销的基础，LBS 提供的位置信息可以为营销准确选择目标受众群体，并实现经济转化，LBS 依托的移动互联网环境能够实现随时互动，使得精准营销过程可控。LBS 营销离不开地图应用的支持，手机地图为用户提供了大量生活服务信息，比如附近的美食、银行、商铺、休闲娱乐等信息的查询。百度地图、高德地图等应用利用路况分析、云计算等技术，将大量服务信息主动推送给导航和定位过程中的用户。LBS 营销依托线上线下结合的 O2O 模式，与传统餐饮行业或社区店结合，一方面帮助用户通过应用找到商家，另一方面通过 LBS 定位服务，向附近区域的用户推送促销信息，实现线上销售、线下送货。LBS 营销与传统广告结合，生成基于位置信息的精准广告推送。LBS 广告主要包括位置感知广告、地理围栏广告和位置图谱广告，分别根据用户的实时位置、预先划定的地理围栏以及更精准分类的位置图谱向用户推送广告信息。

### 支付宝的"LBS+AR+红包"

发红包已经成为大家生活乐趣的一部分，支付宝发布"AR 实景红包"，准确抓住用户的痛点，一经推出就迅速引爆了朋友圈。领红包有两个条件：一是走到藏红包的 500 米范围内；二是找到线索图中的物体，打开支付宝扫一扫。AR 实景红包基于"LBS+AR+红包"的方式，用户在发、抢红包时，都需要满足地理位置和 AR 实景扫描两个条件。

对 C 端用户来说，按照地图和地理位置的提示，寻找、领取红包，大大增加了用户线下沟通的机会，增强线下用户体验，引发 LBS 应用潮流。对 B 端用户而言，有了 LBS 也有了红包互动，线下的商家再也不用担心引流的问题。AI 红包的推出既可以吸引消费者到店，又可以通过强化推广单品和爆款，来大幅提高营销的精准性，还可以收集消费者的消费习惯、地点、品类、频次等数据，实现线上线下的真正融合。

### （三）O2O 多渠道营销

O2O（Online to Offline）多渠道营销，如图 3-2 所示，是指整合线上线下多种渠道接近客户群体，创造无缝持续的客户体验的营销活动。这就要求打破渠道壁垒，统一目标和战略，保证线上线下各类渠道都能促进客户做出购买的承诺。多渠道营销能扩大市场覆盖率，不仅让更多的顾客在更多的地方买到产品，而且能使顾客获取更多的价格信息，从而获得更优惠的价格。数字时代，用户了解产品的方法是多种多样的，

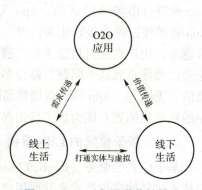

**图 3-2 O2O 多渠道营销模式**

用户路径不总是直线型的,有时甚至可能是螺旋上升的。随着用户移动性和互联性的增强,时间已经成了用户生活中最宝贵的资源,他们在选择产品时往往希望获取方便、交易便捷,期待品牌能够突破时间与空间的限制,即刻满足他们的需求。与此同时,快递的速度往往和产品服务本身一样重要。

O2O多渠道营销要求数字营销人员精准识别关键的用户触点和渠道,把资源集中在用户最需要的触点和渠道上,创造无缝的客户体验。此过程可以参考"5A模型",即了解(Aware)→吸引(Appeal)→问询(Ask)→行动(Act)→拥护(Advocate)。举例来说,想买车的用户可能在网上看到广告,点击广告,访问网站,在网站上了解更多的信息后线下试驾,并决定购买,这就是最简单的从线上到线下的O2O营销过程。触点和渠道越多,品牌的市场占有率就越高。O2O多渠道营销结合线上世界的即时性和线下世界的亲密性,突破时间、空间的限制,关注关键的触点和渠道,支持多渠道营销战略的实施。

### "京东X达达"——京东到家

京东到家是京东与达达集团在"LBS+社区O2O"服务领域的一次新尝试,致力于打造全国领先的本地即时零售平台。京东到家向附近3公里以内的用户提供超市便利、生鲜果蔬、医药健康、手机数码、鲜花、蛋糕、服饰、家居、个护美妆等海量商品,依托达达快送的即时配送网络,实现1小时配送到家的极致服务体验。

2021年春节,最大的不同是不少人选择就地过年。京东到家数据研究院数据显示,自小年夜至大年初六,京东到家异地订单销售额同比去年翻倍增长,"1键下单1小时达"助力亲情传递。礼盒千里送温情,云上拜年成为今年春节新风尚。京东到家平台的礼盒销售额也达到去年的2.9倍,旺旺大礼包、伊利中老年奶粉礼盒、同福八宝粥桂圆莲子礼盒卖得最好。小众酒类和养生滋补品双双飙升也是贯穿这个春节的消费趋势,"左手气泡酒、右手阿胶糕",朋克养生也成为今年春节很多消费者的选择。京东到家"春节不打烊"活动,在春节期间保障销售和配送,让年货订单也能1小时达,使之成为时下最受欢迎的O2O应用之一。

##  三、职场圈层的数字营销策略

### (一)电商直播营销

电商直播营销,是指运用直播平台对产品或服务进行直播展示的一种营销行为。电商直播既包括主播利用直播推销产品或服务,也包括在娱乐型社交平台上,主播通过直播向其他电商平台的引流。所以,直播平台包括传统电商平台的直播区域,也包括其他娱乐型社交直播的平台。直播营销具有实时互动性、感官体验极佳、低成本传播的优势,通过直播平台进行营销传播能获得非常好的营销效果。

电商直播的黄金时段是从晚高峰到凌晨,恰好与职场圈层群体的高活跃度时段吻合。

职场圈层人群工作繁忙，偏好利用碎片化的休息时间做购买决策，也经常在闲暇时段不带目的地观看直播。电商直播营销通过精准的市场调研，确定明确的受众群体，符合职场圈层高效率的购买路径。直播时主播与粉丝的交流沟通决定了直播的效果，一般情况下直播间粉丝会有一个特定的昵称，形成一个特定的粉丝群体。在下播后，及时进行直播复盘，分析数据，倾听抱怨，跟进二次服务，提升粉丝活跃度和留存率。

### 《乘风破浪的姐姐》带货：624万人围观，5小时卖372万

2020年夏天，最热的IP莫过于《乘风破浪的姐姐》。自6月12日开播以来，这档节目迅速出圈，围绕它的各类话题不断发酵。以"女性"为中心视角，芒果TV先后围绕女性的恋爱、结婚、生子、婆媳关系等方面打造了不同综艺节目。此次推出的"姐姐"，暗含着击碎中年女性刻板印象的社会痛点，顺利成为年度爆款。

当年度爆款的"姐姐"与风口"直播电商"相遇，会产生什么样的火花？端午假期期间，在《乘风破浪的姐姐》播出第一轮淘汰赛的第二天，三位姐姐和姐姐们的"守护者"黄晓明就登上了抖音直播间，吆喝带货。

直播带货，这不仅是芒果超媒之前就规划的一大业务，也是抖音这两年的发力重点，再加上处于流量中心的姐姐们的参与，这场直播带货首秀让业界寄予很大的期望。

在姐姐们开播前，芒果TV在抖音上开设了账号"芒果TV好物"，在直播带货数日前就开始发布姐姐们的短视频。抖音也加码投入资源，对这场直播进行预热。

6月26日晚间，吴昕、丁当、海陆三位姐姐和该节目的成团见证人黄晓明出现在"芒果TV好物"直播间，在抖音近四个小时直播带货。四个小时后，明星们离场，作为职业电商主播的主持人还继续进行了一个小时的直播。

五个多小时的直播热度非常可观，直播间里玩了很多网上关于这档节目的梗。比如黄晓明说自己"小心翼翼地伺候各位姐姐"，被网友们笑称"求生欲很强的一碗水端平"，在直播中几个姐姐顺势向黄晓明送出"端水大师"的锦旗，娱乐效果良好。第三方平台飞瓜数据显示，这场直播的观看人数达624.6万，人数峰值为10.1万，新增粉丝数16.3万。

早在2019年，芒果TV就推出了"大芒计划"，探索综艺IP带货、"明星+KOL"真人秀带货、直播盛典带货等场景模式。芒果超媒总经理蔡怀军在公司年度股东会上表示，今年公司将在电商板块做业务调整，结合公司优势和芒果TV的IP以及湖南广电的生态，做一个独特的平台。

就像去年众多影片都选择尝试与知名主播合作"卖电影票"一样，未来综艺节目与直播带货相结合，将不失为综艺宣发的一种新模式，直播带货也将成为综艺节目的重点题材。

### （二）短视频营销

短视频营销，是指在互联网新媒体上传播5分钟以内的视频进行营销推广的活动。短视频以短、平、快的大流量传播方式，快速获得各大主流平台的青睐，各类社交软件和直播软件都已加入短视频功能。短视频内容题材更加丰富，用户的留存性更强，能够为用户提供更多更直观的感受，带来更好的用户体验。数据显示，引流短视频能够为自媒体吸引更多的流量与人气，有一定福利介绍的短视频引流效果更好。

短视频营销的内容主要包括品牌营销、产品营销、推广销售渠道和网红达人等。短视频的拍摄和制作要有一定的亮点和吸引力，要么风趣幽默，要么别致新颖，在短短的几分钟内，能吸引职场圈层用户的眼球。品牌营销短视频，是指通过展现企业文化、产品、形象等综合信息，来提升品牌在用户心中的价值认可。产品营销短视频，就是通过有针对性地展现产品的优点、特点，提升产品吸引力，从而促进客户购买欲望。推广销售渠道短视频，是指通过展现商家独有的，或具有某方面优势的供货和销售渠道，来提升客户信任感和购买意愿。推广网红达人短视频，就是指通过展示网红的个人魅力或者独门绝技来提升大众好感度，从而提高该网红的影响力。职场圈层用户生活节奏快，工作压力大，利用短短几分钟时间观看短视频，得到放松的同时也容易被内容吸引，实现进一步的引流转化。

### （三）电子邮件营销

电子邮件营销，是历史最悠久的数字营销方法之一，是指通过电子邮件向潜在用户群体或现有用户群体发送有关业务信息、广告推广以及促销活动的营销手段。电子邮件营销与传统的直邮方式相比，具有更紧密的在线关系、更低的成本、更方便快捷、易于跟踪评价和高反馈率等优点。职场圈层用户习惯使用电子邮件收发信件获取信息，是很好的电子邮件营销目标群体。传统观念中的群发邮件、垃圾邮件不是电子邮件营销，真正的电子邮件营销精准度高、覆盖范围广、性价比高且适用性强。

电子邮件营销要为用户创造价值，邮件内容应该是与品牌或产品相关、及时并且有用的，价值可以体现为折扣、限时促销、新闻提醒、会员资格、免费样品等形式。电子邮件发送频率太高或者形式不友好都会适得其反，引起用户的反感，甚至取消订阅。所以，电子邮件营销过程需要不断跟踪测试，比如监控邮件打开率、点击率和退订率等。电子邮件营销能迅速传递信息，有效维护用户关系，提升用户黏度，促成二次销售。

### 零售王者亚马逊的电子邮件营销

亚马逊一直坚持用邮件进行沟通，包括亚马逊平台与商家、个人卖家、买家之间的日常交流，也包括问题的解决和日常产品的推送。亚马逊根据客户的多方细节比如购买金额、购买频率、购买产品类别等将用户进行细分，在给不同分类的用户推送邮件时都是通过精细化处理区别对待。一年多次购买的用户与一年在亚马逊购买一次的用户是不一样的，通过分析用户在网页上点击的页面、停留时间、加入心愿单、阅读商品详情、加入购物车但不购买等情况，综合评估用户分值，推送与客户匹配的内容到用户的邮箱，当用户看到这封邮件时，自己都难以置信地发现这就是自己想要的东西。

## 四、教育圈层的数字营销策略

### （一）服务化直播营销

随着互联网技术的不断进步和普及率的急剧升高，在线直播教育已经渗透到教育行业的每个细分板块，从语言类拓展到学科辅导类和素质类，从低复杂度向高复杂度扩散，从知识性向操作性扩散。服务化直播营销的核心竞争力在于通过在线直播课程服务，不断提高用户的学习体验和学习效果，优化内容的研发。通过服务化直播营销，可以从传统的一对一教学模式转向一对多、小班课、双师创新等模式，大大节省人力成本。

课外辅导方面，学生课后参与直播课程的学习，巩固并扩充学业知识，课后作业也能够通过直播平台得到详细解答。教师随时在线，能立刻满足学生的任何教学需求，不受制于原先固定的教学框架，增强互动性，从而提高学习体验和学习效果。语言学习方面，教学直播间可以突破地理位置、课堂背景的限制，引入处于国外的教学团队，将外国文化、当地生活等硬核内容融入教学内容。学生可以通过直播平台个性化组合课程，在课程学习之外了解外国文化，获取学校特色等信息。

#### 猿辅导：科学系统的直播辅导课

猿辅导创立于 2015 年，是从猿题库和小猿搜题两款产品中孵化出来的一个 K12 在线直播辅导品牌，凭借猿题库的数据积累和小猿搜题的流量积累，猿辅导得以降低获客成本，提高数据化教研和推荐的能力，目前已打通商业模式，2017 年获得华平、腾讯等机构的 E 轮投资。由于前期研发成本较高，目前仍处于亏损状态。猿辅导有三种直播课程设置：系统班、专题课和一对一，其中一对一为 C2C 模式，系统班和专题课则为 B2C 模式。

### （二）移动化场景营销

移动化场景营销，在于利用移动端小程序等平台，基于技术深挖场景，将传统线下学习场景转移到线上，或者将线上学习场景转移到线下实体教学场所。移动化场景营销将教学管理全流程进一步细化，分解为教学场景、作业场景、测评场景、管理场景等各个环节，通过移动在线服务提高互动性和社交性。

教学场景下，利用微课程、直播课程或双师课程进行个性化学习。作业场景下，利用小程序搜题、收发作业、每日打卡等工具，辅助用户学习，督促其形成良好的学习习惯。测评场景下，利用快速有趣的碎片化小测试，引导学员群 PK，形成一种社群化教学微生态，且传播性较高。管理场景下，赋能家长群，通过移动化客服答疑咨询，将个性化学情报告推送给家长，最终形成教学微生态闭环，激活购买。

## 巨头的战略储备——学而思网校

学而思网校创立于 2008 年，是好未来旗下发展历史最久的 K12 在线教育品牌，创立以来经历了录播—直播—科技至少三次产品升级。学而思网校在 2010 年凭借高质量录播课程迅速打开市场，2011 财年营收近 200 万美元，2012 财年暴增至 568 万美元，不过由于研发投入较大，前几年一直处于亏损状态。2013 至 2014 财年，录播课的弊端开始显现，学而思网校进入中低速增长期。2015 年在小学和初中推出"直播+辅导老师"模式，由此开始新一轮业绩增长。2017 年推出个性化学习任务系统（IMS），同时首次将人脸识别、语音识别、触感互动等技术引入在线课堂，当年营收同比增速达 97.8%。2018 财年第四季度学而思网校更是增长迅猛，收入同比增长 158.6%，占好未来该季度总收入的 8%，而 2017 年年同期为 5%。发展在线业务并赢得更多市场份额是好未来今后几年的一大战略重点。

### （三）碎片化内容营销

碎片化内容营销，在于抓住潜在消费者的碎片化时间，将短小精悍且充满"干货"的教学短视频投放各大平台，吸引目标圈层用户。碎片化的教学视频，能有效降低用户的参与门槛，通过简单高效的方式吸引用户注意力，激发求知欲，特别适合成长教育类职场圈层。此外，通过建立品牌 IP 形象或讲师个人 IP，引发话题讨论，及时解答用户疑问，通过讲师与用户之间的互动，以及用户和用户之间的互动，提高话题热度。最终，利用优惠券、限时秒杀等营销工具促成转化。

## 刷爆朋友圈的新世相

文艺界大号"新世相"在微博发起#4 小时后逃离北上广#活动刷屏，随后配合微信公众号推文，引爆话题。该事件已成为 2017 年的一个现象级事件，微信阅读量达到百万，涨粉 10 万，微博话题阅读量超 500 万，在接下来的一段时间内，有上百家企业找到新世相表达合作意愿。

新世相不仅仅是一个文艺青年竞相朝圣的聚集地，从"我们终将改变潮水的方向"到"我们够呛改变潮水的方向"，再到策划的种种传播爆款事件，新世相一直都在抛出一些概念，试图通过内容触及城市人群精神属性的一面。

"逃离北上广"之后，新世相又策划了一系列爆款事件，如"中秋为什么不想回家"、新世相"图书计划"、X 玖少年出道等。新世相的任性是这场消费升级赠予的礼物，从前可能是格格不入的想法，在今天却能击中人们寻求内心成长的需求，满足这个领域还较为空白的商业服务，甚至凭借其独树一帜的强烈风格，成为一定程度上精神自媒体的独角兽。

### （四）自适应智能营销

自适应智能营销，在于利用信息化技术、AI人工智能等科技规模化产品，赋能教学环节。利用自适应学习模式，按照每个学生细微的学习能力和学习习惯的差异，匹配最适合其发展的学习路径，其本质在于因材施教。利用AI技术，在学习和练习过程中收集相关数据，自动识别筛选有效数据，运用算法将知识点按照记忆曲线适时循环出现，不断更新学生的熟练度，分阶段对数据进行分析并借助可视化技术向学生指明缺漏点，最后将分析结果回传，优化路径以贴合学生学习习惯和特征，形成闭环。

从千禧一代到Z世代，学生的需求和面临的挑战已经不同以往，数字化技术对产业的冲击使得学科之间的界限越来越模糊，在这一全球化和网络化的背景下，固定的知识积累已经渐渐失去价值，而如何帮助学生从知识工人到有思考力的创新者，建立重塑知识的学习力，成为教育工作者的新课题。

#### 人工智能在K12领域的应用：乂学教育松鼠AI

乂学教育是一家针对K12学生提供人工智能自适应学习方案和服务的机构，成立于2014年，其核心产品自适应学习引擎"松鼠AI"能通过AI技术，在评估学生画像的基础上给学生推荐合适的学习内容和路径，并在此基础上提供包含"测—学—练—测—（辅）"几个标准化环节的完整课程。乂学教育的业务体系分为To C和To B两大类，To C包括乂学在线和线下直营校，To B则是指授权线下合作校使用乂学品牌和产品。乂学教育旨在运用人工智能技术打造的教学机器人，向学生提供可规模化的个性化教育。2018年乂学进一步扩张线下校区体系，同时扩大乂学在线的覆盖学生数。松鼠AI系统五大功能成就孩子能力提升：

**1. 哪里不会学哪里**

像基因检测一样准确找到孩子的学习漏洞，让孩子只学不会的知识点，节省80%刷题时间，每个知识点学会为止。

**2. 追根溯源，找到知识漏洞**

一个9年级的知识点学不会可能是6、7年级的某些知识点没有掌握而导致的，从源头找准孩子的知识漏洞。

**3. 根据目标放弃**

对孩子来说容易学会的知识点优先学，帮孩子快速建立成就感，战略性放弃对孩子来说难度大、耗费时间长的知识点，在短时间内快速掌握尽可能多的知识点。

**4. 动态规划学习路径**

根据每个孩子学习进度情况的不同，制定个性化学习方案，将时间有效地花在薄弱的知识点上。

**5. 难度实时调控**

让成绩优异的孩子学习具有挑战的内容，成绩一般或者成绩不佳的孩子学习容易听懂并接受的知识点。

任务实施

思政空间

## 《网络直播营销管理办法（试行）》相关条例节选

2021年4月23日，国家互联网信息办公室、公安部、商务部、文化和旅游部、国家税务总局、国家市场监督管理总局、国家广播电视总局等七部门联合发布《网络直播营销管理办法（试行）》，自2021年5月25日起施行。

……

第十七条　直播营销人员或者直播间运营者为自然人的，应当年满十六周岁；十六周岁以上的未成年人申请成为直播营销人员或者直播间运营者的，应当经监护人同意。

第十八条　直播间运营者、直播营销人员从事网络直播营销活动，应当遵守法律法规和国家有关规定，遵循社会公序良俗，真实、准确、全面地发布商品或服务信息，不得有下列行为：

（一）违反《网络信息内容生态治理规定》第六条、第七条规定的；

（二）发布虚假或者引人误解的信息，欺骗、误导用户；

（三）营销假冒伪劣、侵犯知识产权或不符合保障人身、财产安全要求的商品；

（四）虚构或者篡改交易、关注度、浏览量、点赞量等数据流量造假；

（五）知道或应当知道他人存在违法违规或高风险行为，仍为其推广、引流；

（六）骚扰、诋毁、谩骂及恐吓他人，侵害他人合法权益；

（七）传销、诈骗、赌博、贩卖违禁品及管制物品等；

（八）其他违反国家法律法规和有关规定的行为。

第十九条　直播间运营者、直播营销人员发布的直播内容构成商业广告的，应当履行广告发布者、广告经营者或者广告代言人的责任和义务。

第二十条　直播营销人员不得在涉及国家安全、公共安全、影响他人及社会正常生产生活秩序的场所从事网络直播营销活动。

直播间运营者、直播营销人员应当加强直播间管理，在下列重点环节的设置应当符合法律法规和国家有关规定，不得含有违法和不良信息，不得以暗示等方式误导用户：

（一）直播间运营者账号名称、头像、简介；

（二）直播间标题、封面；

（三）直播间布景、道具、商品展示；

（四）直播营销人员着装、形象；

（五）其他易引起用户关注的重点环节。

知识与技能训练题

一、判断题

1. 核心圈层的主要目的是发酵。　　　　　　　　　　　　　　　　　　　（　　）
2. 分析圈层效应的主要目的是进行精准营销。　　　　　　　　　　　　　（　　）

3. 美食爱好者是兴趣类圈层中消费能力较强的人群。（    ）
4. 社群是企业连接用户的最短途径和最经济的方式。（    ）

二、单选题

1. 在圈层管理中，为了激发口碑和参与度，最重要的途径就是（    ）。

  A. 建立社群  B. 直播带货  C. 发送邮件  D. 人工智能

2. 下沉市场圈层，是指（    ）的用户群体。

  A. 一线城市        B. 准一线城市

  C. 二线城市        D. 三线及以下城市

3. 以下不属于新蓝领圈层中的代表群体的是（    ）。

  A. 快递员  B. 外卖骑手  C. 金融理财师  D. 网约车司机

三、论述题

为选定企业设计基于圈层效应的营销策略。

参考答案

# 模块二
# 掌握用户运营的新技术

# 项目四　数字营销中的用户画像

**项目介绍**

本项目将介绍时下数字营销领域中较为前沿的用户画像技术，并结合虚拟仿真实训掌握用户画像的应用。

**知识目标**

了解用户画像的概念；了解传统营销用户分析和数字营销用户分析差异；了解用户画像的技术路径。

**能力目标**

能够掌握用户画像的内涵、目的、场景和流程；能够在具体应用场景下搭建用户画像；能够设计用户画像的通用属性和特征属性。

**素质目标**

培养识别用户属性的客观精神；培养用户数据收集的科学观念；培养用户画像分析的逻辑思维。

# 数字营销用户分析

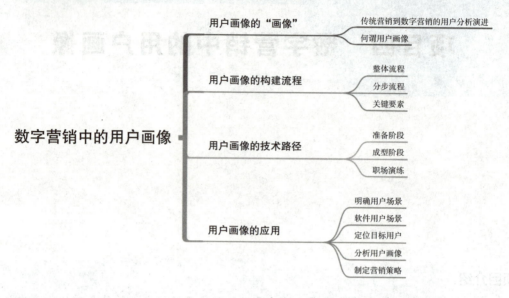

## 2018年中国生鲜电商用户画像

生鲜产品电子商务,简称生鲜电商,指用电子商务的手段在互联网上直接销售生鲜类产品,如新鲜水果、蔬菜、生鲜肉类等。

生鲜电商的发展,经历了四个时期:探索期、市场启动期、高速发展期和应用成熟期。

中国生鲜电商市场发展迅速,平均每年保持50%以上的增长率。2016—2017年市场迎来洗牌期,大量中小型生鲜电商或倒闭或被并购,市场遇冷;但与此同时,阿里巴巴、京东等电商巨头入局,不断加码供应链及物流等基础建设投资,并带来了一系列创新模式,使得生鲜电商市场重拾活力。2017年中国生鲜电商市场交易规模约为1 391.3亿元,同比增长59.7%。

中国生鲜电商市场历经2014—2015年的高速发展,在2016年迎来洗牌期:一方面,一大批中小型生鲜电商企业或倒闭或被并购;另一方面,巨头入局,不断加码冷链物流和生鲜供应链投资,拥有全产业链资源和全渠道资源的企业将愈发具有优势。

未来,我国的生鲜消费市场占比是线下的比重最大,线上次之。虽然生鲜产品在线上的发展速度迅猛,但是其在线上的起步较晚,线上三种消费主力为线上活跃的购物者、新型消费者及资产在中上层的消费者,他们促进了线上生鲜业务的不断扩大。

**画像1:受线下门店和刚需本质影响,用户男女比例相近**

(数据来源:艾媒北极星互联网产品分析系统(bjx.iimedia.cn))

数据显示,在性别比例上,相对于综合电商,生鲜电商的性别比例要更为平均。分析认为,现有部分生鲜电商有线下门店,在线下消费场景中,男性的参与度相对更高;而且生鲜产品作为家庭生活的刚需产品,与服饰、电子产品等不同性别需求差异较明显的产品相比,不同性别对其的需求相差不大。如图4-1所示。

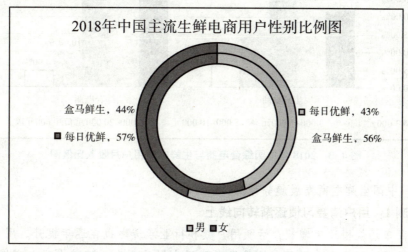

图4-1　2018年中国主流生鲜电商用户性别比例图

**画像2:线上生鲜消费主力军为"80后""90后"**

数据显示,生鲜电商与综合用户都偏向年轻化,生鲜电商35岁以下用户占比达8成。与综合电商相比,生鲜电商24岁以下用户仅占28.4%,相差9.6个百分点。如图4-2所示。

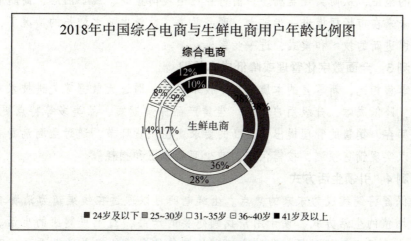

图4-2　2018年中国综合电商与生鲜电商用户年龄比例图

**画像3:生鲜电商集中在中高等收入人群**

数据显示,从用户月收入上来看,相比于综合电商,生鲜电商的用户整体收入较高,收入在5 000元以上的用户接近半数。分析认为,此阶段生鲜电商面向的人群主要是对生活品质要求较高的"新中产"阶层,市场还有很大空间。如图4-3所示。

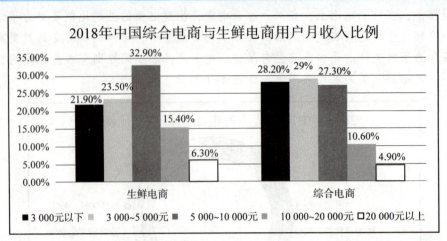

图 4-3　2018 年中国综合电商与生鲜电商用户月收入比例图

【分析】中国生鲜电商发展趋势预测

**趋势预测 1：用户消费习惯逐渐转向线上**

生鲜电商市场规模逐年增长，活跃用户数和行业渗透率也在逐年提升。用户分布从一线城市向外扩展，可见大众正逐渐接受线上购买生鲜的观念。随着生鲜电商模式的成熟，生鲜电商将成为能够满足日常高频刚需的产品。线上购买生鲜势必成为一种趋势。

**趋势预测 2：仓储管理模式进一步完善**

生鲜产品保鲜期短，品类多且杂，损耗率高达 30%，导致生鲜电商盈利难。仓储管理是改善损耗问题的关键，通过仓储管理系统化和数据化，以及创新仓储模式，能够将损耗控制在良性的范围，从而实现盈利。目前行业已出现前置仓、线下门店、商超联合等创新仓储模式，未来在市场规模进一步扩大，商品品类、数量也随之增长的情况下，仓储管理模式也需要引进新的技术和模式，进一步完善。

**趋势预测 3：全面数字化管理或降低成本关键**

与传统零售相比，新零售的本质就在于技术驱动，通过大数据等先进技术对链路、渠道进行管理，降低成本，升级用户体验。生鲜产品保鲜期短、品类多等特点更是对供应、物流链路和库存、销售的管理提出了更高的要求。在供货环节，通过监测消费者的购买行为数据，可以实现销售预测，按需供应，减少商品积压和损耗。

**趋势预测 4：引领生活方式**

健康和保健将继续成为未来的焦点。生鲜电商可以通过在线渠道为消费者提供更多量身定做和增值的生活方式，便于用户找到想要的产品，过上更健康的生活。65% 的消费者表示，在选择商品的时候，包装上清晰的营养信息对他们来说很重要。因此整个行业在帮助消费者实现健康生活方式上将发挥更大的作用。"富含（营养成分）""有利健康""不含（有害成分）"这些产品标签将能够有效吸引对食材和生活方式有更高要求的用户。企业需要密切关注食品发展趋势，以保证他们能满足消费者越来越多样和严苛的需求。

## 任务一 用户画像的"画像"

【任务描述】本任务将主要介绍用户画像的由来、内涵、分类和意义。

【任务分析】掌握营销思维，明确消费者、用户、客户的界定和区分以及数字用户在何种场景应用。

 **一、传统营销到数字营销的思维演进**

### (一) 传统营销思维

传统的营销思维是"定位+4P（产品、价格、渠道、促销）"。

通常的做法就是为产品找准定位，取一个好记独特的名字，设计一条最洗脑广告语和视频，买断当地电视台黄金时间，重复重复再重复地播放。最终达到的效果就是出上句就能对下句。

我们通过一个脑白金案例来分析传统营销思维。

下面是脑白金的经典广告语，你能答上来吗？

"今年过节不收礼，收礼只收＿＿＿＿＿

年轻态，＿＿＿＿＿

孝敬爸妈，＿＿＿＿＿"

【案例要点】依次是"脑白金""健康品""脑白金"。

史玉柱在用户分析过程中，亲自去公园找大爷大妈聊天，找到了"老人应对晚上失眠""儿女过节给老人送礼"的需求，然后给"褪黑素"取了一个"雍容华贵、通俗易懂"且好记的名字——脑白金。于是出现了广告上尬舞的两个老人，唱的是"今年过节不收礼，不收礼呀，不收礼！收礼只收——脑白金"。

### (二) 数字营销思维

数字营销思维是以爆品为核心的迭代思维："爆品+新 4C（场景、社群、内容、人与人连接）+迭代"。

通过小米的案例来分析数字营销思维。

小米在创业之初并没有做手机,而是做安卓第三方的刷机 Room 系统,根据用户分析发现这是极小部分手机发烧友才玩的东西。小米团队先在手机刷机论坛上找到 100 个铁杆粉丝,与这群粉丝深度互动。过程中把 MIUI 做到极致(极致设计、极致体验),从而使米粉从 100 个变成了 1 万个、10 万个以至 100 万个。

(1)极致单品 根据用户分析,通过用户体验提升"格调"、通过价格感动用户,每个阶段小米都将单品做到极致,每一款单品都有让用户尖叫的点,让用户产生口碑传播的意愿。

(2)社群迭代 前期先找到种子用户,培养用户参与感,让种子用户参与到产品的研发过程中,根据社群的反馈进行快速迭代,不断积累产品势能。在粉丝的需求不断被满足和超越过程中,促成口碑传播。

(3)口碑传播 有了(1)、(2)的基础,通过事件营销、网络渠道,持续与粉丝互动,让用户来参与营销过程中。

数字营销的核心其实是靠用户的自发式传播,在营销模式的设计上尽可能发挥个体的传播潜能。

## 二、何谓用户画像

在互联网逐渐步入大数据时代后,不可避免地给企业及消费者行为带来一系列改变与重塑。其中最大的变化莫过于,消费者的一切行为在企业面前似乎都将是"可视化"的。随着大数据技术的深入研究与应用,企业的专注点日益聚焦于怎样利用大数据来为精准营销服务,进而深入挖掘潜在的商业价值。于是,"用户画像"的概念也就应运而生。

### (一)用户画像的概念

用户画像,即用户信息标签化,就是企业通过收集与分析消费者社会属性、生活习惯、消费行为等主要信息的数据之后,完美地抽象出一个用户的商业全貌。这项工作是企业应用大数据技术的基本方式。用户画像为企业提供了足够的信息基础,能够帮助企业快速找到精准用户群体以及用户需求等更为广泛的反馈信息。

用户画像就是用户信息的"标签化"和"数据化"。标签通常是人为规定的高度精练的特征标识,如年龄、性别、地域、兴趣等。这些标签集合就能抽象出一个用户的信息全貌,图 4-4 所示是某个用户的标签集合,每个标签分别描述了该用户的一个维度,各个维度之间相互联系,

图 4-4 用户画像

共同构成对用户的一个整体描述。

通过用户画像，可以描绘出用户的全貌信息，将有共同特征的群体找出来，勾勒出该用户的立体"画像"，更好地进行精准营销。

### （二）用户画像的目的

在互联网、电商领域用户画像常作为精准营销、推荐系统的基础性工作，其作用总体包括以下方面。

#### 1. 了解用户

通过了解用户，可以满足企业对用户认知的渴求，用户画像是真实用户的缩影。

例如：用户是谁？用户喜欢/需要什么？用户在哪个地域？

#### 2. 专注用户

用户画像可以使产品和服务的对象更加精准和聚焦，更加专注用户，在某种程度上避免产品设计人员和营销人员草率地把自己作为用户。

#### 3. 用户统计

根据用户的属性、行为特征对用户进行分类后，统计不同特征下的用户数量、分布情况；分析不同用户画像群体的分布特征。

#### 4. 数据挖掘

以用户画像为基础构建推荐系统、搜索引擎、广告投放系统，提升服务精准度。

#### 5. 服务产品

对产品进行用户画像，对产品进行受众分析，更透彻地理解用户使用产品的心理动机和行为习惯，完善产品运营，提升服务质量。

#### 6. 提高效率

用户画像可以在产品设计流程中，通过用户画像来明确目标用户，可以避免出现分歧，从而设计出更符合用户需求的产品方案。

#### 7. 行业报告 & 用户研究

通过用户画像分析可以了解行业动态，比如人群消费习惯、消费偏好、不同地域品类消费差异。

#### 8. 精准营销

根据历史用户特征，分析产品的潜在用户和用户的潜在需求，针对特定群体，利用短信、邮件等方式进行营销。

根据用户画像的作用可以看出，用户画像的使用场景较多，用户画像可以用来挖掘用户兴趣、偏好、人口统计学特征，主要目的是提升营销精准度、推荐匹配度，终极目的是提升产品服务，提升企业利润。用户画像适合各个产品周期：从新用户的引流到潜在用户的挖掘、从老用户的培养到流失用户的回流等（图4-5）。

总结来说，用户画像必须从实际业务场景出发，解决实际的业务问题，之所以进行用户画像，要么是获取新用户，要么是提升用户体验或者挽回流失用户等，具有明确的业务目标。另外，关于用户画像数据维度的问题，并不是说数据维度越丰富越好，总之，画像维度的设计同样需要紧跟业务实际情况开展。

图 4-5 大数据用户画像

### (三) 用户画像的分类

**1. 用户基本信息画像**

主要是用户基本信息,如年龄、性别、体重、身高、电话号码所在区域、收入水平等。

**2. 用户地理画像**

主要是用户地域方面的信息,如城市迁移情况、居住城市、籍贯、家庭地址、工作地址等。

**3. 用户心理学画像**

主要是反映用户个人偏好方面的信息,如登录终端偏好、商品类目偏好、营销活动偏好、消费心理、价值观、个人兴趣、常用的 App、购买渠道等。

**4. 用户行为画像**

基于数字营销,主要指用户的消费行为、购物行为、浏览轨迹等信息,如页面停留时间、跳失率、收藏、登录活跃度、购买时间、购买频次等。

**5. 用户社交画像**

此类画像基于统计方法(聚类)将同类型用户划为一类,根据不同业务需求,社群群体特征也不尽相同。例如教育程度、职业类型、社交渠道、亲属信息等。

通过用户调研问卷、电话访谈等手段去了解用户,根据他们的目标、行为和观点的差异,将他们区分为不同的类型,然后每种类型中抽取出典型特征,给这些特征赋予名字、照片、一些人口统计学要素、场景等描述,就形成了一个用户画像。

### (四) 如何正确建立用户画像

(1) 用户画像首先是基于业务模型的。业务部门连业务模型都没有想好,数据部门只能巧妇难为无米之炊。理解消费者的决策,考虑业务场景,考虑业务形态,考虑业务部门的需求，一个好的用户画像都离不开它们。

（2）要建立用户画像，需要收集数据，可是收集哪些数据呢？这些需要根据要建立的标签系统来决定，即要了解用户的哪些属性，包括用户的通用属性和特征属性。用户的标签系统就像对商品分类。但是用户的分类也有一些特殊情况，比如人的兴趣分类是有时效性的，也有可能跨越很多不同的兴趣分类等。

（3）不同公司的业务导致了它们的数据类型会有很大的不同。例如说到基本属性，阿里巴巴用户的基本信息是非常精确的，不光有用户填写的资料，从阿里巴巴的大量电商数据中也可以非常精准地推测该用户的基本属性。百度用户的基本信息比较不精确，但是百度的搜索数据在宏观层面有非常多的应用。而阿里巴巴的社交数据就不如腾讯。所以对于不同公司，收集某些特定类型的数据的能力是有一定限制的。收集哪些数据其实是特征工程的一部分。

## （五）用户画像的实施

当为用户画像时，需要实施四个阶段。

### 1. 战略解读

企业选择构建用户画像平台，可以实现不同的战略目的，如提升产品服务质量、精准营销等。根据战略目的的不同，用户画像的构建也有所区别。因此首先需要明确用户画像平台的战略意义、平台建设目标和效果预期，进而有针对性地开展工作。

### 2. 建模体系

对用户画像进行数据建模，结合客户实际的需求，找出相关的数据实体，以数据实体为中心规约数据维度类型和关联关系，形成符合客户实际情况的建模体系。

### 3. 维度分解

以用户、商品、渠道三类数据实体为中心，进行数据维度分解和列举。根据相关性原则，选取和战略目的相关的数据维度，避免产生过多无用数据干扰分析过程。

### 4. 应用流程

针对不同角色人员的需求（如经理、市场、销售、研发等），设计各角色人员在用户画像工具中的使用功能和应用/操作流程。

**课堂讨论**

（1）对于像阿里巴巴这样的电商大户，从网络行为数据、服务行为数据、内容偏好数据和交易数据等方面进行用户画像分析。

（2）对于像新浪微博这样的社会媒体大户，从内容偏好数据、社交数据、内容产出数据等方面进行用户画像分析。

讨论要点：

**阿里巴巴的用户画像**

从以下4个方面分析：

（1）网络行为数据：活跃天数、页面浏览量、访问时长、激活率（大概是浏览转化为点击的比率?）、外部触点（?）、社交数据等。

（2）服务内行为数据：浏览路径、页面停留时长、访问深度、唯一页面浏览次数等。

（3）内容偏好数据：浏览/收藏内容、购物车内容、评论内容、互动内容、生活形态偏好、品牌偏好等。

（4）交易数据：贡献率、客单价、连带率、回头率、流失率等。

**新浪微博的用户画像**

从以下3个方面分析：

（1）内容偏好数据：浏览、点击、点赞、评论、转发、搜索、分组等。

（2）社交数据：关注、被关注、双向关注、发布的内容、"@"的朋友等。

（3）内容产出数据：发布的微博文本、图片、视频、参与的话题等。

## 任务二 用户画像的构建流程

【任务描述】本任务将主要介绍构建用户画像的整体以及分步流程。

【任务分析】了解用户画像的构建流程；制作用户信息标签；行为建模。

### 相关知识

一、整体流程

用户画像是真实用户的虚拟代表，明确目标是首先需要做的，根据目标的行为观点的差异区分为不同类型，迅速组织在一起，然后把新得出的类型提炼出来，形成一个类型的用户画像。

整体流程包括：明确用户画像目标、收集用户信息、行为建模、构建画像。如图4-6所示。

我们对构建用户画像的方法进行总结归纳，画像构建中用到的技术有统计学、机器学习和自然语言处理技术（NLP）等，如图4-7所示。

企业在进行营销时会遇到的问题包括如何进行产品的定位、如何去优化用户的体验、如何进行广告的精准投放，以及衡量我们的用户价值的大小等，这类问题的解决需要结合受众群体的需求特性以及行为组合，去优化自身产品调整策略。然而，用户画像才是解决问题的基础，用户画像能帮助广告主找到对的人。了解广告营销的人都知道，确定目标受众是营销的第一步，如果说传统线下广告还可以根据不同场合大概确定一个人的社会背景，然而，在互联网这个虚拟世界中，隐藏在幕后的用户拥有太多可能性。因此在互联网营销逐渐占据主流的时代，互联网产品或服务的人群画像愈加重要。

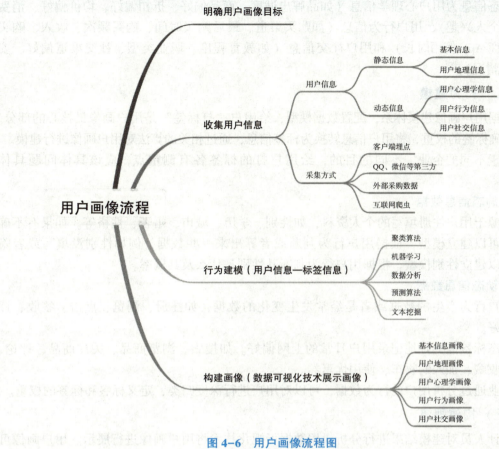

图 4-6 用户画像流程图

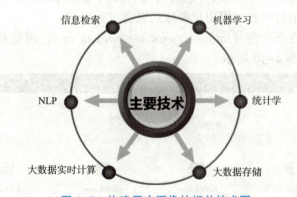

图 4-7 构建用户画像的相关技术图

 二、分步流程

（一）收集用户信息

用户信息整体分为静态信息和动态信息。

静态信息为用户基本信息（如性别、年龄、学历、邮箱等）、用户地理信息（如家庭住址、工作地址、收货地址、邮政编码等）和亲属信息（如婚姻状况、家庭成员、生育状态等）。

动态信息为用户心理学信息（如品牌忠诚度、商品偏好、折扣偏好、均价偏好、消费习惯、个人兴趣）、用户行为信息（如购买渠道、最后购买时间、购买频次、收入、购买力、电商 App 使用时长）和用户社交信息（如教育程度、职业类型、社交渠道偏好、安装 App 情况）。

### （二）行为建模

根据用户画像建模体系，配置数据模型，给用户"打标签"是用户画像最核心的部分。通过明确标签的权重，将用户信息转换为标签信息，通过相关的算法对用户画像进行建模。

对于不同的企业、不同的目的，给用户打的标签各有侧重点，应该具体问题具体看待。

#### 1. 静态信息数据

来源于用户注册填写的个人资料，如性别、学历、城市、婚否、性格等。如果有不确定的，可以建立模型，根据用户行为判断或者算出来一些数据，例如性别没填写或者隐藏，可以建立性别模型，根据用户行为判断其性别是什么及其概率。

#### 2. 动态信息数据

用户行为产生的数据或者是经常发生变化的数据，如注册、浏览、点击、签收、评价、爱好。

动态标签能更好地记录用户日常的上网偏好。如搜索、浏览商品、关注商品、评论、点赞、收藏、加入购物车、使用优惠券。

企业通过分析用户的行为数据，可以对用户进行深度归类，定义标签和标签的权重。

### （三）构建画像

设计人员对建模结果进行分析，用数据可视化技术将用户画像进行展示。用户画像可以使用一般图表进行展示（如饼图、柱形图、圆环图、雷达图、漏斗图、热力图等），也可以利用一个可视化平台或者利用用户画像仪表盘进行展示。

例如我们用神策数据平台（https://www.sensorsdata.cn/）浏览品牌零售行业解决方案 Demo，如图 4-8~图 4-10 所示。

图 4-8　神策数据行业解决方案 Demo——品牌零售

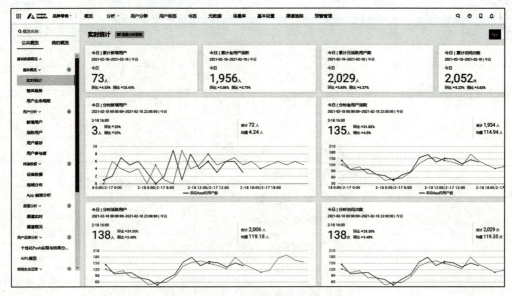

图 4-9　实时统计信息

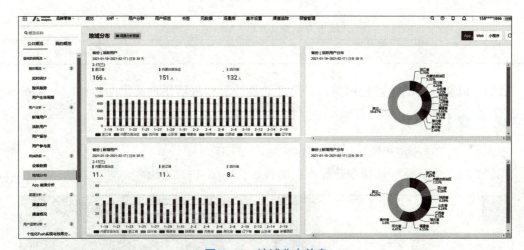

图 4-10　地域分布信息

## 【课堂实训】

某品牌化妆品用户针对用户静态信息和动态信息进行调研，每个项目排名最高的结果如表 4-1 所示。

表 4-1　用户信息统计表

| 项目 | 属性 | 备注（*代表占比较高） |
| --- | --- | --- |
| 性别 | 女性 | ** |
| 年龄 | "80 后"白领 | ** |
| 作息规律 | 0:00—7:00 | |
| 爱好 | 爱好广泛 | ** |

续表

| 项目 | 属性 | 备注（*代表占比较高） |
| --- | --- | --- |
| 爱好 | 瑜伽、慢跑、海淘、做菜 | * |
| 爱好 | 爱打扮 | * |
| 常购化妆品 | 喜欢兰蔻 | * |
| 所属行业 | IT/互联网 | ** |
| 生活 | 居住北京、上海 | |
| | 自有住房还贷中 | |
| | 家有孩子，幼儿期 | |
| | 中国移动 10 年用户 | |
| 行为偏好 | 关注时尚 | ** |
| | 常去星巴克 | |
| | 常看电影，爱看美剧 | |
| | 炒股 | |
| | 关注可穿戴设备 | |
| | 在学车 | |

我们可以将收集的信息利用词云工具（如易词云）展示用户画像。

【实训步骤】

步骤 1：打开易词云网站 www.yciyun.com。

步骤 2：在"模板"选项中选择喜欢的模板，如图 4-11 所示。

图 4-11　易词云模板选项

步骤3：在"数据"选项中将搜集的数据信息根据权重设置数据表格中"文字""大小""颜色""重复""角度"进行设置，如图4-12所示。

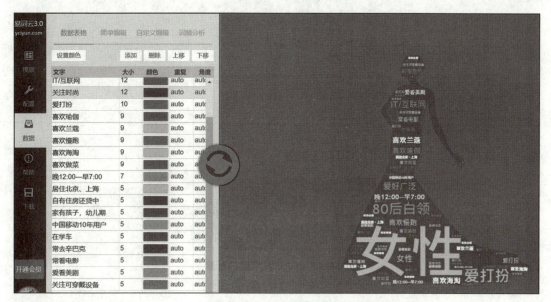

图4-12 易词云数据选项

步骤4：在"配置"选项中可以设置词云属性，例如，背景色为"透明"，如图4-13所示。

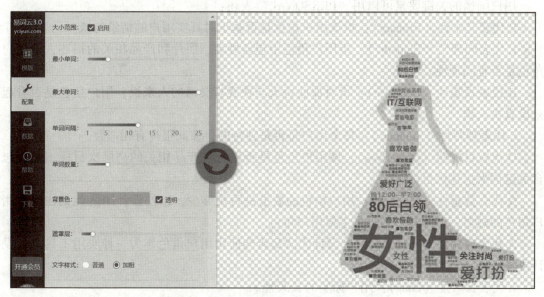

图4-13 易词云配置选项

步骤5：单击"下载"，完成词云展示用户画像，如图4-14所示。

图 4-14 词云展示用户画像

## 三、关键要素

### （一）关键要素简要表述

用户画像的关键要素可以用"PERSONAL"表述：

P 代表基本性（Primary）：指该用户角色是否基于对真实用户的情景访谈。

E 代表同理性（Empathy）：指用户角色中包含姓名、照片和产品相关的描述，该用户角色是否有同理性。

R 代表真实性（Realistic）：指对那些每天与顾客打交道的人来说，用户角色是否看起来像真实人物。

S 代表独特性（Singular）：每个用户是否是独特的，彼此很少有相似性。

O 代表目标性（Objectives）：该用户角色是否包含与产品相关的高层次目标，是否包含关键词来描述该目标。

N 代表数量性（Number）：用户角色的数量是否足够少，以便设计团队能记住每个用户角色的姓名，以及其中的一个主要用户角色。

A 代表应用性（Applicable）：设计团队是否能使用用户角色作为一种实用工具进行设计决策。

L 代表长久性（Long）：用户标签的长久性。

### （二）关键要素详细表述

用户画像有两类关键要素：画像数据和标签体系。

**1. 画像数据**

一般来说，根据具体的业务内容，会有不同的数据、不同的业务目标，也会使用不同的数据。在互联网领域，用户画像数据可以包括以下内容：

（1）通用属性　通用属性包括基础属性、经济属性、文化属性、社群属性、硬件属性、软件属性。为了获取到更精准的目标用户特征，我们对每类属性进行细化，得到通用属性下的二级属性，具体如下：

①基础属性：性别，年龄，文化程度，人种，语种，国家，民族，职业，地域，行业……

②经济属性：经济收入，可支配收入，付费敏感度……

③文化属性：智力水平，所处文化圈，喜好文化，个性化需求……

④社群属性：交友需求，异性交往需求，归属需求，领导需求，合作需求……

⑤硬件属性：拥有设备，网络情况……

⑥软件属性：网络熟悉度，软件熟悉度……

可以将这个属性列表作为 checklist，逐个对照去分析目标用户。值得注意的是，在通用属性分析中，只需分析对设计有影响的属性，若目标用户的某个属性与此时设计的产品无关，则没有必要对此进行分析。

（2）特征属性　除通用属性外，还需要分析用户的特征属性。特征属性是能够对设计产生最多价值的属性，需要加以深入分析、提炼设计启发。特征属性分为 2 类：行为习惯特征属性、人性心理特征属性。

①行为习惯特征属性：指目标用户的一些行为习惯和特点，包括空闲、忙碌、宅家、经常外出、是否爱好运动、喜欢的交通工具、时间观念等整体行为特征。也包括具体动作的行为特征，如在工业设计侧重人机工程方面，更关注研究人具体动作的行为特性，包括坐姿、卧姿、手持方式、手持时间等。

还可以从用户的日常生活习惯中进行提炼，包括口味、饮食习惯、作息规律等。这部分可根据实际产品的用途和作用，对涉及用户的所处环境、行为习惯进行分析。

②人性心理特征属性：目前主流的互联网产品主要基于用户需求而设计。用户需求的背后，是人性在发挥无形的作用。若能充分利用人性的特点，则可以满足产品战略和商业目标，从而获得成功。

想要获取这类属性，可以从思考这个产品可能给用户带来的痛点、快点、期待，或目前环境中遇到的问题等方面而获得。表 4-2 是常见人性心理特征属性的 checklist。

表 4-2　用户画像心理特征属性

| 责任感 | 被认可需求 | 好奇心 | 隐私 |
| --- | --- | --- | --- |
| 自制力 | 分享倾向 | 使命感 | 仇富 |
| 耐心 | 辅导能力 | 攀比心 | 鄙视 |
| 自尊心 | 竞争压力 | 虚荣心 | 迷茫 |
| 自信 | 无私奉献 | 嫉妒 | 神秘 |
| 绝望 | 安全 | 开放度 | …… |

**2. 标签体系**

目前主流的标签体系都是层次化的，如图 4-15 所示。首先标签分为几个大类，每个大类下进行逐层细分。在构建标签时，我们只需要构建最下层的标签，就能够映射到上面两级标签。

上层标签都是抽象的标签集合，一般没有实用意义，只有统计意义。例如我们可以统计有人口属性标签的用户比例，但用户有人口属性标签本身对广告投放没有任何意义。

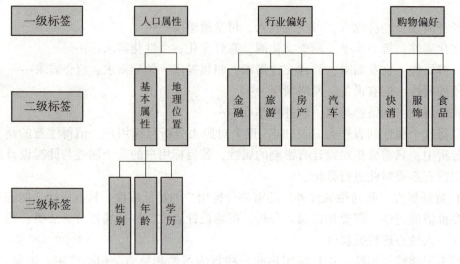

图 4-15 标签体系

用于广告投放和精准营销的一般是底层标签，对于底层标签有两个要求：一个是每个标签只能表示一种含义，避免标签之间的重复和冲突，便于计算机处理；另一个是标签必须有一定的语义，方便相关人员理解每个标签的含义。

此外，标签的粒度也是需要注意的，标签粒度太粗会没有区分度，粒度过细会导致标签体系太过复杂而不具有通用性。

表 4-3 列举了各大类常见底层标签。

表 4-3 常见底层标签

| 标签类别 | 标签内容 |
| --- | --- |
| 人口标签 | 性别、年龄、地域、教育水平、出生日期、职业、星座 |
| 兴趣特征 | 兴趣爱好、使用 App/网站、浏览/收藏内容、互动内容、产品偏好 |
| 社会特征 | 婚姻状况、家庭状况、社交/信息渠道偏好 |
| 消费特征 | 收入状况、购买力、已购商品、购买频次、最后购买时间 |

最后介绍一下各类标签构建的优先级。构建的优先级需要综合考虑业务需求、构建难易程度等，业务需求各有不同，这里介绍的优先级排序方法主要依据构建的难易程度和各类标签的依存关系，优先级如图 4-16 所示。

基于原始数据首先构建的是事实标签，事实标签可以从数据库直接获取（如注册信息），或通过简单的统计得到。这类标签构建难度低、实际含义明确，且部分标签可用作后续标签挖掘的基础特征（如产品购买次数可用来作为用户购物偏好的输入特征数据）。

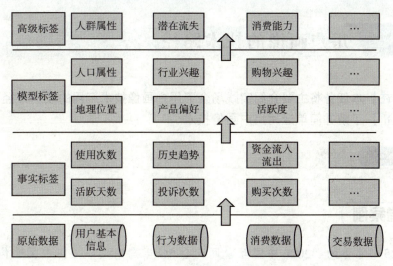

图 4-16 标签体系优先级

事实标签的构造过程，也是对数据加深理解的过程。对数据进行统计的同时，不仅完成了数据的处理与加工，也对数据的分布有了一定的了解，为高级标签的构造做好了准备。

模型标签是标签体系的核心，也是用户画像工作量最大的部分，大多数用户标签的核心都是模型标签。模型标签的构造大多需要用到机器学习和自然语言处理技术。

最后构造的是高级标签，高级标签是基于事实标签和模型标签进行统计建模得出的，它的构造多与实际的业务指标紧密联系。只有完成基础标签的构建，才能够构造高级标签。构建高级标签使用的模型，可以是简单的数据统计，也可以是复杂的机器学习模型。

 **课堂讨论**

抓取电商网站用户的人口属性和行为轨迹，需要搜集用户购物的可能行为。请写出收集用户行为信息有哪些？至少写出 8 个以上。请分析你的同学或者朋友的社交网络行为，制定动态标签，判别用户活跃度和用户分群情况。

讨论要点：

（1）用户活跃度 流失用户、活跃用户、沉默用户、吃瓜群众、意见领袖等。

（2）用户分群 电脑达人、数码潮人、家庭用户、网购达人、有房一族、奶爸奶妈、单身贵族、时尚男女、闪购用户、超级用户等。

（3）用户行为信息 访问首页、注册登录、搜索商品、浏览商品、价格对比、加入购物车、收藏商品、提交订单、支付订单、使用优惠券、查看订单详情、取消订单、商品评价等。

（4）访问行为 搜索、注册、登录、访问时长、浏览路径、页面停留时间、访问深度。

（5）社交行为 邀请/添加/取关好友、加入群、新建群。

（6）信息发布行为 添加、发布、删除、留言、分享、收藏、转发。

## 任务三 用户画像的技术路径

【任务描述】本任务将主要介绍实践场合下用户画像技术运用的技术路径。
【任务分析】了解并简单运用用户画像技术。

在 7 月 25 日举办的"2020 中国互联网大会 5G 生态论坛"上,中国通信学会与腾讯手机充值、腾讯安全战略研究部共同发布了《2020 年 5G 通信发展白皮书》(以下简称《白皮书》),《白皮书》通过对近 3 万名手机用户进行调研,深入了解用户对于 5G 建设及应用的期待。

5G 尝鲜人群:"80 后"占比近三成,男性用户数为女性的 2 倍。

《白皮书》调研发现,目前 5G 的在网用户中,男性用户的数量是女性用户数量近 2 倍;用户年龄层主要集中在 30～39 岁,即"80 后"人群,占比超过 30%,是 5G 尝鲜的主力军。高学历和高收入群体普遍有消费升级的需求,因此成为 5G 使用的主要人群。调研数据显示,近 7 成 5G 用户拥有本科以上学历;且 10% 的 5G 用户月收入超过 12 000 元,高出 4G 用户占比近一倍。

根据调研,在全国所有城市中,深圳的 5G 用户占比位居第一,东莞也跻身 5G 用户所在地域的 Top5 行列。深圳和东莞作为中国高科技产业的聚集地,产业创新与制造基础完备、年轻人聚集效应明显,对于新技术有着强烈的体验意愿。

2019 年 6 月 6 日发放 5G 牌照以来,我国 5G 网络建设进入快速发展期。截至 2020 年 6 月底,我国 5G 基站数量已经超过 40 万个,电信运营商与设备厂商持续加大建设力度,致力于打造优质的 5G 网络体验。从《白皮书》的调研反馈来看,超过 50% 的 5G 用户在网速、视频、游戏等体验方面表示非常满意,评分远超 4G 用户。超半数 5G 用户每月使用流量超过 20 GB。但由于 5G 的套餐资费较 4G 更高,因此也成为用户们的首要痛点。未来两年为升级 5G 窗口期,个人信息安全仍为关注焦点。

### 一、准备阶段

(一)数据的挖掘和收集

**1. 对网站、活动页面进行 SDK 埋点**

预先设定好想要获取的"事件",让程序员在前/后端模块使用 Java/Python/PHP/Ruby 语言开发,撰写代码把"事件"埋到相应的页面上,用于追踪和记录用户的行为,并把实时数据传送到后台数据库或者客户端。

所谓"事件",就是指用户作用于产品、网站页面的一系列行为,由数据收集方(产品经理、运营人员)加以描述,使之成为一个个特定的字段标签。

我们以"电商网站"为例,为了抓取用户的基本属性和行为属性,做 SDK 埋点之前,先预设用户购物时的"客户消费订单表""用户访问信息表""客户购买类目表"等。

例如,把访问首页、注册登录、搜索商品、浏览商品、价格对比、加入购物车、收藏商品、提交订单、支付订单、使用优惠券、查看订单详情、取消订单、商品评价等行为属性用程序语言进行描述,嵌入网页或者商品页的相应位置,形成触点,让用户在点击时直接产生网络行为数据(登录次数、访问时长、激活率、外部触点、社交数据)以及服务内行为数据(浏览路径、页面停留时间、访问深度、唯一页面浏览次数等)。

数据反馈到服务器,被存放于后台或者客户端,就是我们所要获取到的用户基础数据。

### 2. A/B test

A/B test 就是指把两个或者多个不同的产品/活动/奖品等推送给同一个/批人,然后根据用户做出的选择,获取到进一步的信息数据。

为了知道男性用户是哪个年龄层,借助 A/B test,我们利用抽奖活动,在奖品页面进行 SDK 埋点后,分别选了 20~30 岁和 30~40 岁两种不同年龄段使用的礼品,最后用户选择了前者,于是我们能够得知,这是一位年龄在 20~30 岁的男性用户。

## 二、成型阶段

### (一)定性与定量相结合

定性化研究方法就是确定事物的性质,是描述性的;定量化研究方法就是确定对象数量特征、数量关系和数量变化,是可量化的。

定性的方法,表现为对产品、行为、用户个体的性质和特征做出概括,形成对应的产品标签、行为标签、用户标签。

定量的方法,则是在定性的基础上,给每一个标签打上特定的权重,最后通过数学公式计算得出总的标签权重,从而形成完整的用户模型。

所以说,用户画像的数据建模是定性与定量的结合。

### (二)数据建模——给标签加上权重

数据建模就是通过建立数据科学模型的手段解决现实问题的过程。用户画像的建模就是给数据标签加上权重。

由于各类标签有较大差异,构建模型用到的技术差别也很大。

我们以"用户行为"为例,介绍标签权重。

用户行为可以用 4W 表示:Who(谁);When(时间);Where(在哪里);What(做了什么)。具体分析如下:

(1) Who(谁):定义用户,明确我们的研究对象。

主要是用来用户分类,划分用户群体。网络上的用户识别,包括但不限于用户注册的 ID、昵称、手机号、邮箱、身份证、微信微博号等。

（2）When（时间）：这里的时间包含了时间跨度和时间长度两个方面。

"时间跨度"是以天为单位计算的时长，指某行为发生到现在间隔了多长时间；"时间长度"则为了标识用户在某一页面的停留时间长短。越早发生的行为标签权重越小，越近期权重越大，这就是所谓的"时间衰减因子"。

（3）Where（在哪里）：就是指用户发生行为的接触点，里面包含内容+网址。

内容是指用户作用于的对象标签，比如小米手机；网址则指出用户行为发生的具体地点，比如小米官方网站。权重是加在网址标签上的，比如买小米手机，在小米官网买权重计为1，在京东买计为0.8，在淘宝买计为0.7。

（4）What（做了什么）：就是指用户发生了怎样的行为，根据行为的深入程度添加权重。

比如，用户购买了权重计为1，用户收藏计为0.85，用户仅仅是浏览计为0.7。

当上面的单个标签权重确定下来后，就可以利用标签权重公式计算总的用户标签权重：

$$标签权重 = 时间衰减因子 \times 行为权重 \times 网址权重$$

A用户今天在小米官网购买了小米手机；B用户七天前在京东浏览了小米手机。

由此得出单个用户的标签权重，打上"是否忠诚"的标签。

通过这种方式对多个用户进行数据建模，就能够更广地覆盖目标用户群，为用户都打上标签，然后按照标签分类：总权重达到0.9以上的被归为忠实用户，这些用户都购买了该产品……这样一来，企业和商家就能够根据相关信息进行更加精准的营销推广、个性化推荐。

## 三、职场演练

某手机销售网站，公司主要是通过网上商城、App、天猫旗舰店、京东旗舰店等第三方平台销售手机，想调研竞争对手OPPO手机品牌的用户画像，希望通过品牌用户画像更精准地了解用户性别、年龄、学历以及所在城市等信息，了解用户特征，制定更加精准的营销策略和高效的营销方式，采用用户画像等大数据作为营销工具，精确触达营销对象，即将最合适的推广信息送到最需要的人手中。同时也可以对海量的数据进行分析，发现最具潜力消费人群对手机的偏好特征，洞察个性化需求，乃至发现新的需求盲点，甚至为手机厂家提供掌握市场动向的信息，给新产品的设计提供非常客观有效的决策依据。

### （一）数据收集

首先明确用户画像的目的，这也是至关重要的第一步。要了解构建用户画像期望达到什么样的运营或营销效果，从而在标签体系构建时对数据深度、广度及时效性方面作出规划，确保底层设计科学合理。只有建立在客观真实的数据基础上，生成的画像才有效。

在采集数据时，需要考虑多种维度，比如行业属性数据、全用户总体数据、用户属性数据、用户行为数据、用户成长数据等，并通过行业调研、用户访谈、用户信息填写及问卷、平台前台后台数据收集等方式获得。

### （二）行为数据建模

将原始数据转化为特征，是一些转化与结构化的工作。在这个步骤中，需要剔除数据中的异常值（如电商 App 中，用户可能用秒杀的手段以几分钱价格获得一部手机，但用户日常购物货单价都在千元以上）并将数据标准化（如消费者购物所使用的货币包括人民币与美元，需要将货币统一）和判断的标签标准化。

将得到的数据映射到构建的标签中，并将用户的多种特征组合到一起。标签的选择直接影响最终画像的丰富度与准确度，因而数据标签化时需要与 App 自身的功能与特点相结合。

例如电商类 App 需要对价格敏感度相关标签细化，而资讯类则需要尽可能多视角地用标签去描述内容的特征。电商类 App 用户画像标签如图 4-17 所示。

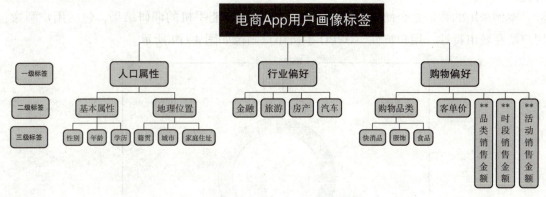

图 4-17 电商类 App 用户画像标签

优先级排序方法主要依据构建的难易程度和各类标签的依存关系，优先级如图 4-18 所示。

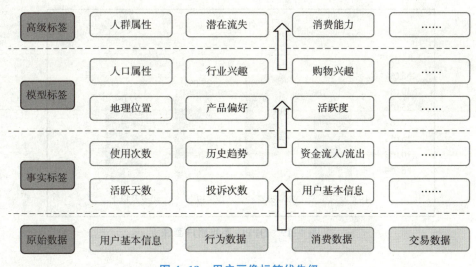

图 4-18 用户画像标签优先级

### （三）生成用户画像

用户画像数据标签维度，针对每一类数据实体，进一步分解可落地的数据维度，形成字段集。标签维度包括：

（1）自然属性特征　性别，年龄，地域，教育水平，出生日期，职业，星座等。

（2）用户兴趣特征　兴趣爱好，使用App/网站，浏览/收藏内容，互动内容，品牌偏好，产品偏好。

（3）用户社会特征　婚姻状况，家庭情况，社交/信息渠道偏好。

（4）用户消费特征　收入状况，购买力水平，已购商品，购买渠道偏好，最后购买时间，购买频次。

数据在模型中运行后，最终生成的画像可以用可视化的形式展现。用户画像并非是一成不变的，因而模型需要具有一定灵活性，可根据用户的动态行为修正并调整画像。

本例采用的数据是企鹅智库在2019年对网民对智能手机的调研结果，包括用户画像、用户所在城市特性、用户特性。OPPO手机用户画像如图4-19所示。

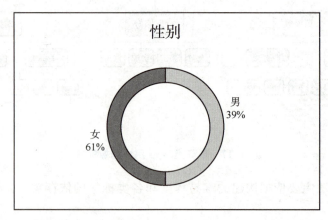

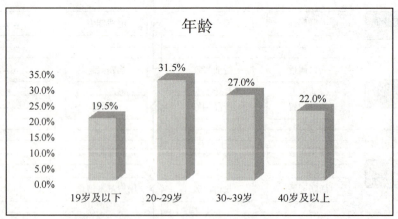

图4-19　OPPO手机用户画像

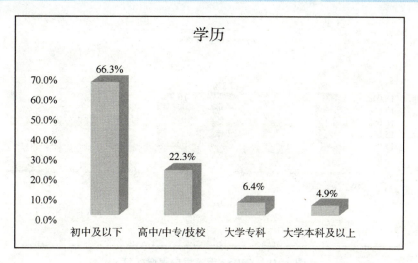

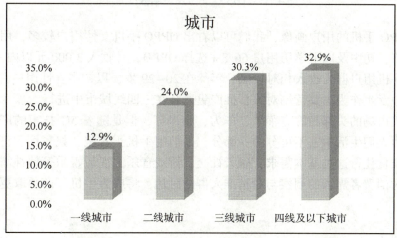

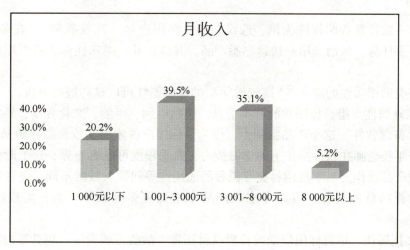

图 4-19　OPPO 手机用户画像（续）

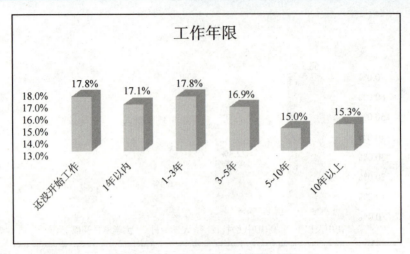

图4-19 OPPO手机用户画像（续）

通过OPPO手机的用户画像，我们可以看出OPPO手机女性用户较多，用户主要分布在三四线城市，初中及以下学历用户66.3%选择OPPO，月收入3 000元以内占比59.7%。整体OPPO手机用户群为收入相对较低，年龄在20~29岁，以初中女性用户占比较多，例如初中和高中女生作为主要营销对象，推广更适合在三四线城市中进行。

中国手机市场的头部品牌有苹果、华为、小米等，但是随着5G技术的广泛应用，手机越来越成为人们生活中密不可分的一部分，人们用手机买衣服、找餐厅、订酒店、打车等，不只是衣食住行这类基本需求，聊天社交、游戏音乐、视频娱乐等精神需求也在逐渐受到关注。对消费者需求的洞察与对精准人群的触达，将成为手机厂商争取更多市场份额的要点之一。

【课堂实训】

以设计一款高教备课软件为例，假设它的目标用户是"高校教师"。在备课软件中，通过加入新手任务，帮助新用户快速熟悉产品，并以任务、趣味性形式吸引用户探索产品功能。

根据各类通用属性的定义，"高校教师"的基础属性可以这样进行分析：

（1）**基础属性** 指目标用户的基本信息，包括性别、年龄、文化程度、地域、行业等属性。在"备课软件"这个产品案例中，作为目标用户群体的高校教师年龄是25~60岁，年轻老师与年长老师在软件操作上的学习能力、熟悉程度可能有差异，这个时候就需要考虑，设计的产品操作要易学易用，交互流程的通用性等问题。教龄不同，备课的效率也有不同，针对教龄低的老师，可以考虑在产品中增加更多的教学工具，实现辅助备课的功能。

（2）**文化属性** 指目标用户受教育程度及正常生活的习惯爱好，包括智力水平、所处文化圈、喜好文化、个性化需求等属性。例如，高校教师的喜好文化偏向端庄、淡雅的视觉元素，这个属性就可以作为设计产品界面风格时的参考。

（3）**经济属性** 指目标用户的经济情况以及消费观念，包括经济收入、可支配收入、付费敏感度等属性。因为目标用户群体（高校教师）与付费客户群体（教育部门与学校）

不一致，可以不用分析目标用户的经济属性。

（4）社群属性　指目标用户在社会关系上的诉求，包括交友需求、异性交往需求、归属需求、领导需求、合作需求等属性。该备课软件主要解决老师的教学问题，对于他们存在的其他需求如"异性交往需求"则可不做分析。

交友/交往需求：指期望在活动中获得交友机会的需求。

归属需求：指人因兴趣、固有特点等因素而对一个特定团体有情感上归属的需求。

领导需求：即有领导别人的需求。

合作需求：即有与其他人进行合作的需求。

教师由于职业特性原因，社交圈较窄，可能在交友、合作方面具有一定需求，可以针对这些需求做一定的设计，比如在产品中加入学术交流、师生交流的论坛或社区。

（5）硬件属性　指目标用户所拥有设备及相关条件，包括拥有设备、网络情况等因素。

考虑到学校的内部网络经常不稳定、一般电脑设备的配置也不太高的情况，产品需要适配什么的设置、断网下的状态反馈，是否需要下载至本地资源或上传至云盘等情况也是考虑的因素。

（6）软件属性　指目标用户对网络及软件的熟悉度，包括网络熟悉度和软件熟悉度。

如备课软件新推出某个功能模块，刚接触这款产品的教师可能不太会用。因此在设计一些复杂的新功能时，必须考虑到用户"快速上手"方面的需求，加入完善的引导提示。

"高校教师"的人性心理特征属性可以这样进行分析：

（1）注重效率　由于用户希望快速上手，不要浪费时间，故新手任务的数量应精简，专注备课过程中高频且重要的功能。

（2）主动性　刚接触产品的用户会有一定的探索产品的主动性，但程度有限，只有对自己有好处的事情才最主动。故可在任务下显示可获得的奖励，并以教师角度出发描述任务内容，更容易调动教师完成任务的主动性、积极性，如把"使用互动工具"任务描述为"让您的授课互动性更强"任务。

（3）畏难心理　很多教师不擅长使用软件产品，在接触新产品时（尤其是此类功能全面的软件产品），不禁会产生畏难心理，很容易放弃使用产品，需要外界的帮助。故我们设计任务时可考虑先易后难的设置，并提供与新手引导相结合的帮助。

（4）追求成就感　人都希望在完成任务过程中获得快感、成就感。可设计丰富的奖励系统：每完成一个任务就可获得对应勋章、经验值等；并加上过程中的反馈：完成任务过程中增加正面的反馈。

（5）攀比心理　教师之间难免比较与竞争，都希望自己能在教师群体中位于前列，唯恐落后于人。可考虑每项任务上显示已有 $x\%$ 的教师已完成，激发教师害怕落后于人、想超越他人的心理，从而主动完成尽可能多的任务；或全部任务完成后，显示"你已经超越了全国 $x\%$ 的教师"，让教师有赢在起跑线上的感觉，也为后续用户留存打下好基础。

（6）损失厌恶心理　人性中都有害怕损失的天性，教师群体也不例外。当教师在完成新手任务过程中半途而废想退出时，可出现类似这样的提示："你还有经验值/每日奖励尚未获取，确定离开吗？"

通过以上的分析，我们就确定了6个可能的用户心理属性，并通过这些属性找到了6个甚至更多的设计启发。

> **课堂讨论**
>
> 通过调研问卷和网上收集手机用户信息,在苹果、华为、小米、vivo 手机中任选一款手机设计用户标签,分析用户性别、年龄、学历、用户所在城市特性、月收入、工作年限等信息,将收集信息结果用 Excel 图表的形式展示手机用户画像。

## 任务四 用户画像的应用

【任务描述】本任务将以案例形势介绍用户画像技术的应用。
【任务分析】简单应用用户画像技术,明确数据建模,构建电商用户画像。

2020 年 12 月,我国网民规模达 9.89 亿,互联网普及率达 70.4%;我国网络购物用户规模达 7.82 亿,占网民整体的 79.1%。

自 2013 年起,我国已连续八年成为全球最大的网络零售市场。截至 2020 年 12 月,我国网上零售额达 11.76 万亿元,较 2019 年增长 10.9%。其中,实物商品网上零售额 9.76 万亿元,占社会消费品零售总额的 24.9%。随着以国内大循环为主体、国内国际双循环的发展格局加快形成,网络零售不断培育消费市场新动能,通过助力消费"质""量"双升级,推动消费"双循环"。

很多电商企业发现,广告投放花费较高,但是投放效果欠佳;营销活动中粗放型地选择营销对象,对目标用户分析和定位不够精准,加重企业营销成本,严重制约了企业发展。企业希望可以深入了解用户信息,全面准确地描述用户的维度和属性,从而可以深入研究用户的特征和行为,更准确地把握用户需求,更好地为用户服务。

电商企业希望能深入了解用户信息,根据用户的需求提供相应的产品和服务,实现更好的流量转化率,基于用户画像的精准营销成了电商企业成功的关键因素。

常见的人物画像卡来描述平台某部分用户的特征,比如:

年龄:28 岁
性别:女
职位:都市白领
婚姻状况:已婚
个性:宅女、喜欢网购、喜欢美好的事物、文艺小资、享受生活
星座:天蝎座
地址:浙江××小区

这是一种典型的用户画像,也是许多企业热衷做用户画像分析的方法,这种人物画像

卡在用户研究方面有很大的帮助，可以帮助产品经理找准产品的方向，但在用户运营层面，如果单纯给用户贴标签做画像，反而有一种无从应用的感觉。

举例几个业务场景：

我是一个电商平台，销售100种品类产品，该给用户精准推荐什么产品？

我要给用户推券，希望提高券的ROI，该给什么样的用户推券？

平台用户流失严重，希望分析哪些用户流失了，怎么挽留？

以上三个业务场景，如果要用到用户画像，你该如何应用？

从业务场景出发，找到精准的用户群，定向分析画像，然后应用到实际运营活动中（图4-20）。

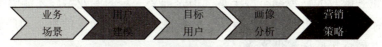

图4-20　用户画像构建、分析、应用流程图

 **一、明确用户场景**

之所以把业务场景放到第一位，是因为业务场景是用户运营的重中之重，很多用户运营经常会走入的一种误区是先有用户画像，再基于画像标签对用户进行分群，再推送定向活动，这种运营思路往往是为了营销而营销，最终解决了什么业务问题反而无从谈起。

用户画像作为大数据的根基，可以帮助电商企业在实施精准营销过程中"以顾客为中心、以服务为中心"，企业只有以顾客需求为中心，以用户画像创建营销活动，与用户建立亲密的客户关系，精准营销，才能生存和发展。

用户画像的核心工作是为用户打标签，打标签的重要目的之一是让人能够理解，可以做分类统计。例如：喜欢线上购物的用户有多少？喜欢购物的人群中，男女比例是多少？

用户画像也可以做数据挖掘工作。例如利用关联规则计算喜欢红酒的人通常喜欢什么运动品牌；利用聚类算法，分析喜欢红酒的人年龄段分布情况等。

比如某个平台把几个标签组合筛出了一部分人群，标签包括性别、年龄、最近的购买时间、客单价等，最终推了一个满减活动。这个营销结束之后只能分析一次活动的成败，而对整体用户运营缺乏实际的业务支撑意义。

明确业务场景的意义在于，有了具体业务场景，才会有具体营销的目标人群，进而再针对人群的画像特征制定更加明确的营销策略。

以第三个业务场景为例，平台用户月滚动流失率为30%，希望能通过定向的用户运营将流失率降低至15%。接下来的任务就是找到哪些用户产生了流失。

有的同学会说这好办，将平台用户三个月未回来购买的用户定义为流失，然后将这些用户分出来，定向推送一张复购券，接下来分析这张券的核销效果，如果核销较好，则用户流失率会降低。这是一种最简单但效果最差的用户运营方式了，相信很多人刚做用户运营的时候都是这么做的。

一方面是缺乏用户模型的支撑，无法更加精准地预测流失，只能根据已流失用户做一些召回活动，但用户真正流失后召回率往往很难达到1%。另一方面缺乏画像的支撑，不了解流失用户群的特征，想当然地推一些大力度活动，反而很难再打动流失用户。

## 二、软件用户建模

### （一）收集用户信息

收集用户信息方法有很多种，其中较为常用的如下：

（1）市场调研机构主导，以问卷调查、访谈的形式收集用户反馈的真实数据，这种收集方式成本高，样本量小，但赢在可解释性高，可靠性强。

（2）通过网站/App 埋点对用户行为进行收集，例如 CDP 客户数据平台，包括企业官网、App、小程序、线下 POS 等数据，这种收集方式特点是初期成本较高但后期转小，收集的数据样本量一般较大，数据类型丰富，但是需要一定的专业手段才能够呈现。

这种方式需要对数据进行清洗、分析，生成统一的用户画像信息，为广告投放、会员运营等业务的开展提供底层数据支撑。

（3）行业数据报告。各行各业的机构都会出具不同类型和种类的行业报告，收费和免费的都行，关键是需要提取你想要的信息。需要注意的是，在提取观点的时候适当考虑下行业报告的中立性。

如行业数据报告、广告投放数据、公开数据等，通过对网络舆论的分析，了解用户的真实产品使用感受、对营销活动的满意度等，并挖掘用户的潜在需求，完善用户画像。

（4）线下场景数据。在线下场景，企业可以借助 Wi-Fi、智能设备、人脸识别等方式收集用户行为数据，目前已在线下门店、4S 店等场景中有应用。另外，终端零售场景中用户扫码了解商品信息，也是采集用户数据的方式。从线上到线下，企业需要尽可能地收集用户数据，补全用户画像，全面洞察用户。

### （二）系统功能架构

用户画像及应用项目包括底层数据采集和存储、画像标签数据建模、数据应用等层级，系统功能架构如图 4-21 所示。

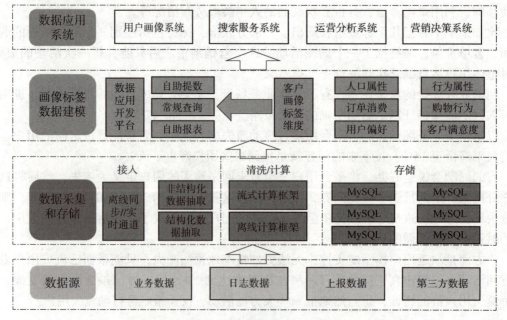

图 4-21 用户画像系统功能架构

## 三、定位目标用户

本项目分别从用户人口属性、订单消费、行为属性、用户偏好、客户满意度5个角度构建用户画像模型。基于MySQL（关系数据库）和大数据采集平台（神策数据 https://www.sensorsdata.cn/）进行采集分析，分别从用户类别、渠道内容、行为特征及业务场景等多个方面进行数据标签配置，包含基础标签与分析类知识标签，实现用户特征全貌刻画，实现模型与应用场景数据共享，实现精细化运营及精准营销。

目标用户标签模型主要分为原始数据统计分析、统计标签建模分析、模型标签及预测标签分析3个部分，具体如图4-22所示。

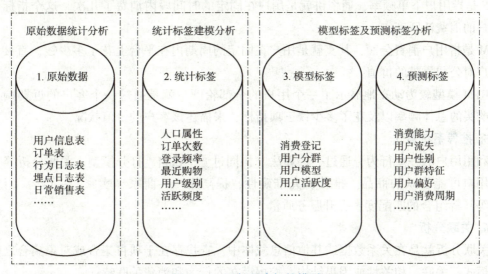

图4-22 目标用户标签模型

## 四、分析用户画像

### （一）用户画像行为建模

用户画像模型是结合用户基本属性分析，对用户的互联网行为特征进行描述，包括用户登录、搜索、关注、消费等各方面数据，对用户行为喜好变化、消费订单等全过程的记录，以标签方式展示每个用户的个性化特征。

用户画像行为建模的核心算法包括聚类分析、分类算法、时间序列分析、RFM模型、推荐系统算法、关联分析、机器学习等。

**1. 聚类分析**

聚类分析将看似无序的对象进行分组、归类，以达到更好地理解研究对象的目的。聚类结果要求组内对象相似性较高，组间对象相似性较低。在用户研究中，很多问题可以借助聚类分析来解决，比如用户活跃度行为聚类、用户消费情况聚类等。

**2. 分类算法**

分类是按照某种标准给用户贴标签，再根据标签来区分归类，分类是事先定义好类别，类别数不变。根据用户群的文化观念、订单消费、行为习惯等的不同细分新的类别，企业根据用户的不同制定品牌推广战略和营销策略，将资源针对目标用户集中使用。

### 3. 时间序列分析

时间序列分析是一种动态的数据统计方法。该方法基于随机过程理论和数理统计学方法，研究随机数据序列所遵从的统计规律，用于解决实际问题。比如用户的周期性行为分析、因子回归分析建模等。

### 4. RFM 模型

R 是指用户的最近一次消费时间，通俗讲就是用户最后一次下单时间距今天有多长时间了，这个指标与用户流失和复购直接相关。

F 是指用户下单频率，通俗讲就是用户在固定的时间段内消费了几次。这个指标反映了用户的消费活跃度。

M 是指用户消费金额，其实就是用户在固定的周期内在平台上花了多少钱，直接反映了用户对公司贡献的价值。

RFM 模型较为动态地显示了一个用户的全部轮廓，就是通过一个客户的近期购买行为、购买的总体频率以及花了多少钱三项指标，来描述该客户的价值状况。

### 5. 推荐系统算法

利用用户的一些行为，通过一些算法（协同过滤、LFM、打分模型、关联分析等）推测出用户可能喜欢的商品。推荐讲究准确性，提高用户—商家（卖家）—内容（订单、知识等）等组合的匹配度，提升服务质量。

### 6. 关联分析

关联分析就是在关系数据或其他信息载体中，查找存在于项目集合或对象集合之间的频繁模式、关联、相关性或因果结构，挖掘潜在的行为和消费关联特征。

### 7. 机器学习

用户画像的底层是机器学习，电商平台要做精准营销，先要将用户数据进行规整处理，转化为相同维度的特征向量，各种算法才有用武之地。好的特征标签的选择可以使用户画像变得更丰富，也能提升机器学习算法的效果（准确度、收敛速度等）。

对于电商平台而言，特征提取可以根据不同维度提取，以生鲜电商天天果园为例，这些标签主要有三个来源：

第一类是在 IT 系统中可以取得的信息，比如用户注册时留下的信息（性别、年龄、手机号码），购买渠道，积分券卡情况等；

第二类是可以通过计算或是统计所获得的，比如用户对某类促销活动的参与程度（价格敏感度），对水果/乳制品/速食/肉禽蛋类商品的偏好程度（消费习惯），是否进行过礼品类产品的购买（相关判断）等；

第三类则是通过推测所得，比如送货地址中的类型是家还是公司，推测用户的身份或偏好。

## （二）构建用户画像

本项目构建的用户画像模型按照数据内容模块分为人口属性、行为属性、订单消费、用户偏好、客户满意度共 5 大类标签。

### 1. 人口属性标签

人口属性标签是用户的基本信息，这些信息往往是用户注册及使用产品时记录的信息，如年龄、性别、注册时间、婚姻状况、身高体重等。通过人口属性刻画，达到对用户初步认知的目的，如图 4-23 所示。

人口属性标签大部分可以从数据仓库中直接获取。

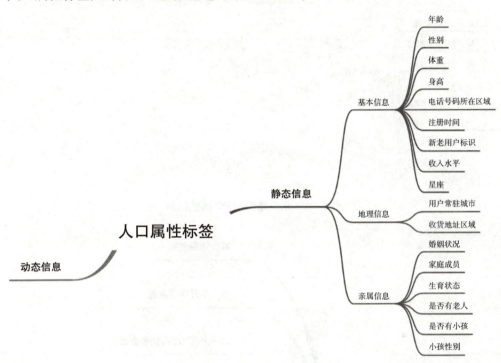

图 4-23　用户画像-人口属性标签

### 2. 行为属性标签

行为属性标签是基于用户使用产品过程中产生的信息，包括登录行为、浏览、收藏、客服询单、加购物车、下单、支付以及平台点击、浏览、关注、搜索、评价等互联网行为数据，通过基础统计分析了解用户的行为周期、习惯偏好、关注内容等。

行为属性标签主要通过各类订单以及前端的埋点数据的基础统计分析获取，详细内容如图 4-24 所示。

### 3. 订单消费标签

订单消费标签是用户基于平台产品使用过程中进行购买或消费打的标签，通过分析各业务订单及消费数据挖掘用户的消费特征，以便为用户提供针对性服务。

订单消费标签主要从业务分类及消费金额等数据角度进行统计汇总，具体内容如图 4-25 所示。

### 4. 用户偏好标签

用户偏好标签是用户基于平台产品使用的一种喜好特征或者习惯，重点分析用户常用渠道、商品类目、用户内容、营销活动、用户渠道等方面。

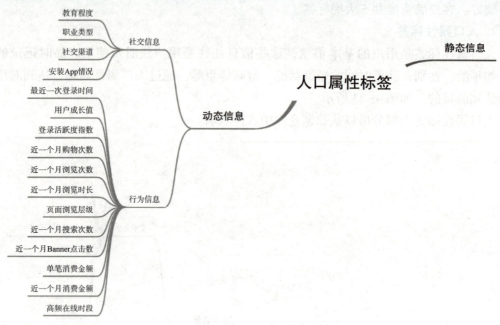

图 4-24 用户画像-行为属性标签

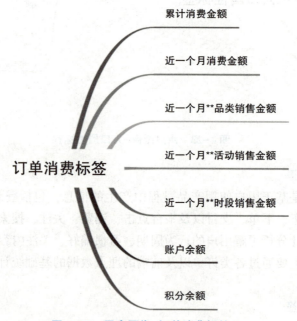

图 4-25 用户画像-订单消费标签

用户偏好标签如图 4-26 所示。

**5. 客户满意度标签**

客户满意度标签是用户在使用产品过程中的情绪体现，主要从用户在使用产品后的反馈情况以及用户的流失风险进行综合评估。

客户满意度标签如图 4-27 所示。

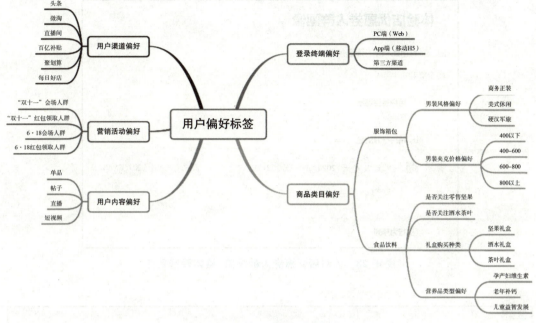

图 4-26 用户画像-用户偏好标签

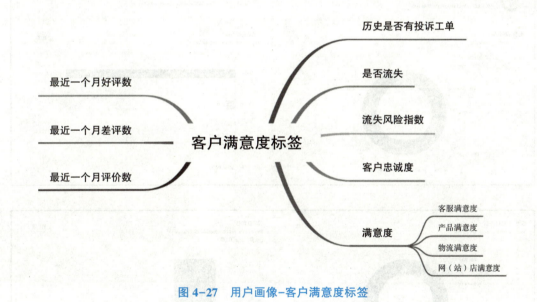

图 4-27 用户画像-客户满意度标签

## （三）用户画像可视化

数字化运营及精准营销的可视化展现，是基于用户画像数据实现千人千面的展现效果，使运营及营销人员有更好的用户认识，带来更好更精准的用户服务质量。

本项目以神策数据（体验店优惠券人群画像）为例，具体筛选条件如图 4-28 所示。用户画像数据展现图如图 4-29 所示。

图 4-28　体验店优惠券人群画像-具体筛选条件

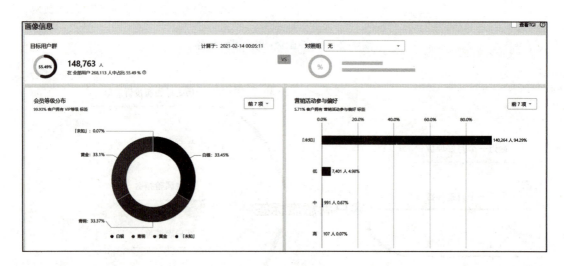

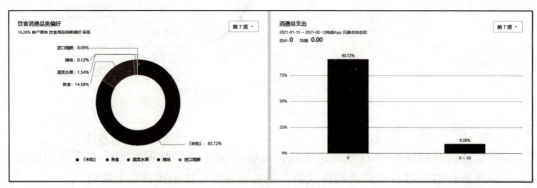

图 4-29　用户画像数据展现图

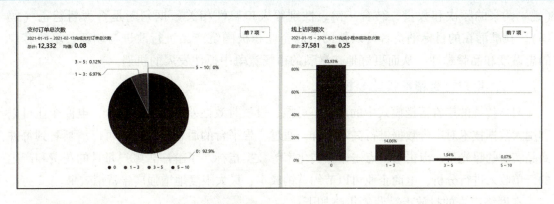

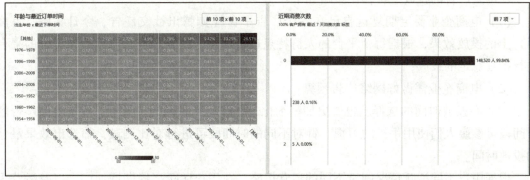

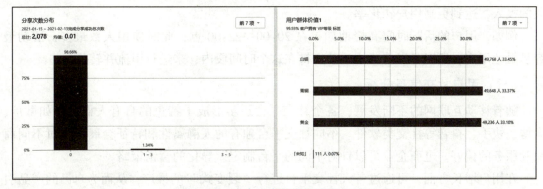

图 4-29　用户画像数据展现图（续）

## 五、制定营销策略

### （一）用户行为的转化分析

通过对事件以及用户的转化分析，从浏览到购买的行为转化是一个提高的重点。针对这一环节的营销策略有：

（1）提高平台的搜索和筛选精确度，对搜索和筛选的结果排序进行优化；

（2）可以给客户提供同类产品比较的功能，增加点击到后续行为的转化；

（3）优化收藏到购买的操作过程，以提高收藏到购买的转化率。

例如，一个用户最近一个月开始购买母婴类产品，如尿布、奶粉等，那么可以根据他

（她）购买的频次和数量，结合年龄、性别等人口属性相关数据判断是否为新爸爸（妈妈）。找准潜在的目标消费者可以帮助电商企业积极围绕产品进行改进与创新，培养客户的忠诚度和品牌黏性，从而更好地在激烈的市场竞争中抓住发展的机遇。

### （二）用户行为精准投放分析

对比传统的广告营销模式中的成本不可控、投放时效性差等劣势，如今，电商企业可以利用大数据技术对广告数据进行高效整合，通过广告平台的后台数据报表可以清晰看到每件商品实时的曝光量、点击量、点击率、转化率等数据指标。了解广告账户每日的花费和产生的订单收入进行分析，电商企业可以节约营销成本，最大限度地增强广告营销效果。

在网络广告的投放上，营销策略如下：

（1）电商企业要定期复盘自己在各个广告平台（如腾讯社交广告、今日头条、百度等）上的投放效果，根据每个平台的人群特点进行优化，找到和自己产品最为契合的平台进行持续稳定的投放；

（2）电商企业需做好网络广告预算；

（3）在投放时间的选择上也要更加精细化，在移动互联网的背景下，投放电商广告的时间段可参照人们使用手机的习惯，针对不同的时间段可进行对比测试，筛选出效果最佳的投放时间。

根据用户不同活跃情况制定不同的运营策略，在用户活跃高峰期增加广告以及运营手段的投入，达到更高用户转化率。

例如，用户的活跃时间高峰期如果在 20：00—22：00 点，此时使用人数最多，活动最容易触达用户，所以可以将营销活动安排在这个时间段内，来进行引流并转化。

### （三）用户社交信息分析

随着移动互联网的不断发展，各个社交平台逐步形成了特色的自有人群，例如微信、微博、快手、抖音等社交类软件。不同社交平台独有的人群属性和特征会展示出对不同商品和服务的偏好。电商企业可以针对不同的平台制定差异化的营销策略。

在用户增长方面，可通过各大社交平台进行"裂变式"的推广，从而为自己的产品引导流量。

例如，购物类电商拼多多借助于微信的强社交属性，在某用户选择"拼团"之后，通过页面链接分享给好友的方式，邀请好友协助"砍价"，如果商品低于其本身价格的时候，用户便可以享有较低的折扣获取商品。

### （四）用户类目偏好分析

可以看出商品销量主要是依靠长尾效应，而非爆款商品的带动。但是通过对商品品类的分析可以看出能吸引用户注意力的商品购买转化率并不高，这是一个提高销量的突破口。

针对用户关注度高但销量不高的这部分产品，营销策略如下：

（1）商家在详情页上的展示突出用户重点关注的信息，优化信息的呈现方式，减少用户的时间成本；

(2) 对于销量 top20 的商品,可以在电商首页对这些品类的商品优先进行展现,以满足用户的购买需求。

## (五) 用户价值分析

在 RFM 模型细分后的客户应采取不同的回访计划与营销策略,精准营销思想实际为准确的市场定位、精确的营销策略和精准的营销流程,这样才能帮助企业更好地宣传品牌理念和品牌文化,提升品牌形象,进而为目标客户群提供优质的服务(表 4-4)。

例如:

(1) 对于重要价值用户,需要重点关注并保持,应该提高满意度,增加留存;

(2) 对于重要发展客户和重要保持用户,可以适当给点折扣或捆绑销售来增加用户的购买频率;

(3) 对于重要挽留客户,需要关注他们的购物习惯做精准化营销,以唤醒他们的购买欲。

表 4-4 用户价值分析

| 消费类型 | | | 客户级别 |
|---|---|---|---|
| R↘ | F↗ | M↗ | 重要保持客户(优质客户群) |
| R↗ | F↗ | M↗ | 重要挽留客户 |
| R↘ | F↘ | M↘ | 重要发展客户 |
| R↘ | F↘ | M↘ | 未来发展客户(新 V);低价值客户(老 V) |
| R↗ | F↘ | M↘ | 无价值客户 |
| R↗ | F↘ | M↗ | 重点挖掘客户 |
| R↘ | F↗ | M↘ | 一般客户 |
| R↗ | F↗ | M↘ | 一般客户 |

> **课堂讨论**
>
> 无论商家在哪个平台开店,都需要了解平台的规则,用户人群是怎么样的。尤其是用户人群,只有清晰了用户画像,才能选择合适的商品。
>
> 那么,拼多多平台用户画像是怎样的?
>
> **讨论要点**:
>
> 目前拼多多的用户,主要以上班族为主,且是一般周末并不怎么加班的这种类人群,他们一般在周末的消费比较高。为什么?目前拼多多以女性用户为主,且年龄相对都比较大,以 30~50 岁的用户为主,不难想象该年龄阶段的用户对于低价产品是很敏感的,他们有足够的时间通过各种方式来获取价格相对比较低的一款商品。时间对于他们来说价值并不是很高,他们有条件有精力通过时间换取低价。

**任务实施**

观看视频，完成附录一的虚拟仿真项目实验。

## 中国精神，时代使命

(资料来源：同心战"疫" | 第三集：坚强防线)

新冠肺炎疫情是百年来全球发生的最严重的传染病大流行，是新中国成立以来我国遭遇的传播速度最快、感染范围最广、防控难度最大的重大突发公共卫生事件。面对严重疫情，中国共产党团结带领全国各族人民，进行了一场惊心动魄的抗疫大战，经过艰苦卓绝的斗争，付出巨大努力，取得抗击疫情斗争重大战略成果。

武汉和湖北成为这次疫情防控战的主战场。面对疫情考验，党中央一声令下，从抗疫最前线到防疫大后方，从"天涯海角"到"漠河北极"，从雪域高原到黄浦江畔，全国人民并肩实施了规模空前的生命大救援，用10多天时间先后建成火神山医院和雷神山医院、改建16座方舱医院、开辟600多个集中隔离点，19个省区市对口帮扶除武汉以外的16个市州，在最短时间内解决了医疗资源和物资供应的短缺性难题。面对生死考验，平日里默默无闻的工人、农民、医生等挺身而出，用血肉之躯挺起国家的脊梁。"天使白""橄榄绿""守护蓝""志愿红"迅速集结。习近平总书记在全国抗击新冠肺炎疫情表彰大会上深情地说："全国人民都'为热干面加油'"。

抗击疫情犹如大考，考出了令人赞叹的中国精神、中国力量、中国担当，考出了家的团结、国的凝聚、每个人的责任。他们当中，有满头银发乘火车赶赴武汉的钟南山院士，有因操劳过度"把胆留在武汉"的张伯礼院士，有身患渐冻症仍蹒跚急行的张定宇院长，有为研制疫苗以身试验的陈薇院士等。他们当中，有牺牲在湖北疫情防控一线的白衣战士刘智明、基层民警吴涌、社区干部廖建军，有每天送医护人员上下班的爱心人士等。参加抗疫的医务人员中有近一半是"90后""00后"，他们有一句话感动了中国："2003年非典的时候你们保护了我们，今天轮到我们来保护你们了。"

在这场同严重疫情的殊死较量中，中国人民和中华民族以敢于斗争、敢于胜利的大无畏气概，铸就了生命至上、举国同心、舍生忘死、尊重科学、命运与共的伟大抗疫精神。伟大抗疫精神是中国精神的生动诠释，必将激励新时代中华儿女以更加担当有为的姿态为全面建设社会主义现代化国家、实现中华民族伟大复兴注入强大的力量。

**知识与技能训练题**

1. 通过传统营销和数字营销案例对比，请完成下表：

| | 传统营销 | 数字营销 |
|---|---|---|
| 品牌定位 | | |
| 产品 | | |
| 价格 | | |
| 渠道 | | |
| 促销 | | |
| 广告 | | |
| 产品 | | |
| 投放 | | |
| 输出 | | |

2. 在百度指数中按照关键词"P2P"进行百度指数搜索，描绘 P2P 的用户画像，写出适合精准推广的用户人群信息。

3. 根据任务四构建的用户画像模型，分别按照人口属性标签、行为属性标签、订单消费标签、用户偏好标签、客户满意度标签共 5 大类标签，制作属性标签说明表，完成如下表格。

表1　人口属性标签说明表

| 标签分类 | 标签名 | 标签解释 | 标签举例 | 权重 |
|---|---|---|---|---|
| 人口属性标签 | 性别 | | | |
| | 年龄/分层 | | | |
| | 电话号码所在区域/分层 | | | |
| | 是否临时账户 | | | |
| | 注册时间 | | | |
| | 新老用户标识 | | | |
| | 教育程度 | | | |
| | 身高 | | | |
| | 体重 | | | |
| | 职业类型 | | | |
| | 收入水平 | | | |
| | 星座 | | | |
| | 婚姻状况 | | | |
| | 生育状态 | | | |
| | 是否有老人 | | | |
| | 是否有小孩 | | | |

表2 行为属性标签说明表

| 标签分类 | 标签名 | 标签解释 | 标签举例 | 权重 |
|---|---|---|---|---|
| 行为属性标签 | 最近一次登录时间 | | | |
| | 用户成长值 | | | |
| | 登录活跃度指数 | | | |
| | 近一个月付款次数 | | | |
| | 近一个月浏览次数 | | | |
| | 近一个月浏览时长 | | | |
| | 页面浏览层级 | | | |
| | 近一个月搜索次数 | | | |
| | 近一个月Banner点击数 | | | |

表3 订单消费标签说明表

| 标签分类 | 标签名 | 标签解释 | 标签举例 | 权重 |
|---|---|---|---|---|
| 订单消费标签 | 累计消费金额 | | | |
| | 近一个月消费金额 | | | |
| | 近一个月**品类消费金额 | | | |
| | 近一个月**活动消费金额 | | | |
| | 近一个月**时段消费金额 | | | |
| | 账户余额 | | | |
| | 积分余额 | | | |

表4 用户偏好标签说明表

| 标签分类 | 标签名 | 标签解释 | 标签举例 | 权重 |
|---|---|---|---|---|
| 用户偏好标签 | 登录终端类型 | | | |
| | 商品类目偏好 | | | |
| | 用户内容偏好 | | | |
| | 用户对营销活动偏好 | | | |
| | 用户对渠道偏好 | | | |

表 5　客户满意度标签说明表

| 标签分类 | 标签名 | 标签解释 | 标签举例 | 权重 |
|---|---|---|---|---|
| 客户满意度标签 | 历史是否有投诉工单 | | | |
| | 是否流失 | | | |
| | 流失风险指数 | | | |
| | 用户满意度 | | | |
| | 近一个月好评数 | | | |
| | 近一个月差评数 | | | |
| | 近一个月评价数 | | | |

4. 某电商平台根据模拟目标营销人群的画像，明确营销信息，最终在圣诞节期间制定落地活动和推送触达的执行策略，制定营销活动策划书。

目标营销人群的画像特征如下：

（1）21~40 岁女性用户；

（2）平均间隔消费周期是 16~30 天；

（3）消费客单为低客单用户，均值 30 元以下；

（4）生命周期处于上升期。

每一个用户画像信息必然可以用到营销策略中，在建模过程中我们需要得到有实际业务意义的画像信息，并用于指导接下来的营销策略制定。

参考答案

# 项目五　数字营销中的用户行为

**项目介绍**
本项目将归纳数字营销中的用户行为特点,并且分析这些特点形成的内在、外在因素。

**知识目标**
了解数字营销中新用户的行为特点,掌握影响用户行为的内外在因素,包括自然、随机、心理、环境因素等。

**能力目标**
能够使用"刺激–反应"模式和 AIDMA 模式理论以及电通公司的 AISAS 模式理论分析用户行为模式。

**素质目标**
培养学生勇于探索的精神;培养学生团队协作的能力。

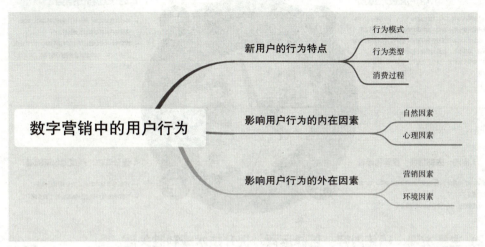

## 2019 中国数字用户行为年度分析

2019 年，移动互联网用户实现了破 10 亿的壮举，在流量红利即将见顶的时代，新一代的"95 后"人群成为新的核心增长动力。而 5G 的商用也会给互联网带来新的发展方向。

为寻找 2019 年数字用户行为习惯，Analysys 易观发布《2019 中国数字用户行为年度分析》，通过分析网民购物行为方式、消费习惯、兴趣爱好等领域，了解用户的生活形态和价值观变化。

增长惯性仍在，但需努力寻找细分机遇。精练内容、苦修运营、提升技术成制胜关键（图 5-1）。

**1. 用户流量未见顶**

（1）数字用户规模首破 10 亿人，日均活跃 9.7 亿人，同比增长 2.19%。

（2）年轻用户成为核心增长动力，数字用户继续向超一线城市汇聚。

（3）社交、视频两大头部领域用户规模突破 10 亿人，中部教育、旅游成长性高，尾部体育、健康加速数字化渗透。

（4）"内容"应用大放异彩，快手、小红书、芒果 TV、抖音短视频等大幅增长。

**2. 时长红利仍强势**

（1）时长红利未见顶，用户黏性依旧保持增长，社交、视频用户单日使用时长增长超 20%。

（2）数字用户单日启动应用次数达到 6.29 小时，同比增长 29.12%，日均启动次数达到 56.62 次，同比增长 18.62%。

图 5-1 易观的分析

### 3. 应用：去弱留强，差异化显著

（1）应用安装数、使用数下滑，头部应用时长占比更高，用户需求去弱留强。

（2）百万级应用增长，用户差异化诉求明显增多。

### 4. 细分群体：新蓝海 & 新机遇

（1）"95 后"分享需求旺盛，内容编辑应用走红。

（2）下沉市场用户更偏好简单实用工具应用。

### 5. 手机厂+运营商入局，行业生态或将重塑

（1）国产手机全面爆发，多年韬光养晦，华为迎来爆发年。

（2）携号转网正式到来，中国电信成为携号转网最大赢家。

### 6. 技术变革赋能数字经济

技术已成为数字经济增长不可或缺的助力，5G、AI、区块链在 C 端与 B 端都有广泛

的应用场景。

**7. 争时长，靠内容**

（1）流量明星+大IP是流量的保障，制作精良的小制作亦可获得用户认可。

（2）大数据技术保障内容精准推送。

**8. 用户为王、运营为本**

（1）用户为王，得到极致体验。

（2）精细化运营才是获客之道。

案例网页来源：https：//www.analysys.cn/article/detail/20019635

## 任务一　新用户的行为特点

【任务描述】任务将主要介绍新用户在数字时代行为模式、类型及路径。

【任务分析】了解并掌握新用户的行为模式、行为类型、消费过程。

### 椰菜娃娃攻心策略

在美国的玩具市场上，首屈一指的就算是"椰菜娃娃"（图5-2）。就是这个身长40厘米的"椰菜娃娃"，使得人们在圣诞节前后，冒着寒气逼人的北风，在玩具店前排起长龙，竞相"领养"。原来，这是奥尔康公司的总经理罗勃所创造的一个别出心裁的推销术。几年前，一场"家庭危机"的潮流扫荡了美国社会，破碎的家庭越来越多，父母离异给儿童造成了心灵创伤，也使得不能抚养子女的一方失去了感情的寄托。为了弥补这方面的感情空白，罗勃决定开发"椰菜娃娃"，要让这种娃娃成为人们心目中真正的婴儿。

他根据欧美玩具市场正由"电子型""智力型"转向"温柔型"的趋势，采用先进的电脑技术，设计出了千人千面的

图5-2　椰菜娃娃

"椰菜娃娃"。这些娃娃具有不同的发型、发色、容貌、服饰，千姿百态，可供人们任意"领养"。

为了让"椰菜娃娃"达到更逼真的境界，奥尔康公司每生产一个娃娃，都要在娃娃身上附有出生证、姓名、脚印，臀部还盖有"接生人员"的印章。在顾客"领养"时，要庄严地签署领养证，以确立"养子与养父母"的关系。

饶有趣味的"领养"首战告捷之后，罗勃对"椰菜娃娃"采取全速前进的市场策略。

数字营销用户分析

一方面公司不惜巨款在电视上广泛宣传,在每周六早上儿童最受欢迎的卡通片时间里密集播映,使儿童对"椰菜娃娃"产生了特别的感情。另一方面,罗勃亲自出征,周游各地,在各大城市,亲自或派代表主持儿童博物馆举行的"集体领养椰菜娃娃"的仪式。每举行一次"领养"仪式,都会在举办城市掀起一场领养"椰菜娃娃"的热潮。有的妇女竟然一个人"领养"了近百个"椰菜娃娃"。

为了能够长久地保持这种"领养"的狂热,罗勃继续千方百计地了解顾客的心理需求,根据顾客情感上的需要,他又作出了一系列创造性的决定。

首先,公司在美国各地开设了"娃娃总医院",由公司的职员装扮成医生或护士。"椰菜娃娃"问世以后,放在摇篮里等待"收养",造成了一种娃娃真正有生命的感觉。好奇的人们川流不息地跨入"医院"的门槛,一睹"领养"风采。"椰菜娃娃"被领养后,公司还建立了生日档案,每当娃娃的生日时,娃娃的"领养父母"或"养护人"都会收到一份公司寄来的生日贺卡,以进一步联络公司与顾客的感情。

绝妙的是奥尔康公司还销售与"椰菜娃娃"相关的商品,如娃娃用的床单、尿布、推车、背包和各种玩具。既然顾客"领养"娃娃时,把它作为真正的婴儿和感情上的寄托,当然要购买娃娃必不可少的用品。

从这些独特的创新中,奥尔康公司赚取了高额利润,仅在1984年一年中,销售额就超过10亿美元。

为了让"椰菜娃娃"立于不败之地,罗勃又略施小计,控制"椰菜娃娃"的产量,人为地造成供不应求的现象。有时顾客为了能"领养"到"椰菜娃娃"不惜贿赂售货员,这种抢购风也使得"椰菜娃娃"的身价上涨。

请思考:奥尔康公司是如何获得消费者需求的?

## 一、行为模式

行为模式(behavior model)是人们有动机、有目标、有特点的日常活动结构、内容以及有规律的行为系列。它是行为内容、方式的定型化,是人生价值观的"外化",表现了人们的行动特点和行为逻辑。从时间的角度观察,一定的行为模式是活动时间分配的程序结构。从空间的角度观察,是活动的地点、范围的分布。人的行为模式具体归属哪一类型是受外界环境条件和人本身所扮演的角色以及人生价值观所制约的。传统的消费者行为模式有"刺激-反应"模式和 AIDMA 模式理论,而电通公司的 AISAS 模式理论是基于网络时代市场特征的行为模式理论的重构。

### 1. "刺激-反应"模式

消费者的购买行为要受到心理活动的支配。外界的各种刺激,经过消费者的心理活动,会产生不同反应,引起消费者的购买或者不购买的行为。按照美国营销专家菲利普·科特勒教授的"刺激-反应"模式的观点,人的行为动机是一种内在的心理活动过程,就像是一个"黑箱",客观的刺激经过"黑箱"产生反应,最后引起行为(图 5-3)。

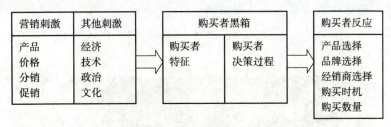

图 5-3　营销"刺激-反应"模式

## 7 秒钟定律与色彩营销

7 秒钟定律即消费者会在 7 秒内决定是否有购买商品的意愿。

美国流行色彩研究中心的一项调查表明,人们在挑选商品的时候存在一个"7 秒钟定律":面对琳琅满目的商品,人们只需 7 秒钟就可以确定对这些商品是否感兴趣。在这短暂而关键的 7 秒钟内,色彩的作用占到 67%,成为决定人们对商品好恶的重要因素。而美国营销界也总结出"7 秒定律",即消费者会在 7 秒内决定是否有购买商品的意愿。商品留给消费者的第一印象可能引发消费者对商品的兴趣,希望在功能、质量等其他方面对商品有进一步的了解。如果企业对商品的视觉设计敷衍了事,失去的不仅仅是一份关注,更将失去一次商机。而在这短短 7 秒内,色彩的决定因素为 67%,这就是 20 世纪 80 年代出现"色彩营销"的理论依据(图 5-4)。

色彩营销理论最早是在 20 世纪 80 年代由美国的卡洛尔·杰克逊女士创办的 Color Me Beautiful(简称 CMB)公司在企业营销实践中提

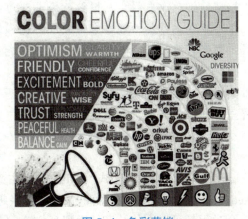

图 5-4　色彩营销

炼和总结出来的,该理论的实质是根据消费者心理对色彩的需求,运用色彩营销组合来促进产品销售,它是把上百种颜色按四季分为四大色彩系列,各系列的色彩形成和谐的搭配群,根据不同人的肤色、发色等自然生理特征以及个人面貌、形体和性格、职业等外表特征选取最合理的色彩系列,从而最大限度地发现美。

不同色彩会对顾客产生不同的心理状态和感觉:

✓ 红色会给人兴奋、快乐的感受,产生温暖、热烈的、欣欣向荣和喜庆的联想;

✓ 蓝色给人宁静、清洁、理智的感觉,产生对万里晴空、碧波海洋的联想;

✓ 黄色可给顾客一种庄重、高贵、明亮的心理感受;

✓ 绿色是大自然中普遍存在的色彩,被认为是春天的代表,能使人联想到广阔的田园和牧场;

✓ 红橙色使人联想到成熟的瓜果而产生甜的感受;

✓ 紫色给人的情感是高贵、娇艳与幽雅；
✓ 白色能够使人联想到诚实、清洁、神圣、品质优良。
色彩营销应用案例如图 5-5 所示。

图 5-5 餐厅色彩营销

美国人亨利的餐馆设在闹市，服务热情周到，价格便宜，可是前来用餐的人却很少，生意一直不佳。一天，亨利去请教一位心理学家，那人来餐馆观察了一遍，建议亨利将室内墙壁的红色改成绿色，把白色餐桌改为红色。果然，前来吃饭的人数大增，生意兴隆起来了。亨利向那位心理学家请教改变色彩的秘密，心理学家解释说："红色使人激动、烦躁，顾客进店后感到心里不安，哪里还想吃饭？而绿色却使人感到安定、宁静。"亨利忙问："那把餐桌也涂成绿色不更好吗？"心理学家说："那样，顾客进来就不愿离开了，占着桌子，会影响别人吃饭；而红色的桌子会促使顾客快吃快走。"色彩变化的结果，使饭店里的顾客周转快，从而使食物卖得多，利润猛增。

### 2. AIDMA 模式

传统的 AIDMA 模式（Attention 注意，Interest 兴趣，Desire 欲望，Memory 记忆，Action 行动）：消费者注意商品，产生兴趣，产生购买愿望，留下记忆，做出购买行动，整个过程都可以由传统营销手段所左右（图 5-6）。

图 5-6 AIDMA 模式

A：Attention（引起注意）。花哨的名片、提包上绣着广告词等是被经常采用的引起注意的方法。

I：Interest（引起兴趣）。一般使用的方法是精制的彩色目录、有关商品的新闻剪报加以剪贴。

D：Desire（唤起欲望）。例如推销茶叶的要随时准备茶具，给顾客沏上一杯香气扑鼻的浓茶，顾客一品茶香体会茶的美味，就会产生购买欲。推销房子的，要带顾客参观房子。餐馆的入口处要陈列色香味俱全的精制样品，让顾客倍感商品的魅力，就能唤起他的购买欲。

M：Memory（留下记忆）。一位成功的推销员说："每次我在宣传自己公司的产品时，总是拿着别公司的产品目录，一一加以详细说明比较。因为如果总是说自己的产品有多好多好，顾客对你不相信，反而想多了解一下其他公司的产品；而如果你先提出其他公司的产品，顾客反而会认定你自己的产品。"

A：Action（购买行动）。从引起注意到付诸购买的整个销售过程，推销员必须始终信心十足。过分自信也会引起顾客的反感，以为你在说大话、吹牛皮，从而不信任你的话。

## 百事可乐 AIDMA 模式分析

"新一代的选择"是百事可乐的广告语，从这则广告语中我们就能体会到它的市场定位。定位的基本方法，不是去创作某种新奇或与众不同的事项，而是去操作已经存在于心中的东西，去重新结合已存在的联结关系。

根据 AIDMA 原理，首先要引起注意，然后才能使其产生兴趣和进一步产生记忆，最后采取购买行动。百事可乐的主要竞争对手是可口可乐。首先看看两者的广告语与定位差别：可口可乐全球定位瓶罐随时随地传信息；可口可乐定位于运动迷们的饮品；百事可乐定位于"新一代的可乐"；百事可乐定位于"年轻人的可乐"。与可口可乐强调本土化的道路不同，百事可乐另开一路，自建市场：找到适当的广告诉求点：在设计其广告，形成其广告创意时，凭空构想很难达到有效的宣传效果。一个良好的创意，往往要求能够抓住消费者最关心的问题。然而不同的消费者群体，他们的消费者心理、消费行为均不同。首先是正确地运用媒体；选择有效的广告表现手段或方法。例如：百事可乐在全球的扩张中的"明星"策略和本土化的广告线路明晰，从"ASK FOR MORE（无限渴望）""DARE FOR MORE（突破渴望）"，百事可乐始终将产品定位在国际品牌上，无时无刻不在宣扬自己的新潮、流行；暗示可口可乐的老化、腐朽。百事在全球长期推行的"体育+音乐"广告模式，也正逐渐成为世界性品牌广告的未来趋势。

百事可乐的包装以红与蓝为主色彩。实际上，可口可乐和百事可乐的商标设计可能最能反映二者的特色和定位。可口可乐选用的是红色，在鲜红的底色上印着白色的斯宾塞"Coca-Cola"字样，白字在红底的衬托下，有一种悠然的跳动之态，草书则给人以连贯、流线和飘逸之感。红白相间，用色传统，显得古朴、典雅而又不失活力。百事可乐则选择了蓝色，在纯白的底色上是近似中国行书的蓝色字体"PepsiCola"，蓝字在白底的衬托下十分醒目，呈活跃、进取之态。众所周知，蓝色是精致、创新和年轻的标志，高科技行业的排头兵 IBM 公司就选用蓝色为公司的主色调，被称为"蓝色巨人"，百事可乐的颜色与它的公司形象和定位达到了完美的统一（图5-7）。

图5-7 百事可乐的包装

所以百事可乐的广告如何诱发消费者的需要呢？

首先，说出消费者的真正需要。其次，突出百事可乐的独特处。然后，凸显商品的附加心理价值。中国消费者选择可乐时一般不会选择国产可乐，以非常可乐为例，它定位于农村或小城市，在许多大城市的超市里很少能看到它的商品。百事可乐和非常可乐给人的心理附加值也是不一样的。最后，诉诸潜在需要。

综合来看，消费者在看到广告后首先要引起注意，然后才能使其产生兴趣和进一步产生记忆，最后采取购买行动。诸如百事可乐这类的商品，消费者大多采用的是感性购买。所以广告可以试图激发受众的某种情绪、情感以促使其购买。

### 3. AISAS模式

由于传播环境与生活方式的改变，消费者的购买探讨过程也随之变化。营销者需要重新考虑这样的问题，在消费者的购买探讨过程中，商品认知阶段，消费者的信息来源是什么？适合的媒体是什么？理解商品和比较探讨的阶段，消费者的信息来源是什么？适合的媒体是什么？购买商品的阶段，消费者的信息来源是什么？适合的媒体是什么？

根据电通公司的调查数据，在商品认知阶段，消费者的信息来源以电视、报纸、杂志、户外、互联网等媒体广告为主；在理解商品及比较探讨和决定购买的阶段，除了亲临店头之外，互联网及口碑相传是其主要信息来源与决策依据。

一个上网的男士无意间注意（Attention）到了一款看上去不错的商务手机，他也许会带着兴趣（Interest）在搜索引擎或自己常逛的3C购物网上搜一搜，如果他觉得产品的详细介绍以及社区内网友的评价都不错，一般就会初步建立信心选择购买（Action），当然，前提是他的支付能力是满足的，一段时间之后，他也可能会在社区上写出他的感受（Share）或者发几个图片，分享他对产品的看法甚至整个购买过程的感受，包括购买中所享受到的服务和为之付出的成本，包括资金成本、时间成本等。

基于网络时代市场特征而重构的AISAS（Attention注意，Interest兴趣，Search搜索，Action行动，Share分享）模式，则将消费者在注意商品并产生兴趣之后的信息搜集（Search），以及产生购买行动之后的信息分享（Share），作为两个重要环节来考量，这两个环节都离不开消费者对互联网（包括无线互联网）的应用。

这是网络诞生之后，随着电子商务的兴起，针对互联网与无线应用时代消费者生活形态的变化,而提出的一种全新的消费者行为分析模型。该理论重构了网络时代的消费者行为模式。由传统的 AIDMA 营销法则逐渐向含有网络特质的营销法则转型。两个具备网络特质的"S"——Search（搜索）、Share（分享）的出现,指出了互联网时代下搜索（Search）和分享（Share）的重要性,而不是一味地向用户进行单向的理念灌输,充分体现了互联网对于人们生活方式和消费行为的影响与改变（图 5-8）。

图 5-8　AIDMA 和 AISAS 比较模型

从传统时代到网络时代,互联网与移动应用得到了爆发性的普及。从用户的绝对人数和接触时长来说,这些后起之秀赶上甚至超越了电视、报纸等传统媒介。如果说第一代互联网同电视、报纸一样只是承担了信息发布者的角色,而现在的搜索引擎则提供了与传统媒介完全不同的主动、精准获取信息的可能性。

而 Web 2.0 更是带来了传统媒体无可取代的全新传播理念——以消费者为主体的传播。消费者不仅可以通过网络主动获取信息,还可以作为发布信息的主体,与更多的消费者分享信息。有人将之称为"自媒体时代的来临"或者"独立媒体大规模兴起"。由于将普通的受众也吸引进来并使之变身为传播者的网络工具（如 Blog/Wiki/BBS）的崛起,原本纯粹作为受众的消费者的行为模式和媒体市场也随之变化。个人 Blog 通过像"Google AdSense"这样的广告定向发布与利益共享机制,不断提高其作为广告媒体的功能,更是加强了"自媒体"传播者的信息传播自主性。而且各种搜索网站的精度也在不断得到改进,媒体市场由之前的扁平式发展,逐渐呈现出深度、精准发展的趋势。

基于这种趋势,电通提出 CGM（Consumer Generated Media）消费者发布型媒体概念:以 Blog、Wiki、BBS、SNS 等为主要形式的个人媒体,不仅停留在个人信息发布和群体信息共享,还涉及将新闻和企业信息（也包括广告）进行比较讨论等各种各样的传播形式;信息发布由从前的 B2C——由商家向消费者发布的模式,转化为"B2C2C"——由商家向消费者发布之后,消费者向消费者发布与共享的模式。

互联网催生消费者行为模式的改变,消费者的变化首先表现在媒体接触时间的变化。互联网与移动应用改变了人们的生活、工作、娱乐、学习的方式,在消费者的生活时钟里,除了看电视、看报纸、行车、逛街、差旅等传统行为,收邮件、搜索信息、上论坛、写 Blog、收发短信/彩信、在线交易等由互联网与手机创造的生活方式,亦已成为消费者的生活环节。

数字营销用户分析

## 二、行为类型

**1. 根据消费者购买行为的复杂程度和所购产品的差异程度划分（图5-9）**

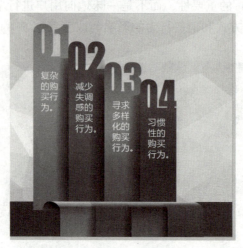

图5-9　根据消费者购买行为的复杂程度和所购产品的差异程度划分

（1）复杂的购买行为　如果消费者属于高度参与，并且了解现有各品牌、品种和规格之间具有的显著差异，则会产生复杂的购买行为。

（2）减少失调感的购买行为　消费者并不广泛收集产品信息，并不精心挑选品牌，购买决策过程迅速而简单，但是在购买以后会认为自己所买产品具有某些缺陷或其他同类产品有更多的优点，进而产生失调感，怀疑原先购买决策的正确性。

（3）寻求多样化的购买行为　指消费者购买产品有很大的随意性，并不深入收集信息和评估比较就决定购买某一品牌，在消费时才加以评估，但是在下次购买时又转换其他品牌。

（4）习惯性的购买行为　指消费者并未深入收集信息和评估品牌，只是习惯于购买自己熟悉的品牌，在购买后可能评价也可能不评价产品。

**2. 根据消费者购买目标选定程度划分（图5-10）**

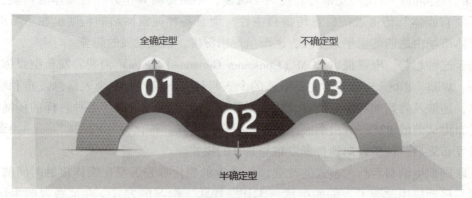

图5-10　根据消费者购买目标选定程度划分

（1）全确定型　指消费者在购买商品以前，已经有明确的购买目标，对商品的名称、型号、规格、颜色、式样、商标以至价格的幅度都有明确的要求。

（2）半确定型　指消费者在购买商品以前，已有大致的购买目标，但具体要求还不够明确，最后购买需经过选择比较才完成的。

（3）不确定型　指消费者在购买商品以前，没有明确的或既定的购买目标。

### 3. 根据消费者购买态度与要求划分（图5-11）

图5-11　根据消费者购买态度与要求划分

（1）习惯型　指消费者由于对某种商品或某家商店的信赖、偏爱而产生的经常、反复的购买。

（2）理智型　指消费者在每次购买前对所购的商品，要进行较为仔细的研究比较。

（3）经济型　指消费者购买时特别重视价格，对于价格的反应特别灵敏。

（4）冲动型　指消费者容易受商品的外观、包装、商标或其他促销努力的刺激而产生购买行为。

（5）疑虑型　指消费者具有内倾性的心理特征，购买时小心谨慎和疑虑重重。

（6）情感型　这类消费者的购买多属情感反应，往往以丰富的联想力衡量商品的意义，购买时注意力容易转移，兴趣容易变换，对商品的外表、造型、颜色和命名都较重视，以是否符合自己的想象作为购买的主要依据。

（7）不定型　这类消费者的购买多属尝试性，其心理尺度尚未稳定，购买时没有固定的偏爱，在上述各种类型之间游移，这种类型的购买者多数是独立生活不久的青年人。

### 4. 根据消费者购买频率划分（图5-12）

（1）经常性购买行为　经常性购买行为是购买行为中最为简单的一类，指购买人们日常生活所需、消耗快、购买频繁、价格低廉的商品，如油盐酱醋茶、洗衣粉、味精、牙膏、肥皂等。

（2）选择性购买行为　这一类消费品单价比日用消费品高，多在几十元至几百元之间；购买后使用时间较长，消费者购买频率不高，不同的品种、规格、款式、品牌之间差异较大，消费者购买时往往愿意花较多的时间进行比较选择，如服装、鞋帽、小家电产品、手表、自行车等。

（3）考察性购买行为　消费者购买价格昂贵、使用期长的高档商品多属于这种类型，如购买轿车、商品房、成套高档家具、钢琴、电脑、高档家用电器等。

数字营销用户分析

图 5-12　根据消费者购买频率划分

## 三、消费过程

**1. 消费者购买决策要素（图 5-13）**

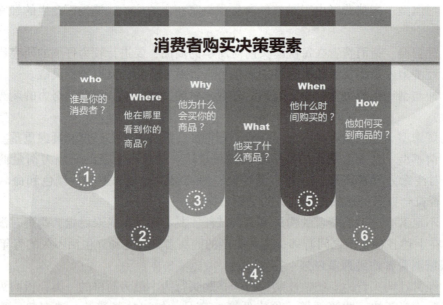

图 5-13　消费者购买决策要素

分析消费者行为模式，经常用到 4W1H 法，需要清楚 5 件事，其实就是 4W1H：Who（潜在客户）、Where（购买地点）、What（买的是什么产品）、Why（为什么要买）、How（如何购买），这里缺少了 1 个 W，即"When"，因为传统零售中，产品的潜在客户的属性特征相似，加上环境影响，购物高峰时间一般是固定的，所以传统零售考虑得比较少。但是互联网时代，只要有 Wi-Fi 的地方就可以上网购物，解决了传统零售时局限的问题，因此随意性比较大，这个"When"也是需要加进来进行研究的。

结合传统营销的 4W1H 和互联网购物的特点，网络时代的数字营销中的 5W1H 应该是：

Who：谁是你的消费者？

Where：他在哪里看到你的商品？

Why：他为什么会买你的商品？

What：他买了什么商品？

When：他什么时间购买的？

How：他如何买到商品的？

以下重点介绍 5 个 W 的内容：

（1）Who：谁是你的消费者？

营销的本质在于对用户行为的研究，网络营销区别于传统营销，是因为互联网时代，用户的行为发生了变化，因此不能用传统的对用户行为的理解思维来进行营销策划，需要重新研究互联网用户行为，然后用研究分析的结果来理解和进行营销活动，这就是互联网营销思维。

（2）Where：他在哪里看到你的商品？

以往人们对于企业实力的认知，就是看这家企业在全国各地开了多少家分公司。如果一个人到哪里都能看到同一个品牌的实体店，他会觉得这家店很不错，而不会去认真计较产品的质量与价格。然而在互联网时代，这种认知需要改变。电子商务的迅速发展，导致了很多互联网品牌的诞生，这些品牌在线下基本没有实体店或者只开了几家旗舰店，但是一年几亿元的销售额，比一些有很多线下实体店的品牌年销售额还要高。如韩都衣舍、阿芙等。

传统零售中的"Where"的解决办法就是不断地在潜在客户集中的地方开实体店，然后辅以其他的推广方式，那么处于这个实体店覆盖区域范围内的消费者会在一定时间内了解到这个品牌与商品，进而可能会产生购买行为。

然而在互联网时代，即使有比线下购物更清晰的数据可以进行分析，但是这一简单的销售却远比线下复杂得多。那么"Where"的解决办法在哪里呢？

首先研究潜在客户获得商品信息的渠道有哪些。从互联网用户的行为特征中，可以分析潜在客户互联网行为大概特征，然后根据这些特征再细分其获得信息的渠道。第一购买平台是哪些，搜索信息的有哪些浏览器，有哪些网站，等等。例如，买正品 3C 产品的很多男性客户一般会去京东而非淘宝；不懂搭配的小女生大都会去美丽说、蘑菇街等网站。

其次研究潜在客户会查看商品哪些方面的信息。潜在客户会查看商品哪些方面信息，这个自主性比较大，无法确定，但是却可以从数据中看出一些。例如，淘宝店铺内品牌历史这个导航模块，如果在后台数据中看出，客户对于品牌历史的点击率占比很大，那么说明客户对于这个品牌还是很在意的，那么潜在客户还可能在搜索引擎中搜索品牌的官网、百科等。

（3）Why：他为什么会买你的商品？

"为什么会买你的商品"一般都是销售人员必须思考的问题，然而这里的"Why"概念其实指的是一个品牌区分的概念。

传统零售中，由于信息的不对称性，购买的时间、地域等限制，消费者选择范围较小。但是进入互联网行业，简单的搜索都能把行业内所有商品搜出来，而且商品的品牌信息、产品信息、评价信息等都会看到，因此电子商务的竞争强度比传统零售高很多。

那么如何来解决品牌区分这个难题呢？

首先，品牌定位一定要细化。由关键词搜索出来的海量信息，对于企业来说是具有压力的竞争，同时对于消费者来说也不是很好的事情，因为要从海量的信息中找到自己喜欢而且是自己需求的信息，是一件很耗时间与精力的事情。因此如果将品牌细化到完全符合一部分消费人群的全部要求后，对于企业和潜在客户来说都是一件省心的事。

互联网消费者的一个特性就是比较懒惰，如果选择了一个自己喜欢又满足需求，体验效果还不错的店铺或者商品后，只要商品是重复购买率高的，一般都不会再花时间重新去选择。

企业可以将所有资源只服务这一小部分客户，服务满意度会上升，回头客必然会多，客户维护成本就会降低，这在互联网时代高成本的客户开发情形下，是一项核心的竞争优势。

其次，品牌核心卖点一定要突出。互联网用户是视觉动物，往往被图片的表现力吸引，而忽略实际的文字描述。因此对于企业来说，品牌的核心卖点一定要突出再突出，这样消费者看完之后才会将主要信息留在脑中，这样信息的传递才不会出现太大的误差。千万不要试图在一个页面将所有信息都展示给消费者看，想要大而全，得到的必定是过目即忘。

不仅各品牌需要细分，需要突出卖点，淘宝平台也在个性化地细分商品类目。很常见的就是淘宝的小而美、森女系、日系等。这些细分一方面是为了让消费者更好地搜索到商品，以增加客户的体验度，另一方面也是在细分淘宝用户，给用户贴上标签，便于以后进行针对性营销。

在淘宝中，店铺看不出特色或者特色不鲜明，就相当于品牌没特色，而没有特色的店铺只会不断被淹没在淘宝大军中。

（4）What：他买了什么商品？

在传统零售中，消费者购买的商品主要受3个方面局限：同类型商品店铺数量；店内商品样式总数；周围环境影响。

然而在互联网时代，以上3个因素不再成为限制消费者购买的因素。互联网开店，前期门槛低，因此店铺很多，商品就很多，而且随着网络时代的发展，人们的各种观念也随之改变，越来越追求个性化。因此电子商务中，客户买的商品才是真正看中的商品，而非传统中可能受限制下不得已的选择，商品间竞争更大，因此需要进行非常多的商品分析工作。

在互联网营销中，商品的竞争力分析是店铺运营非常核心的工作。

商品竞争力可以分两个方面进行分析：

第一，同样的商品，店铺竞争力分析。同款的毛衣，品牌知名度差异不大的情形下，排第一的店铺月销几万，排最后的店铺月销1 000多，都是天猫旗舰店，价格比销量第一的价格还要低，但是为什么销量差别这么大？企业需要分析竞品店铺和自身店铺工作各环节，找出原因，才能更好地提升商品销量。店铺的竞争力表现在页面、推广、客服等方面，需要详细分析。

第二，同店铺内，同款商品属性分析。同款商品，哪些颜色卖得最好，哪些颜色好评最多，哪些颜色售后最多等，对于商品属性的研究，可以更深入了解商品的潜在客户和商品本身。例如，某颜色客户差评最多，反映色差很大，这样的问题可能是页面表现上让消费者误解了，也可能是买家不满意这个颜色，也有其他可能的问题。对这些可能都进行详细分析后，可以针对性修改，提高好评率，销量也会跟着上升。

（5）When：他什么时间购买的？

网络购物吸引用户的一个大的特性就是购物方便，可以随时随地订货。打破了传统零售中人群集中时间点进店购物的模式，这对于消费者来说是便利，但是对于企业来说，无疑增加了企业间日常运营的竞争强度和管理难度。

### 2. 消费者购买决策过程的参与者

消费通常以家庭为单位进行，但是购买决策往往是家庭中的某一个或某几个成员作出的。不同的商品对家庭中各成员的影响不一样，也就使得各种商品的决策者、购买者、使用者是不一致的。比如，人们在购买作为礼物的商品时，使用者和购买者就往往是分离的。对于营销者来说，认识并分清谁是决策者、谁对购买行为的影响最大、谁是商品的享用者等，将有利于企业设计产品、确定沟通信息、制定有效的营销措施。

比如，某家庭决定购买平板电脑，提出要求的是孩子，是否购买则由夫妻共同做出决定。其中丈夫对平板电脑的品牌做出决定，那么平板电脑公司可以对丈夫做更多有关品牌的宣传，以引起丈夫对本企业平板电脑的注意和兴趣；妻子在平板电脑的造型外观上有较大的发言权，公司则可以设计一些在造型上受妻子欢迎的产品。

一般来说，按照各个家庭成员在决策过程中所起到的不同作用，可以将购买决策的参与者分为五类，如图5-14所示。

倡导者，即本人有消费需要或消费意愿，或者认为他人有消费的必要，或者认为其他人进行了某种消费之后可以产生所希望的消费效果，他要倡导别人进行这种形式的消费，这个人即属于消费的倡导者。

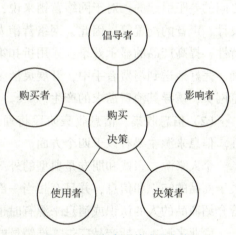

图5-14 家庭决策成员角色

决策者，即有权单独或在消费中与其他成员共同作出决策的人。

影响者，即以各种形式影响消费过程的一类人，包括家庭成员、邻居与同事、购物场所的售货员、广告中的模特、消费者所崇拜的名人明星等，甚至素昧平生、萍水相逢的过路人等。

购买者，即直接购买商品的人。

使用者，即最终使用、消费该商品并得到商品使用价值的人，也被称为"最终消费者""终端消费者""消费体验者"。

大部分时候以上五种角色分别由几个人担任，如住宅、耐用消费品及贵重物品等的购买。在以上五种角色中，决策者是最重要的，也是网络营销人员最为关注的，他直接决定该购买过程各方面的内容，故网络营销人员要懂得辨认某项购买决策者。比如，男性一般是电子类、机电类、烟酒类的购买决策者；女性一般是化妆品、家庭日用消费品、厨房用品、婴幼儿用品、服装等的购买决策者；高档耐用消费品，如汽车、住房等则由多人协商决定；教育、旅游、储蓄等服务类产品也由多人共同决定。

### 3. 购买者决策过程阶段

消费者购买决策过程是消费者作出购买决定的过程。由问题识别、信息收集、方案评价、购买决策和购后行为等阶段构成（图5-15）。

（1）问题识别　问题识别阶段需要确认需求并将之与特定的产品或服务联系起来，消费者认识到自己有某种需要时，是其决策过程的开始，这种需要可能是由内在的生理活动引起的，也可能是受到外界的某种刺激引起的。

图5-15　购买者决策过程阶段

需求确认是由消费者理想状态与现实状态之间的差距引起的。对于网络营销来说，诱发需求的动因只能局限于文字的表述、图片的设计、声音的配置等。因此，网络营销人员可以通过突出网上商店的自身特色、产品的独特性，提高产品的显示效果，采用折扣策略，在物流配送方面及时将消费者订购的产品准确、完好地送到消费者手中，开展灵活多样的促销推广活动等方式来吸引更多的消费者浏览网页，诱导其消费需求的产生。

（2）信息收集　信息收集阶段将通过多种来源获得产品或服务信息，以提高决策理性。信息来源主要有以下四个方面。

个人来源：亲戚和朋友是典型的外部信息来源，在与亲朋好友的聊天中，人们会获得关于商品的知识和信息，并且有相当一部分的消费者喜欢接受别人的建议及购物指南，尽管介绍商品的人的认识或消息来源有时也不十分准确。如家庭、亲友、邻居、同事等。

商业来源：包括产品广告、推销员的介绍、商店的陈列或产品包装上的说明等，不过这些途径的信息对消费者来讲有时会有先天性的偏差，消费者可以同意或相信，也可以提出问题或根据自己的经验作其他评论。如广告、推销员、分销商等。

公共来源：其范围较广，可以是政府或其他组织的评奖，也可以是报纸或杂志中关于产品的评论与介绍，还可以是广播电台或电视台组织的有关商品的节目。如大众传播媒体、消费者组织等。

经验来源：如操作、实验和使用产品的经验等。

消费者为了避免决策失误或减少购买风险会事先通过各种途径收集有关商品的信息。网络营销者应注重消费者教育，满足消费者信息需求，及时修复问题连接，提高网站的链接速度及网页的响应速度，优化有效搜索引擎。

（3）方案评价　方案评价阶段，将根据产品或服务的属性、利益和价值组合，形成各种购买方案，并确认购买态度。消费者得到的各种有关信息可能是重复的，甚至是互相矛盾的，因此还要进行分析、评估和选择，这是决策过程中的决定性环节。

消费者为了使消费需求与自己的购买能力相匹配，会在广泛收集信息的基础上，对其进行比较、分析与选择，然后根据自身的特点，从中选出"足够好"或"满意"的产品。为了促使消费者购买产品，网络营销者要重点抓好产品宣传和推广方面的工作，建立自己的品牌。

（4）购买决策　购买决策阶段，将会在不同方案之间形成购买意图和偏好。消费者对商品信息进行比较和评选后，已形成购买意愿，然而从购买意图到决定购买之间，还要受到两个因素的影响：他人的态度，反对态度越强烈，或持反对态度者与购买者关系越密切，修改购买意图的可能性就越大；意外的情况。

网络消费者在完成对产品的比较选择后，就进入购买决策阶段。与传统的购买方式相比，网络购买者理智动机所占比重较大，网络购物受外界影响较小，决策的速度更快、效率更高。

（5）购后行为　购后行为阶段，消费者将会评估购买获得的价值，并通过行动表达满意或不满意等。消费者购后的满意程度取决于消费者对产品的预期性能与产品使用中的实际性能之间的对比。购买后的满意程度决定了消费者的购后活动，决定了消费者是否重复购买该产品，还会影响到其他消费者，形成连锁效应。

消费者在购买使用产品后根据自身的感受对其进行评价。对网络营销者来说，满意顾客的价值有：一方面，随着顾客购买次数的增加，盈利增大；另一方面，顾客使用满意后会推荐新的顾客来购买，从而提高销售量。

为了提高企业的竞争力，最大限度地占领市场，企业必须虚心倾听顾客反馈的意见和建议。Internet为网络营销者收集消费者购后评价意见和建议提供了得天独厚的条件，企业从网上收集到这些评价后，通过计算机的分析、归纳，可以迅速地找出工作中的缺陷和不足，及时改进自己的产品和服务。

## 任务二　影响用户行为的内在因素

【任务描述】本任务将主要介绍影响用户行为的内在因素，包括个人自然因素、心理因素、稳定因素和随机因素等。

【任务分析】能否结合实际分析影响顾客购买行为的内在因素。

### 一、自然因素

#### 1. 稳定因素

这主要是指个人某些特征，诸如年龄、性别、种族、民族、收入、家庭、生活周期、职业等。稳定因素不仅能影响参与家庭决策者，而且影响人们决策过程的速度。在决策过程的某一特殊阶段，购买行为也部分地决定于稳定因素。例如，假定一个大学教授每年的收入和一个行政官员一样多,然而其收入的分配却有很大的差别,这是由两种职业的不同引起的,他们在工作中之所需和使用的生活用品都会有明显区别。

随着人们生活水平的日益提高,人们的生活越来越趋向潮流营养健康的状态,因此人们的消费心理也在发生着很大的变化,在此做了如下总结:

(1) 少年儿童消费　购买目标明确,购买迅速。少年儿童购买商品多由父母事前确定,决策的自主权十分有限,因此,购买目标一般比较明确。加上少年儿童缺少商品知识和购买经验,识别、挑选商品的能力不强,所以,对营业员推荐的商品较少异议,购买比较迅速。

少年儿童更容易受群体的影响。学龄前和学龄初期的儿童的购买需要往往是感性的,非常容易被诱导。在群体活动中,儿童会产生相互的比较,如"谁的玩具更好玩""谁有什么款式的运动鞋"等,并由此产生购买需要,要求家长为其购买同类同一品牌同一款式的商品。

选购商品具有较强的好奇心。少年儿童的心理活动水平处于较低的阶段,虽然已能进行简单的逻辑思维,但仍以直观、具体的形象思维为主,对商品的注意和兴趣一般是由商品的外观刺激引起的。因此,在选购商品时,有时不是以是否需要为出发点,而是取决于商品是否具有新奇、独特的吸引力。

购买商品具有依赖性。由于少年儿童没有独立的经济能力和购买能力,几乎由父母包办他们的购买行为,所以,在购买商品时具有较强的依赖性。父母不但代替少年儿童进行购买行为,而且经常地将个人的偏好投入购买决策中,忽略儿童本身的好恶。

少年儿童市场并非是单一的,只有了解儿童心理特征和消费行为,才能开拓和维持儿童市场。随着年龄的增长和消费地位的不断提升,儿童影响父母购物行为的能力越来越强。不同年龄段儿童心理特征和消费行为如下:

0岁至5岁的学前儿童,几乎完全依赖父母的决策。应把父母作为主要的诉求对象,告诉他们你的产品能使宝宝更快更健康地成长,使他们相信购买你的产品是一种正确的选择。

6岁至9岁,是一群喜欢流行的群体,也是最重量级的电视观众。随着年龄的增长和消费地位的不断提升,他们影响父母购物行为的能力越来越强。需要终端商了解他们的消费心理和消费行为,以被其认同和接受。

10岁至13岁,喜爱模仿青少年的一群,这个阶段的儿童消费能力增强,在许多情况下,他们不仅参与购买决策,而且还会逐渐成为家庭购买的主要决策者。处于本阶段的儿童刻意模仿成年人的外表和行为。应在了解他们心理的基础上,用投其所好的方式与之沟通。

14岁至16岁,这一群体成为家庭的主要决策者,表现在不仅是对其自己的消费拥有决定权,对家庭消费如家电、电脑、日用品消费也有决定权。主要是因为他们接受的信息快、知识面广,消费也趋向理性,喜欢时尚,追求自由。

(2) 青年人消费　在我国,青年消费者人口众多,也是所有企业竞相争夺的主要消费目标。因此,了解青年消费者的消费心理特征,对于店铺的经营和发展具有极其重要的意义。一般来说,青年消费者的消费心理特征具有以下几点:

追求时尚和新颖。青年人的特点是热情奔放、思想活跃、富于幻想、喜欢冒险,这些特点反映在消费心理上,就是追求时尚和新颖,喜欢购买一些新的产品,尝试新的生活。

在他们的带领下，消费时尚也就会逐渐形成。

表现自我和体现个性。这一时期，青年人的自我意识日益加强，强烈地追求独立自主，在做任何事情时，都力图表现出自我个性。这一心理特征反映在消费行为上，就是喜欢购买一些具有特色的商品，而且这些商品最好是能体现自己的个性特征，对那些一般化、不能表现自我个性的商品，他们一般都不屑一顾。

容易冲动，注重情感。由于人生阅历并不丰富，青年人对事物的分析判断能力还没有完全成熟，他们的思想感情、兴趣爱好、个性特征还不完全稳定，因此在处理事情时，往往容易感情用事，甚至产生冲动行为。他们的这种心理特征表现在消费行为上，那就是容易产生冲动性购买，在选择商品时，感情因素占了主导地位，往往以能否满足自己的情感愿望来决定对商品的好恶，只要自己喜欢的东西，一定会想方设法，迅速做出购买决策。

(3) 中年人消费　中年人的心理已经相当成熟，个性表现比较稳定，他们不再像青年人那样爱冲动、爱感情用事，而是能够有条不紊、理智分析处理问题。中年人的这一心理特征在他们的购买行为中也有同样的表现。

购买的理智性胜于冲动性。随着年龄的增长，青年时的冲动情绪渐渐趋于平稳，理智逐渐支配行动。中年人的这一心理特征表现在购买决策心理和行动中，使得他们在选购商品时，很少受商品的外观因素影响，而比较注重商品的内在质量和性能，往往经过分析、比较以后，才作出购买决定，尽量使自己的购买行为合理、正确、可行，很少有冲动、随意购买的行为。

购买的计划性多于盲目性。中年人虽然掌握着家庭中大部分收入和积蓄，但由于他们上要赡养父母，下要养育子女，肩上的担子非常沉重。他们中的多数人懂得量入为出的消费原则，开支很少像青年人那样随随便便、无牵无挂、盲目购买。因此，中年人在购买商品前常常对商品的品牌、价位、性能要求乃至购买的时间、地点都妥善安排，做到心中有数，对不需要和不合适的商品他们决不购买，很少有计划外开支和即兴购物。

购买求实用，节俭心理较强。中年人不再像青年人那样追求时尚，生活的重担、经济收入的压力使他们越来越实际，买一款实实在在的商品成为多数中年人的购买决策心理和行为。因此，中年人更多是关注商品的结构是否合理，使用是否方便，是否经济耐用、省时省力，能够切实减轻家务负担。当然，中年人也会被新产品所吸引，但他们更多是关心新产品是否比同类旧产品更具实用性。商品的实际效用、合适的价格与较好的外观的统一，是引起中年消费者购买的动因。

购买有主见，不受外界影响。中年人具有理智性和计划性的心理特征，使得他们做事大多很有主见。他们经验丰富，对商品的鉴别能力很强，大多愿意挑选自己所喜欢的商品，对于营业员的推荐与介绍有一定的判断和分析能力，对于广告一类的宣传也有很强的评判能力，受广告这类宣传手段的影响较小。

购买随俗求稳，注重商品的便利。中年人不像青年人那样完全根据个人爱好进行购买，不再追求丰富多彩的个人生活用品，需求逐渐稳定。他们更关注别的顾客对该商品的看法，宁可压抑个人爱好而表现得随俗，喜欢买一款大众化的、易于被接受的商品，尽量不使人感到自己花样翻新和不够稳重。

由于中年人的工作、生活负担较重，工作劳累以后，希望减轻家务负担，故而十分欢迎具有便利性的商品。如减轻劳务的自动化耐用消费品，半成品、现成品的食品等，这些商品往往能被中年顾客注意到并产生购买行为。

(4) 老年人消费　在竞争日益激烈的环境中，企业必须注重分析中老年消费者的心理特征。中老年消费者所具有的心理特征主要表现为以下几个方面：

富于理智，很少感情冲动。中老年消费者由于生活经验丰富，因而情绪反应一般比较平稳，很少感情用事，大多会以理智来支配自己的行为。因此，他们在消费时比较仔细，不会像年轻人那样产生冲动的购买行为。

精打细算。中老年消费者一般都有家小，他们会按照自己的实际需求购买商品，量入为出，注意节俭，对商品的质量、价格、用途、品种等都会作详细了解，很少盲目购买。

坚持主见，不受外界影响。中老年消费者在消费时，大多会有自己的主见，而且十分相信自己的经验和智慧，即使听到商家的广告宣传和别人介绍，也要先进行一番分析，以判断自己是否需要购买这种商品。因此，对这种消费者，商家在进行促销宣传时，不应一味地向他们兜售商品，而应该尊重和听取他们的意见，向他们"晓之以理"，而不能希望对他们"动之以情"。

方便易行。对于中老年人来说，他们或者工作繁忙、时间不够用，或者体力不好、行动不便，所以在购物的时候，常常希望比较方便，不用花费很大的精力。因此，店铺应该为他们提供尽可能多的服务，以增加他们的满意度。

品牌忠诚度较高。中老年消费者在长期的生活过程中，已经形成了一定的生活习惯，而且一般不会作较大的改变。他们在购物时具有怀旧和保守心理，对于曾经使用过的商品及其品牌，印象比较深刻，而且非常信任，是企业的忠诚消费者。

(5) 男性消费　动机形成迅速、果断，具有较强的自信性。男性的个性特点与女性的主要区别之一就是具有较强理智性、自信性。他们善于控制自己的情绪，处理问题时能够冷静地权衡各种利弊因素，能够从大局着想。有的男性则把自己看作是能力、力量的化身，具有较强的独立性和自尊心。这些个性特点也直接影响他们在购买过程中的心理活动。

因此，男性动机形成要比女性果断迅速，并能立即导致购买行为，即使是处在比较复杂的情况下，如当几种购买动机发生矛盾冲突时，也能够果断处理，迅速作出决策。特别是许多男性不愿"斤斤计较"，购买商品也只是询问大概情况，对某些细节不予追究，也不喜欢花较多的时间去比较、挑选，即使买到稍有毛病的商品，只要无关大局，也不去计较。

购买动机具有被动性。就普遍意义讲男性消费者不如女性消费者经常料理家务，照顾老人、小孩，因此，购买活动远远不如女性频繁，购买动机也不如女性强烈，比较被动。在许多情况下，购买动机的形成往往是由于外界因素的作用，如家里人的嘱咐、同事朋友的委托、工作的需要等，动机的主动性、灵活性都比较差。我们常常看到这种情况，许多男性顾客在购买商品时，事先记好所要购买的商品品名、式样、规格等，如果商品符合他们的要求，则采取购买行动，否则就放弃购买动机。

购买动机感情色彩比较淡薄。男性消费者在购买活动中心境的变化不如女性强烈，不喜欢联想、幻想，他们往往把幻想看作是未来的现实。相应地，感情色彩也比较淡薄。所以，当动机形成后，稳定性较好，其购买行为也比较有规律。即使出现冲动性购买，也往往自信决策准确，很少反悔退货。需要指出的是，男性消费者的审美观同女性有明显的差别，这对他们动机的形成也有很大影响。比如，有的男性认为自身的特征是粗犷有力，因此，他们在购买商品时，往往对具有明显男性特征的商品感兴趣，如烟、酒、服装等。

(6) 女性消费　在现代社会，谁抓住了女性，谁就抓住了赚钱的机会。要想快速赚钱，就应该将目光瞄准女性的口袋。店铺在市场销售中，应当充分重视女性消费者的重要性，挖掘女性消费市场。女性消费者一般具有以下消费心理：

追求时髦。俗话说"爱美之心，人皆有之"，对于女性消费者来说，就更是如此。不论是青年女子，还是中老年女性，她们都愿意将自己打扮得美丽一些，充分展现自己的女性魅力。尽管不同年龄层次的女性具有不同的消费心理，但是她们在购买某种商品时，首先想到的就是这种商品能否展现自己的美，能否增加自己的形象美，使自己显得更加年轻和富有魅力。例如，她们往往喜欢造型别致新颖、包装华丽、气味芬芳的商品。

追求美观。女性消费者还非常注重商品的外观，将外观与商品的质量、价格当成同样重要的因素来看待，因此在挑选商品时，她们会非常注重商品的色彩、式样。

感情强烈，喜欢从众。女性一般具有比较强烈的情感特征，这种心理特征表现在商品消费中，主要是用情感支配购买动机和购买行为。同时她们经常受到同伴的影响，喜欢购买和他人一样的东西。

喜欢炫耀，自尊心强。对于许多女性消费者来说，之所以购买商品，除了满足基本需要之外，还有可能是为了显示自己的社会地位，向别人炫耀自己的与众不同。在这种心理的驱使下，她们会追求高档产品，而不注重商品的实用性，只要能显示自己的身份和地位，她们就会乐意购买。

CNNIC发布的第47次《中国互联网络发展状况统计报告》中，网民的性别、年龄、学历、职业、收入结构，如图5-16~图5-20所示。

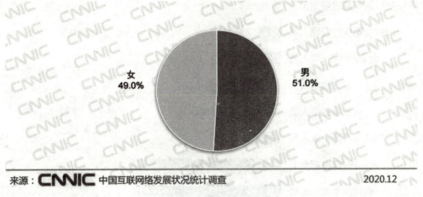

图5-16 网民性别结构

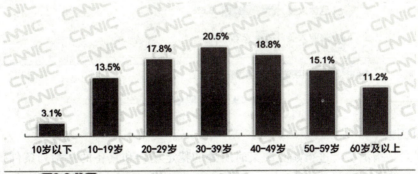

图5-17 网民年龄结构

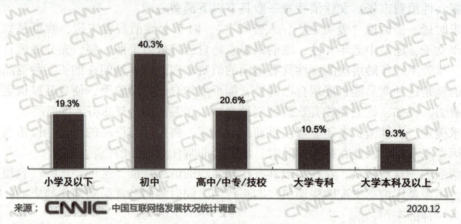

图 5-18　网民学历结构

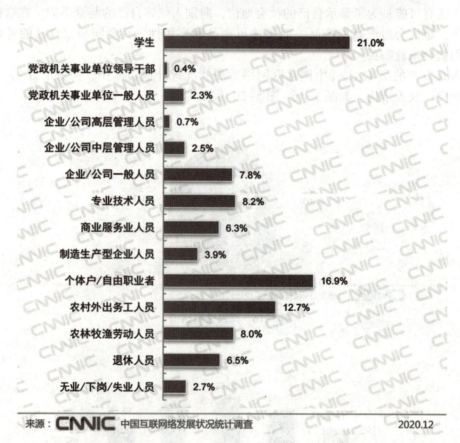

图 5-19　网民职业结构

### 2. 随机因素

随机因素是指消费者进行购买决策时所处的特定场合和具备的一系列条件。有时，消费者购买决策是在未预料的情况下作出的，例如，陪别人买裤子的时候自己也买了一条。某人也许要购买一张机票去与弥留之际的亲戚一起度过其最后几天。或者某种情况的出现将延迟或缩短人们的决策过程，例如，一个正在考虑购买计算机的消费者可能会在评价与

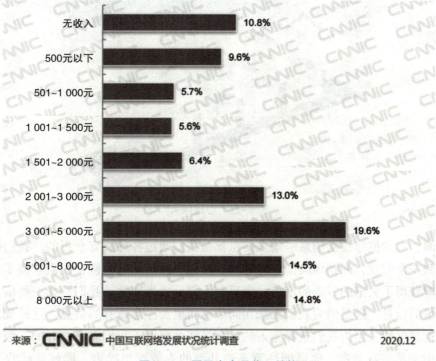

图 5-20　网民个人月收入结构

选择上耽搁，这种耽搁肯定会减慢决策过程或者会导致他放弃这种购买。但是，假如此人在另一种不同的环境下，譬如工资上涨 20%，购买决策过程可能会比工资不上涨完成得快得多。而且，随机因素对消费者行为的影响，往往还是多方面的。

消费者会在购买过程中突然出现某一种心境或感觉，这种偶然的情绪也会促使消费者随机消费。例如，消费者在散步时突然看见一则冰淇淋的广告，他就会很想马上体验这则广告中宣传的感觉，随之他就会购买这款冰淇淋。消费心理研究还表明，对某一品牌已经有印象的消费者比事前一无所知的消费者更容易产生随机消费行为，而且在作出购买决策时所诱发的积极心境对购买决策有很大影响。

## 二、心理因素

消费者选择网上购物，心理因素是主要原因（图 5-21）。网络消费具有与众不同的心理优势。它是一种消费者以自身需求为导向的个性化消费方式，具有极强的互动性，既能满足消费者对购物方便性的需求，又能满足价格重视型消费者的需求。但消费者现阶段对网络资料的真实度缺乏信任，比如有些消费者在网上查看产品的相关资料，但仍然选择到商场购买。

### 1. 感觉

不同的人用不同的方法同时看到同一事物的结论是不一样的。同样，同一个人在不同的时间用不同的方式看同一事物，结论自然也不同。

感觉是为了获得结果对输入的信息进行识别、分析和选择的过程。人们通过感官——

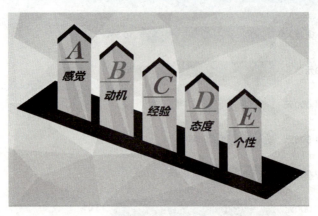

图 5-21　心理因素

看、听、闻、尝和摸等接受信息。输入信息就是我们通过各种感官获得的。我们听到一则广告，看到一个朋友，闻到污染的空气和水，摸到一种产品的时候，我们获得了信息。虽然我们立即获得了大量的零碎的信息，但只有一部分成为知觉。我们选择一些信息同时放弃其他大量的信息，这是因为我们无法在同一时间里去注意所有的信息。这种现象有时候我们称为选择保留。因为我们选择输入的信息是那些保留于我们思路之外的。假如你正将注意力集中于某一篇文章，你可能注意不到外面的人或汽车噪声。即使你接收了那些信息，也将等到提起这些信息时才能意识到。这就是为什么有的信息能上升为知觉，有的却不行。假如信息与期望的事联系在一起，则已被人所知觉。肯德基使用一系列的广告牌，已被人所知觉。即使一些司机可能不停下来，也有一个机会至少让他们注意到这些商店。假如这些信息能满足眼前的需要，人们也可能让这些信息上升为意识。例如，你饿的时候，你便可能去注意食品。相反，假如刚吃过了，这种广告不被意识到的可能性更大。最后，信息输入的强度急剧变化，意识的可能性越大。一个商店的处理降价幅度较小时，也许未加以注意。这是因为其变化太小，但是如果商店降价一半，我们注意到这种削价的可能性就大得多。

对消费者而言，感知到网络更有用是因为出众的产品、良好的服务，抑或是较低的价格、时间的节省。网上购物提供丰富、及时、准确的商品和服务信息，购物方便、灵活，可以大大减少购物所花费的时间、体力和精力，24 小时在家完成购物和配送到家等都会使消费者感知网络购物的有用性。

网络购物很重要的一种心理状态就是因为网络购物的便捷性，因此方便的订购程序，清晰易懂的交易界面，方便的付款手续，及时的送货服务，方便的退货程序以及方便与零售商联系等都是使消费者满意的重要因素。

网络购物较之实体环境下，存在着更多的风险。有研究证明消费者感知风险的大小与其消费意愿成反比。由于无法检测商品实体，商品能否达到预期标准、购买决策的正确与否、对个人隐私安全的顾虑等都会让消费者感知到风险。

此外，有研究证明消费者会趋向于享受互联网在购买过程中所带来的乐趣，而不仅仅一味地追求任务的完成。随着我国经济的发展、国民收入的提高，尤其是消费观念的转变,我们决不能忽视感知娱乐性这一影响因素。

### 2. 动机

动机是激励一个人的行动朝一定目标迈进的一种内部运力。在任何时候一个购买者受多种动机影响而不是仅受一个动机影响,而某一时点一些动机比另一些动机强,但这种强烈的动机在不同的时点是不同的。动机能降低或增大压力。

当动机驱使我们朝向一些目标迈进时,可以减弱压力。但是,假如一些动机迫使我们向一个目标,另一些又把我们拖向另一目标时,压力可能会增加,这是因为我们一个目标也达不到。许多不同动机能立即影响购买行为。例如一个想买沙发的人可能被这种沙发的特性所吸引,诸如耐久性、经济性、式样等。假如一个市场营销者通过强调仅有的一个有吸引力的特性去吸引顾客,也许这种努力不能得到满意的销售业绩。

影响人们在习惯性地点购买商品的动机被称为惠顾动机。某个购买者可能因为此动机在某一特殊商店购买商品。譬如,商品的价格、服务态度、地点、信誉、产品的多样性甚至售货员的友善等方面的优惠。利用消费者的惠顾动机,市场营销应该设法了解为什么习惯性顾客惠顾一个商店并在销售组合中突出这些特点。

动机研究能帮助市场营销者分析那些去买或不买其产品的消费者的主要动机。动机常常处于潜意识状态,是很难加以衡量的,人们通常不知道怎样激发动机。所以市场营销者不能简单地去询问他们的动机是什么,许多动机研究依靠交谈和推测技术。

网络消费者的购买动机相对于传统的实体环境下的消费者的购买动机主要在两个方面出现了变化:需求动机和心理动机。

(1) 网络消费者的新需求 兴趣、聚集和交流成为现代虚拟的网络社会中网络购物者的新需求。出于探索的内在动力,网络消费者驱动自己沿着网络提供的线索不断向下查询,希望能够找出符合自己预想的结果,有时甚至到了不能自拔的境地。成功的内在驱动力,驱动着网络消费者在网络上寻找自己需求的资料,人们找到了商品资料、软件和游戏等自己想要的东西时,就会产生一种成功的满足感。

网络社会提供了具有相似经历的人们聚集的机会,聚集起来的网民就产生一种交流的需求,人们通过各种网络通信工具交流商品信息,交流购物心得,交流购物经历等。

(2) 心理动机 理智购买动机、情感动机和惠顾动机是影响网络消费者购买行为的主要心理动机。

理智购买动机是建立在人们对于在线商场推销的商品的客观认识的基础上的。网络消费者大多是中青年,在理智购买的驱动下,他们首先注意的是商品的先进性、科学性和质量,其次才是商品的经济性。

情感动机是由于人的情绪和情感引起的购买动机。不论是喜欢、满意、快乐和好奇还是道德感、美感、群体感都会引起消费者的情感动机。

惠顾动机是基于理智经验和感情之上的,对特定的网站、图标广告、商品产生的信任与偏好而重复地、习惯性地前往访问的一种动机。搜索引擎的便利、图标广告的醒目、站点内容的吸引、产品质量、网站品牌形象以及在网络购物者心目中树立的可靠的信誉都会引发惠顾动机的产生。

## 为赞誉而战

天刚破晓,住在洛杉矶公寓里的劳拉·斯威特已经开始上网。40岁出头的斯威特是一位广告创意总监,她聚精会神地在网上搜索着,发掘出各种新奇的物品,如挂在树上的链饰、身上带有刺青图案的猪。像往常一样,她把这些东西贴到This Next社交网站上,用户可以在这里交流购物心得。她为什么要为这份没有报酬的工作花费这么多的时间和精力呢?"当你发现自己能够对别人产生影响时,这种感觉非常酷。"她说。

在距斯威特的家向西仅半小时车程的圣塔莫尼卡市,"连续创业家"戈登·古尔德慢悠悠地踱进This Next网站的办公室。古尔德成功地吸引到了众多网络义工免费为他的网站倾注心力、添砖加瓦,这些人当中就包括斯威特。This Next网站的访问量在直线攀升,绝对造访人次(unique visits)一年间就翻了三番,达到每月350万人。网站的收入来源于广告,古尔德帮助商家在成千上万的消费者面前展示其产品,并向其收取费用。但那些网站义工看重的是什么?"他们可以借此创立属于自己的品牌,"古尔德说,"在他们的势力范围内,他们都有可能成为小奥普拉。"(奥普拉·温弗瑞主持的美国著名电视谈话节目《奥普拉脱口秀》收视率达到3 300万,为同类节目之翘楚。)

让我们看看网站是如何运作的吧:像古尔德这样的企业主建立一个公众空间,并提供相关工具使访问者可自由表达思想,与朋友或陌生人交流,创建他们的个人"品牌"。如果一切顺利,这将会激发无限的新奇创意。像This Next这样的公司已经逐渐意识到:对很多人来说,赞誉拥有和金钱一样的推动力。因此,这种"自下而上"的行为方式催生了This Next网站、YouTube网站,甚至还有《美国偶像》节目。

### 3. 经验

经验包括由于信息和经历所引起的个人行为的变化。一些生理条件如饥饿、劳累、身体成长变化、衰老、退休而引起的行为变化,不列入经验考虑范围。个人行为的结果强烈地影响着经验积累过程。如果个人的活动带来了满意的结果,那么他在以后相同的情况下,会重复以前的做法。如果行为没有带来满意的结果,那么将来他可能采取完全不同的做法。例如,一个消费者购买了某种牌子的香烟而且很喜欢,那么他以后会一直购买同样牌子的香烟,直到这个牌子不再使他满意为止。

一个公司要成功地推销产品,它就要帮助消费者了解产品。消费者可以通过直接经验了解产品,许多营销者都设法在消费者购买产品前向他们提供直接经验。通过推销人员和广告作用,营销者在消费者购买前就要向其提供信息以影响消费者经验,从而使消费者对产品的态度有利于销售产品。

一般来说,网络购物经验与购物决策的作出成反比。网络购物经验越丰富,就越容易作出购买决策;反之,网络购物经验越少,就越不易作出购物决策。良好的购物经历,会对网络购物行为具有促进作用,丰富、生动的购物网站页面设计,安全的个人隐私保密措施,简易的操作程序,便捷的搜索系统,良好的售后服务等,这些良好的购物经历不仅可以提高消费者的满意度，而且可以进一步提高消费者的网站忠诚度。反之，不满意的购物经历，不仅会使网络消费者放弃在此购物，还可能使网站的信誉度、美誉度受到损失，从而失去更多的网络消费者。

### 4. 态度

态度由知识和对目标的积极和消极的情感构成。我们有时说一个人有"积极的态度"，但这种表述不完整。只有知道了与这种态度相联系的目标时，这种表述才有意义。人们所持态度针对的目标可能是有形的或无形的，有生命的或无生命的。

例如，我们有针对性别、信仰、政治等事物的态度，也有对花和啤酒的态度。然而，个人的态度基本上是保持稳定的，不会时刻变化。同样，任何时候，个人的态度产生的影响都是不同的，有的强、有的弱。消费者对公司和产品的态度，对公司营销战略的成功或失败至关重要。当消费者对公司营销实践的一个或几个方面持否定的态度时，不仅他们自己会停止使用公司的产品，他们还会要求亲戚和朋友也这样。营销者应该估计消费者对价格、包装设计、品牌名称、广告、推销人员、维修服务、商店布局、现存和未来产品的特点等各方面所持的态度，营销者有几种办法来估量消费者的态度，最简单的一种方法就是直接向人们提问题，动机调查中的推测技术也可以用来估计态度。

研究发现电子商务条件下，消费者对于网络消费的态度会直接影响到他们在网上的购买决策，对于网络消费持积极态度的消费者更容易作出购买决策。

### 5. 个性

有的个性不一定引人注目，但每个人都有这种个性。个性是和人们的经验与行为联系在一起的内在本质特征。源于不同的遗传和经历，每个人的内心世界、知识结构、成长过程都不同。个性比较典型地表现为以下一种或几种特征，如冲动、野心、灵活、死板、独裁、内向、外向、积极进取和富有竞争心。营销者要试图发现这些特点和购买行为之间的关系，相信人的个性对所购商品的品牌和类型会有影响。例如，人们所购买的服装、首饰、汽车等类型也反映了一种或几种个性特征。通常，营销者把广告宣传瞄准在某些一般人都有的个性特点上，通过运用那些积极的有价值的个性特征来进行促销。能够通过这种方法促销的产品主要包括啤酒、软饮料、香烟及一些服装。

男性网络消费者的自主性较强，注重商品的价格、质量、性能属于理性购买；女性网络消费者的依赖性较强，在购买商品时比较注意他人的意见，属于感性购买。网络用户大多数是青年人，这类消费者思想活跃、冲动、好奇心强，喜欢追求流行时尚，展现自己的独特个性。网络用户大多数人都接受过高等教育，经济收入也可以，他们很容易接受网络购物的观念和方式。

网络营销者应根据不同类型的用户采用不同的营销方式。例如，面对好奇心强的初次购买者，只有让其在网上购物过程中留下好的印象，才能令他们增加网上购物的兴趣。

## 任务三　影响用户行为的外在因素

【任务描述】本任务将简要介绍影响用户行为的外在因素，包括营销因素和环境因素。

【任务分析】了解并掌握影响用户购买行为的外在因素；讨论如何评价"明星直播带货"的影响力及号召力。

## 一、营销因素

与消费者购买行为直接相关的营销因素有产品、价格、分销渠道、促销、广告、支付方式等。在此，我们主要分析广告、支付方式及服务对网络消费者购买行为的影响。

### 1. 网络广告的发展

网络广告与电视、广播、报纸、杂志等广告形式相比，具有传播范围广、交互性强、针对性强、受众数量可准确统计、实时、灵活、成本低、感官性强烈等优点。随着我国网络广告市场的不断发展，网络广告形式从横幅式广告、按钮式广告、邮件列表广告、插页式广告、互动游戏式广告等传统形式发展到现在的搜索引擎竞价广告及窄告。

### 2. 网上支付安全性

网络支付过程的中间体制建设得越完满，顾客在进行网购时对信息安全问题就越会存在一种信任感，如此一来，买卖过程中的利益就能得到保护，且网络消费者无论何时都会对此平台存在信任感，于是网购者的浏览甚至是购物频率自然会增多。与此同时，支付时的便捷与否也是影响网络消费者的一个因素，如果付款的操作太烦琐，流程过于复杂，而且支付的方式不够多，消费者因不能满足自己的需求而放弃购买该商品也不是不可能出现的情况。

网络消费者在购物时一般需要先付款后取货，因此，网上支付的安全性成为消费者决定是否进行网络购物的一个重要因素。目前，网络营销者通常在业务流程上采取货到付款的方式或采用第三方支付方式来消除消费者对网络购买相关环节存在的顾虑。

国美电器与国内领先的独立第三方支付企业快钱达成战略合作关系，针对国美网上商城业务的特点，利用企业快钱在线支付平台，共同打造了一套网上支付解决方案。

### 3. 网络营销商服务水平

网络营销服务的本质是确保顾客满意。为此网络营销者可以做好网上售前、售中、售后服务。网络营销的售前服务主要是给顾客提供信息服务，包括产品的价格、性能、如何购买、产品包含的服务、产品使用说明等。网络营销的售中服务主要是了解订单执行情况、产品运输情况等。网络营销的售后服务主要分为两种类型：一种是包括产品运输、调换、退货、赔款、处理客户投诉等基本售后服务，另一种是网上产品支持和技术服务等。

卓越网根据国内情况，开通308个城市的货到付款服务，构建了一支自己的配送团队，采用自办物流和第三方物流相结合的方式进行配送，开发自己的一套客户反馈系统，以便使客户满意。

## 二、环境因素

每个人都要生活在一定的社会环境中，与其他社会成员、群体和组织发生直接或间接的联系，所以，消费者的购买行为会受到宏观环境因素的制约。同理，网络消费者的购买行为也受到外界环境因素的影响。

**1. 政治法律环境**

2005 年之后，我国电子商务进入了第二次快速发展期。随着《电子签名法》的实施、第三方支付的出现、外资加大对我国电子商务市场的投入等，网上购物日益成为人们最快捷、最方便的消费方式。

**2. 经济人口环境**

市场是由具有购买欲望且有购买能力的人组成的。在我国，目前的网民仍以男性、未婚、35 岁以下的年轻人为主体，网民的文化程度为本科以下占据比例大，网民的月收入超过 3 000 元占据的比例较小，学生网民比其他职业的网民要多。由此可知，当前的网络营销仍应以物美价廉的产品为主，多采用打折、买赠等方式来吸引更多的网民在网上购买产品。

**3. 社会文化环境**

文化对人的影响很大，人们所处的社会文化环境不同，则他们的购买行为也存在差异。如今网络已经走入我们的生活，它不仅影响了我们现实中的社会文化，而且正在形成自己的文化，即一种没有国界、人与人之间近乎达到零距离的文化。网络文化的发展为人们提供了多姿多彩的生活方式、多种多样的行为方式，但由于网络中的大部分行为具有匿名性而导致人们对网络产生不信任。

（1）角色和家庭　我们当中的每个人都在一定的组织、机关和团体中占有一定位置，和每个位置相联系的就是角色。

由于人们占据多种位子，他们同时扮演多种角色。例如一个男子不仅扮演父亲和丈夫的角色，而且还可能是公司主管、学会理事、体育教练或者大学夜校的学生，这样对一个人的行为就有多种期望。个人角色不仅影响一般行为，而且还影响购买行为。个人的多种角色需求可能不一致，为了说明这一点，假定上面提到过的男子打算买一辆车，他的妻子希望他买一辆广汽本田，他的儿子要买上汽通用别克，他的同事却建议买进口宝马（因为那个牌子知名度更高），因而个人的购买行为部分地受到其他人意见的影响。在家庭扮演的角色直接和购买决策联系在一起。家庭中的男主人可能主要是烟酒这些商品的购买者，而许多家庭用品的购买决策，包括像保健品、洗漱用品、纸类产品和食品主要由妻子决定。丈夫和妻子、子女共同参与的购买决策，主要是耐用商品。当两个或两个以上的家庭成员参与购买时，他们就要进行分工，每个人都要完成一定的任务。

（2）相关群体　相关群体是指个人对群体的认可，并采纳和接受群体成员的价值观念、态度和行为。有的群体对个人来说可能是消极的相关群体，有些人在一定的时候是某个群体的，但后来却拒绝这个群体的价值观念而不成为其中的一员。同样，一个人可以采取特殊的行动避开某一个特殊群体。然而，我们这里讨论的是那种对个人有积极影响的相关群体。相关群体对个人来说可以起到参照物和信息来源的作用，顾客的行为可以变得和群体成员的行为和信念一致。例如，一个人由于受相关群体成员的影响停止使用某一种牌子的食品而使用另一种。相关群体对购买决策的影响程度依赖于个人对相关群体影响的敏感性和个人与相关群体结合的强度。营销者有时要努力使用相关群体在广告中的影响，宣传每个群体中的人购买某种产品并获得高度的满足。通过这种呼吁的方式，广告商希望有大量的人会把推荐的那个群体作为相关群体，他们将会购买（作出更积极的反应）这种产品。这种广告宣传的成功与否取决于广告在传递信息方面的效果、产品的类型和个人对相关群体影响的敏感性。

（3）社会阶层　社会阶层是具有相似社会地位的人的一个开放的群体。开放指的是个人可以自由地进入和离开。主要因素包括职业、教育、收入、健康、地区、种族、伦理、信仰和财富。把某一个人归入某一阶层不需要考虑所有的社会标准。所选择的标准的数量及其重要性取决于所划入阶层的特点以及个人在阶层内的价值大小。在一定程度上，某个阶层内的成员采取的行为模式差不多，他们具有相似的态度、价值观念、语言方式和财富。社会阶层对我们生活许多方面都有影响。例如，可以影响我们的职业、信仰、小孩培养和教育娱乐。由于社会阶层对人的生活的许多方面都有影响，同样可以影响购买决策。

（4）文化　文化是指人类所创造的物质财富与精神财富的总和，是人类劳动的结晶，包括有形的东西，如食物、家具、建筑、服装和工具；无形的概念，如教育、福利和法律。文化同样也包括整个社会所能接受的价值和各种行为。构成文化的观念、价值和行为，是一代接一代地学习和传授的。

文化对购买行为有广泛的影响，因为它渗透在我们的日常生活中。文化决定我们的吃、穿、住和行。文化对我们如何购买和使用产品有影响，而且还影响我们从中得到的满足感。由于文化在某种程度上决定了购买和使用产品的方式，从而影响到产品的开发、促销、分销和定价。例如食品营销者，在他们营销过程中要作出多种变化。20多年前，我们的许多家庭几乎天天在一起吃饭，母亲一天要花4~6个小时来为此作准备，而当今社会60%以上的25~40岁年龄段就职于公司的人员基本上在外就餐。

当营销者在其他国家推销商品时，他们常看到文化对产品的购买和使用的强烈冲击。国际营销者发现世界不同地区的人具有不同的态度、价值观念和需求，从而要求运用不同的营销方法以及不同的营销组合。一些国际营销者之所以失败，是因为他们没有或者不能根据文化的不同而对营销观念组合进行调整。

大量的研究表明，亚文化对消费者决策的影响要远远大于主流文化。亚文化不仅包括与主流文化共通的价值观念，还包括自己独特的价值观念。每个人都是在特定的文化氛围中成长起来的，所在的国家、地区、家庭等的文化都会影响一个人的价值观、观念和行为方式。例如，一个年龄亚文化群是由年龄相近且生活经历相似的人组成的。以"80后""90后"为例，他们追求个性、时尚，都能熟练使用计算机、充分利用网络，同时学历较高，大多数在积累了网络购物经验后最终都能够理性消费。淘宝网十分重视在这种文化背景下的交易双方的沟通问题，例如使用淘宝旺旺软件以及使用个性化的旺旺表情等。

### 《中国互联网络发展状况统计报告》

（资料来源：中国互联网络信息中心）

2月3日，中国互联网络信息中心（CNNIC）在京发布第47次《中国互联网络发展状况统计报告》（以下简称《报告》）。《报告》显示，截至2020年12月，我国网民规模达 9.89 亿，较 2020 年 3 月增长 8 540 万，互联网普及率达 70.4%。2020 年，我国互联网行业在抵御新冠肺炎疫情和疫情常态化防控等方面发挥了积极作用，为我国成为全球唯一实现经济正增长的主要经济体，国内生产总值（GDP）首度突破百万亿元，圆满完成脱贫攻坚任务做出了重要贡献。

(1) "健康码"助 9 亿人通畅出行，互联网为抗疫赋能赋智；
(2) 网民规模接近 10 亿，网络扶贫成效显著；
(3) 网络零售连续八年全球第一，有力推动消费"双循环"；
(4) 网络支付使用率近九成，数字货币试点进程全球领先；
(5) 短视频用户规模增长超 1 亿，节目质量飞跃提升；
(6) 高新技术不断突破，释放行业发展动能；
(7) 上市企业市值再创新高，集群化发展态势明显；
(8) 数字政府建设扎实推进，在线服务水平全球领先。

 **知识与技能训练题**

**一、名词解释**

1. 行为模式
2. 社会阶层
3. 文化

**二、单项选择**

1. 消费者由于对某种商品或某家商店的信赖、偏爱而产生的经常、反复的购买属于（　　）。

　　A. 习惯型　　　　B. 理智型　　　　C. 经济型　　　　D. 冲动型

2. 消费者在每次购买前对所购的商品，要进行较为仔细的研究比较属于（　　）。

　　A. 习惯型　　　　B. 理智型　　　　C. 经济型　　　　D. 冲动型

**三、多项选择**

1. 消费者购买决策要素：（　　）。

　　A. 4W1H：Who（潜在客户）　　　　B. Where（购买地点）
　　C. What（买的是什么产品）　　　　D. Why（为什么要买）
　　5. How（如何购买）

2. 消费者行为模式根据消费者购买行为的复杂程度和所购产品的差异程度划分：（　　）。

　　A. 复杂的购买行为　　　　　　　　B. 减少失调感的购买行为
　　C. 寻求多样化的购买行为　　　　　D. 习惯性的购买行为

参考答案

# 模块三
# 感受用户旅程的新经验

# 项目六　数字营销中的用户体验

## 项目介绍
本项目将通过分析用户的感知、情绪来解析如何提升用户消费体验和参与，进而介绍针对流量客户、留量客户的运营做法。

## 知识目标
了解用户感知、消费者情绪、口碑媒体与用户参与、"流量"和"留量"的运营；掌握激活消费情绪的几种方法、口碑声誉管理以及留存工具。

## 能力目标
能照顾消费者的情感、情绪、爱好等，根据消费者的情绪来进行精准营销；引导顾客进行体验式消费，针对不同类型的客户使用不同的技巧。

## 素质目标
正确认识和评价大数据对消费者行为把控的影响，不误导消费者，树立起"幸福是奋斗出来的"价值观，以及奉献意识、竞争意识、担当意识。

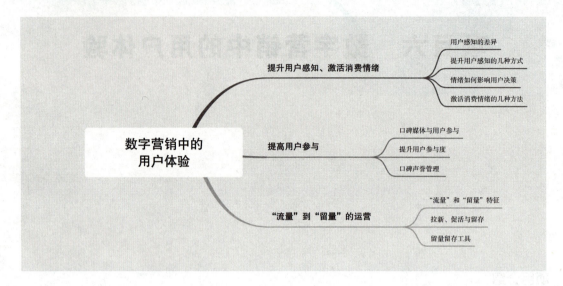

## "所用即所购" 网易严选酒店

"亚朵·网易严选酒店"——以全新的空间概念，以及人文美好的生活理念，共同打造一家电商与线下场景消费结合极具简约北欧风格的酒店——"所用即所购"的场景电商酒店。

如果从用户体验设计的角度来看，严选酒店围绕着"用户"，充分体现了线上线下一体化设计。也就是说用户不仅仅可以在酒店休息，还可以更加真实地体验网易严选的商品，如果酒店里有自己非常喜欢的商品，用户可以在真实体验后，直接在线上或线下购买。

商品无法被第一时间感知，是线上电商的痛点。挖掘和发现了用户真实需求，在用户体验过商品后，潜移默化地建立了信任感和忠诚度，从而引导消费者去购买自己喜欢的商品。

数字营销与传统零售模式的本质区别在于是不是以数据为驱动。数字营销企业会充分利用大数据、云计算和人工智能等各种高科技去采集用户线上和线下的用户行为数据，从而通过数据采集、数据分析、用户建模等方式实现用户的精准营销，全范围地提升用户的消费体验，满足不同用户的购物需求，实现用数据去驱动以用户为中心的消费数字化场景。

## 盒马鲜生

盒马鲜生是阿里巴巴对线下超市重构的新零售业态之一。盒马鲜生不仅是线上线下购物体验的互通，同时结合阿里巴巴大数据分析，针对不同用户阶层去划定门店的经营范围。

如果站在用户体验的角度来分析，这是一个以数据驱动的新零售业态。从生鲜这一高频、刚需的商品为切入点，线上与线下一体化，统一价格、统一库存、统一会员体系，以围绕用户为核心打造一站式购物平台。

盒马鲜生通过实体店建立消费者的信任感和忠诚度，将消费者从线下引入到线上消费，增加用户对产品使用的黏性。同时通过采集线上和线下的用户行为数据，为用户提供更加精准的需求和服务。

## 任务一 提升用户感知、激活消费情绪

【任务描述】本任务将主要分析用户感知差异、消费情绪对用户体验的影响。

【任务分析】了解用户感知有哪些不同，针对不同的用户如何提升用户感知，情绪会不会影响决策，激活消费情绪的方法有哪些；从数字营销角度来体验感知，激活消费情绪。

相关知识

对于营销人和企业主，最难的是什么？不外乎以下两点：

（1）营销概念的不断冒出，不知道该用哪一个，或者说哪一个更有效。从早期的 USP 理论、品牌形象论、定位、整合营销传播到后面的 KOL、KOC 和私域流量，难免让人眼花缭乱、不知所措。

（2）信息传播渠道和产品销售渠道的不断变化，从早期的四大传统媒体、门店超市终端，到今天的新媒体、社交电商。信息投放在哪里更有效，产品放在哪里卖更畅销，困扰了一个又一个企业主和营销人。

未来，随着社会的发展和科技的进步，定会冒出更多的概念，衍生出更加意想不到的渠道。

我们该如何在变化中求生存？或许，我们应该思考一些更本质的东西。

（1）人们追求舒适的生活条件，不会变；

（2）人们为了生存、享受生活、延长寿命，不会变；

（3）人们免于恐惧、痛苦和危险，不会变；

……

还有，消费者购买产品和服务的本质，不会变。

### 一、用户感知的差异

让你购买的并不是产品本身的价值，而是你购买当时所能感知到的价值，你仔细打量包装、不忘看一下产地、咨询有没有售后服务、回想有没有看见过它的广告……，又考虑要花多少钱、用起来复不复杂、身边的人怎么看待。

然后，你在心中一对比，如果感知利益大于感知成本，你就会掏出钱包，爽快下单，即使广告上写的"遥遥领先、更多人使用……"不一定真实。

很多人在购买当时觉得自己捡了个大便宜，用上一段时间之后，才发现自己被人骗了，也再一次说明，我们购买某件产品或者服务，并不是因为其本身的价值，而是因为我们能够感知到的价值。

那么，何谓感知价值呢？

顾客感知价值是顾客在感知到产品或服务的利益之后，减去其在获取产品或服务时所付出的成本，从而得到的对产品或服务效用的主观评价（图6-1）。

感知价值=感知利益+感知成本

图6-1 感知价值

从上面一句话中，我们能够提取到两个重要的信息：

（1）感知价值是对得到的产品或服务效用的综合评价，是感知利益与感知付出之间的权衡。

（2）上面说的价值、利益和成本，都是指消费者可以感知到的，并不是企业主自己认为的。

很多企业花了重金在产品研发上，但是消费者不买单，归根结底还是因为消费者感知不到产品的价值，或者说所能感知到的成本大于能感知到的利益。

了解了感知价值是怎么回事之后，现在我们来看看，如何提升顾客感知价值，以增加被消费者选择的机会（图6-2）。

图6-2 提升顾客感知价值

很多人误以为顾客感知利益只有产品利益，所以不断在产品上投入研发成本，即使产品本身很有价值，可是没有让人们感知到利益。小米是怎么做的呢？性能好不好，跑分就知道，发布会上跑分试试，然后抛出一组数据，顾客瞬间就能感知到利益了。

也有很多人误以为顾客感知成本只有货币成本，所以不断降价，即使的确已经让了很大一部分利了，可是，10 000块钱的产品"打九折"和"直降1 000元"在优惠数额上虽然没有区别，但是人们就是觉得"直降1 000元"优惠力度更大。

要提高顾客感知价值，我们必须清楚知道感知利益有哪些，感知成本有哪些，全方位去进行分析，从而去提高顾客感知价值。

事实上，"感知利益"和"感知成本"包含了很多方面，如图6-3所示。

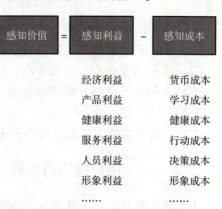

图6-3 感知价值包含内容

所以我们可以看到常见的增强产品利益和降低货币成本只不过是众多增加顾客感知价值的方法之一,而忽视其他方面的"感知利益"和"感知成本"。

##  二、提升用户感知的几种方法

下面通过一些案例,看看如何通过增加"感知利益"或者降低"感知成本"来增强顾客感知价值。

### 1. 增加"形象利益"

很多时候消费者不买你的产品,可能并不是因为产品本身不好,而是因为没有帮消费者树立想要的形象,因为有些时候,相比于产品质量,消费者更看重产品能否突出自己想要的形象。

比如过节送礼,消费者更喜欢那些包装看起来高大上或者从其他方面可以体现出贵的产品,因为可以突出他们"舍得、大气"的形象。

再看看 DR 钻戒,主打"男士一生仅能定制一枚"的概念,并以此提升消费者在送钻戒对象心目中的形象——我送 DR,说明我只爱你一个人。

我们来分析一下,DR 是如何提升感知形象利益的。

订婚、结婚送钻戒实在正常不过了,"钻石恒久远,一颗永流传"那句广告语,让钻石不只是钻石,更是"爱情长久"的象征。如何从众多珠宝品牌中杀出一条路来,难道大肆宣传自家的珠宝比其他品牌的珠宝象征更长久的爱情?更稀缺?

方向没有错,但如何让消费者更容易、更大程度感知到长久和稀缺的利益呢?

一句"男士只能定制一枚,承诺一生只爱一人",不知道融化了多少收到 DR 钻戒的姑娘的心(图6-4)。想象一下,有一天,你的王子骑着白马拿着 DR 钻戒来到你的身旁……

图 6-4　DR 的钻戒广告

### 2. 降低"形象成本"

有时候，人们不愿购买你的产品，并不是因为不接受你的价格，而是担心自己购买这款产品会有损自己的形象。

比如过去的胰岛素，就是病人自己买来注射，用来治疗糖尿病的那种。在当时，不管商家怎么提升产品的性能、控制产品的成本，始终无法提高自己的市场占有率。

直到后来，一家名叫 Novo Nordisk 的公司剑走偏锋，他们并不追求极致的性能，也没有把主要精力放在价格上，而是努力降低顾客的"形象成本"。

Novo Nordisk 发现，胰岛素消费者其实并不想让别人知道他们是糖尿病患者。

所以他们研发出一种"笔形"的胰岛素。与传统胰岛素相比，这种胰岛素不容易被识别出来，看上去跟普通的中性笔几乎一模一样（图 6-5）。

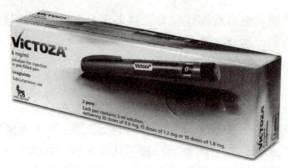

图 6-5　笔形的胰岛素

这样就成功帮助消费者降低了他们的"形象成本"，而产品本身当然也成功颠覆了市场。该产品能成功还有另一个因素：使用方便——降低了"行动成本"。

### 3. 增加"心理利益"

如何让人们感知到刷牙后牙齿变得干净了些？——牙膏中加上一点薄荷味。

如何让人们感知到瓶装果汁更有料？——包装上印上几个又大又鲜的水果（图 6-6）。

图 6-6　美汁源

如何让人们感知到洗衣粉的去污能力强？——多一点泡沫或者加上些带有颜色的颗粒。

如何让人们感知到牛奶的营养价值更高？——把牛奶做得更浓稠些。

#### 4. 降低"决策成本"

传统的商家都认为商品越多越好，但实际上并不是这样，因为"做决策"（或者"做选择"）这件事真的非常痛苦。

心理学家以前做过一个实验：他们分别给两组受试者展示商店里的果酱，第一组只展示6种果酱，而第二组展示了24种（图6-7）。

图6-7　果酱实验

结果发现，第一组购买果酱的人数是第二组的10倍（30%与3%）。

这就是心理学上的"决策瘫痪"：在选择过多的情况下，人们会因为前期耗费大量精力做选择，就直接放弃做决策了。

所以你会发现，虽然麦当劳和肯德基年年都会出新品，但始终会淘汰掉一些产品，以避免因品种过多所导致的"决策瘫痪"现象的出现。

另一方面，它们也经常会出一些套餐，将多种产品变成一种产品，进一步降低"决策成本"。

#### 5. 降低"行动成本"

先来看《营销按钮》中提到的一个案例：

乔治·布什洲际机场是美国休斯敦三大机场之一，几年前，乘客由于取行李的等待时间过长，经常怨声载道、投诉不断。为了减少等待时间，机场增派了更多的行李员，将乘客等待的时间大幅度缩短至8分钟。

然而事与愿违，乘客的抱怨并未减少。这令他们十分意外和纳闷，他们在一起开会研究多次，没能解释清原因，也未能研究出解决问题的办法。后来，管理者只好向美国著名管理学家罗宾斯求助。

罗宾斯调查后分析认为，乘客取行李的等待时间主要是由两部分组成的——一部分是走到行李处的时间，另一部分是取包的时间，前者大约需要1分钟，而后者却大约需要7分钟。

罗宾斯据此提出了一个解决之道：拉远出口与行李处的距离，再将乘客的行李包按另外一种特定的路线送至行李处。

也就是说，乘客等待的时间还是8分钟，但要多走5分钟的路，这样乘客走到行李出口处后，只需要等2分钟就能拿到行李了。

如果这个方案的思路和真相公布于众的话，相信多数人都会觉得受了愚弄。然而事实却是令人瞠目结舌的：新方法施行后效果立竿见影，很少再有乘客因为取行李等待时间过长而投诉了。

对于乘客而言，自己享受到的服务并未提高，也就是说实际行动成本并没有降低，都是需要等待8分钟，但6分钟的走路时间加2分钟的等待，比1分钟走路时间加7分钟等待，乘客的感知就会好很多。

如何让人们更愿意去参与积分兑换，如果原本是需要5个积分才能兑换一杯饮料，不如先给消费者5个积分，让他积累到10个积分才能兑换。

虽然都是5个积分，但是第一种情况需要从0到5，而第二种情况是本来就有5个积分了，消费者会感知到再积5个积分变得更容易些。

### 三、情绪如何影响用户决策

消费者的购买行为在很大程度上会受到其情绪的影响，那么情绪是如何作用于消费者的购买行为的？对于企业来说，应当如何利用情绪来促使消费者产生购买行为呢？情绪可以通过3种方式作用于消费者的购买行为，分别为整体性情绪、伴随性情绪、与任务有关的情绪。

**1. 整体性情绪的作用方式**

整体性情绪是指与产品或消费决策直接相关的情绪。整体性情绪包括消费者看到或者体验到产品之后马上产生的情绪（如试穿衣服时的满足感），在产品展示过程中（图6-8）消费者体验到的情绪（如产品广告），以及基于消费者对产品的认知产生的情绪（如想要一款手机）。这些情绪反应是由产品属性引发的、和产品有关的一种整体性情绪。

图6-8 产品的形象影响消费者购买

直播带货中消费者的愉悦情绪能够显著影响其冲动性购买行为的发生，而愉悦情绪主要由主播具有互动性、真实性、娱乐性等特征的传播行为所激发。主播对产品的现场试用让直播传递真实的体验感，他们还会通过抽奖、倒计时秒杀等方式对消费者进行情绪唤醒，使其专注于直播间中的商品信息，在互动环节中，他们会组织弹幕、评论、答疑、送礼物等。此外，主播还会时不时地抛出问题让观众回答，并结合回答分享自己的故事和观点，给消费者塑造朋友般的愉悦感。

### 2. 伴随性情绪的作用方式

伴随性情绪是指那些与产品和服务并没有直接联系的情绪体验。也就是说，伴随性情绪并不是由产品本身引发的情绪反应，它可能来源于个体长期性的情绪特质（如长期的焦虑感、压抑感），或者个体气质（如开朗、乐观），或者情境（如背景音乐、天气状况）等。

伴随性情绪对行为的影响主要是通过同化效应产生的。当消费者的心情愉悦时，通常对产品的评价比较高，即便消费者的积极情绪和其所做的决策或购买的产品无关，其决策和产品选择也会受到这些情绪的同化与感染。

研究发现，当消费者处理信息的动机和能力较强时，他们可能会意识到伴随性情绪与其决策无关，所以同化效应不会存在。当消费者处理信息的动机和能力非常弱时，他们可能不会产生伴随性情绪，同化效应很弱，甚至没有。只有当消费者处理信息的动机和能力处于中等水平甚至更高时，伴随性情绪的同化效应才会强烈。

伴随性情绪的同化效应通常在消费者不清楚伴随性情绪的来源时最强，当消费者的决策基于体验性动机、采用整体性判断时，伴随性情绪的同化效应的影响就会达到最大化。

伴随性情绪的同化效应并不总是存在，当消费者决策基于功能性动机时，消费者选择的产品就是功能性产品，而不会依赖伴随性情绪去做选择。当消费者为他人做选择时，即使伴随性情绪存在，其同化效应也会大大减弱，甚至不会对决策产生任何影响。

### 3. 与任务有关的情绪的作用方式

与任务有关的情绪是指在决策过程中产生的与决策过程有关，或者因为决策过程而引发的所有情绪。这种情绪不同于由产品自身引发的整体性情绪，也不同于与任务无关的一些伴随性情绪。例如，消费者需要在两个非常有吸引力的产品之间做出选择时所产生的压力感就是一种与任务有关的情绪。

在现实生活中，消费者在采取购买行为前，通常需要在各种属性之间做出比较和权衡，从而产生不愉悦的情绪；其次，如果在决策过程中有时间压力或者被监督，消费者也会产生与任务有关的压力感。在决策过程中，消费者产生的这种与任务有关的不愉悦感和压力感经常会导致其采取规避型策略，如偏好保持现状或者延迟选择。

对于企业来说，要想有效降低消费者由于决策困难而对产品评价降低或者延迟决策，可以通过各种策略降低其决策过程的不愉悦感。营销人员可以通过匹配决策方式和消费者动机来提高消费者决策的愉悦感，也可以通过广告激发消费者的促进性动机（如强调希望、愿望、渴望等），同时强化产品的期望属性。这样可以降低消费者在决策过程中对期望属性和可得属性的权衡，降低决策困难，同时提高消费者决策过程的愉悦感。同样，广告也可以激发消费者的规避性动机（如强调责任），同时强调产品的可得属性，也可以降低决策困难，提高消费者决策过程的愉悦感。

## 案例链接

### 直播带货的算法情感反思

直播带货从主播个体的生存之道转化为整体的社会系统工程，技术、经济、政治、文化等多种力量间彼此激荡，生成当下的繁荣景象。从情绪传播的角度看，大数据背景下依靠和信任算法驱动的互联网平台正在推动中国社会的消费文化转移，这种转移通过融合和建立主播、消费者、供应商、明星、政府等多元社会关系而实现。直播带货是一种视频化的消费生活关系，主播不断复制、再现和创新消费场景，在数据和算法的引领下，通过情绪传播制造虚拟亲密共同体，最终带动商品销售。可见，直播带货的本质是销售和消费，贯穿其间的情绪传播让情感、人性、人设与商业化体制紧密结合，通过营造朋友般、闺蜜般、家人般的消费文化带动中国社会的整体消费增长和经济转型。那么，直播带货中的情绪传播是一种算法情感吗？

其一，从技术逻辑看，大数据时代的算法技术已渗透入直播带货的每个毛孔中。渠道分析、货物品类分析、商品关联度判断、用户流量池、用户偏好和精细化分层、精准获客、销售转化率、数字用户资产管理等全部统摄于算法之下，情绪传播也被裹挟其中，需要通过预判、策划、流程和控制实现不冷场的互动和高浓度的黏性，算法指挥着行业标准。

其二，从主播的角度看，情绪传播是一种情绪劳动，主播也是情感劳动者。劳动质量的高低直接影响主播的影响力、议价能力、市场价值和利润率转化，平台也会通过各种数据严密地考核每一个直播间，算法决定首页推荐位置和资源调剂。主播需要有高超的情绪控制能力避免让消费者因感知操纵意图和感知隐私侵犯而产生抗拒心理，智能推荐算法对用户的个性化标签分类和偏好统计能让主播通过直播内容设计和定制化商品服务，逐步提升对消费者需求的匹配度，互动性、参与感、亲密度是主播与消费者之间的动态情感调适过程。当然，主播独特的人格特质也是情绪传播的重要影响因素，主播是否愿意付出情感、他们能否从情绪传播中获得自身的愉悦和满足、他们如何平衡算法和作为人的主体性呢？28岁的李佳琦的一段掏心掏肺的聊天也许可以给我们启示："我想要口红展示有情感""我想要进来的人和出去的人，都能感受到我的情感。我一定要做的是情感，而不是口红""现在都有后台监测数据，你能让粉丝在直播间停留1小时，我不相信你没有流量"。记者在采访后写道：李佳琦很难一个人独处，他享受、渴求那种置身于众人之中被人喜欢的感觉。"当李佳琦已经站在注意力的巅峰，他也在困惑，自己到底将成为谁。"主播作为情感劳动者，一方面丧失了情绪表达的自主权，另一方面又在利益的驱使下主动进行情绪的表演。某种程度上，这或许印证了社会学者口中的"以人的利益来对抗人的激情"。

其三，从消费者的角度看，他们在消费需求满足和情感满足中很难具备充分的理性。直播带货改变了生硬的推销方式，消费者通过主播的替代性体验获得对商品的嗅觉、味觉、触觉等虚拟感知，主播不停歇的、高亢兴奋的情绪传播全方位刺激消费者对物的欲望和崇拜。网红主播的"种草带货"不断缔造出消费奇迹与媒体奇观，数据和算法的规则通过场景再造激发参与者的狂热行动和模仿跟随，冲动消费成为直播带货的主要成效。直播带货对消费者的情感刺激还会持续加强，无人直播的循环播放、虚拟歌手直播带货、AR试妆换装、三维仿真模拟购物等都会进一步地强化、细化用户研究和需求满足。但消费者真的需要这么多吗？

基于此，我们尝试用"算法情感"归纳和反思直播带货中的情绪传播现象。算法情感既是大数据技术下用系统的方法描述和解决问题的平台策略机制，也是直播带货中推动流量数据、销售业绩的复杂人格特质。从人类的心理形成机制看，情绪是一种复杂的躯体和精神变化模式，包括生理唤醒、感觉、认知过程以及行为反应，这些是个体知觉到的独特处境的反应。情绪作为个人化的心理认知协调模式在信息化、数字化、智能化的人类社会互动中成为商品要素，直播带货中的情绪传播将人类情绪变化也纳入算法监控和调整之下，人类深层持久的情感联系变为短暂易逝的情绪波动和商品本身。当然，我们不否认算法情感的积极意义，经济社会的发展需要推动和优化"人货物"的流动和匹配，直播带货中的情绪传播显然反复解释和验证了情绪生产与传播的商业化价值。我们对算法情感的反思，只是想更多地回到和实现人本身的自在、从容和适度的物质与精神生活。一方面，社会治理在加大调整和控制直播带货中的夸大宣传、极限用词和欺骗误导；另一方面，消费者个体也需要提升自主意识和智慧素养实现自身的理想生活。在直播带货中，未来通过更充分、更智慧的交流沟通、知识分享和情绪表达实现高质量的网络生活，这或许也是用主流价值导向驾驭算法的应有之义。

[本案例引自 https://www.sohu.com/a/418037759_375507，系国家社会科学基金后期资助项目"新时代媒体融合创新实践"（19FXWB024）阶段性成果]（肖珺：武汉大学媒体发展研究中心研究员，武汉大学新闻与传播学院教授；郭苏南：武汉大学新闻与传播学院硕士生）

### 四、激活消费情绪的几种方法

在不同的时代，人们对购买行为有着不同的认识。例如，在物质匮乏时代，人们首先考虑的是衣食住行等最基本的需要；而在物质极其丰富的今天，人们开始追求生活品质，寻求性价比与个性化，更多地追求心境、感觉、情调等无形的事物。因此，如何激发消费者的购买情绪是企业营销成功与否的关键。

（一）通过产品本身激发消费者的满意心理

现在处于商品过剩的时代，如何在产品相同或相似的功能诉求上占领消费者的心智，对于企业来说显得尤其重要。

与产品或服务有关的整体性情绪对消费者的决策和行为有着非常重要的影响。因此，企业或商家在情绪塑造过程中首先需要从产品属性入手，包括产品的质量、特色、外观、款式、颜色、包装、产地、品牌和口碑等。这些产品必须能够激发消费者积极情绪，才能提高产品的吸引力，在一定限度上吸引消费者的注意力。在新消费时代下，消费者普遍愿意为更高质量的产品和服务体验花费更多。

除了产品属性之外，企业还可以通过产品诉求来激发消费者的某种特殊情绪。2021年4月3日，由同程旅行发起的"机票目的地盲盒"活动，吸引了超过1 000万用户参与抢购（图6-9）。"机票盲盒"相关的抖音、小红书话题量突破1亿。

图6-9　盲盒机票

其实年轻人薅"机票盲盒"羊毛也不都是出于捡便宜心理，更主要的是来自心理上的满足感。所开盲盒符合自己预期，就会获得满足感。而开"机票盲盒"还会减轻一些年轻人的选择恐惧症问题，祖国大好河山，好玩的地方那么多，选择其中哪一个地方去玩对于选择恐惧症人群来说简直太难了，开一个"机票盲盒"完美解决纠结问题。同时还会引发用户的攀比心理，进而引发抽到不同目的地的人吐槽或者炫耀的情绪，这种情绪会支配用户在社交网络上发表自己的看法，进一步为"机票盲盒"做了"自来水式宣传"。

### （二）通过外部因素激发消费者的购买情绪

情绪对消费者行为的影响不只来源于产品本身引发的情绪影响，一些外部因素激发的伴随性情绪往往也会对消费者产生较大的影响。为了提高消费者的兴趣，企业可以从以下几个方面出发激发消费者的购买情绪。

**1. 创造良好的购物环境**

不管是线下实体店的营业环境，还是线上网络购物平台的营销环境，都要以最大限度地吸引消费者的注意为目的，无论是产品摆设、灯光照射、背景音乐，还是商家的服务态度和效率等，都要以让消费者感到舒适、满意为主。无论哪个环节，其优化操作的主要目的都是使消费者停留的时间延长，增加接触产品的机会，加深对产品的认知，激发消费者的购买欲望。

**2. 采用多样化的促销手段**

企业可以采用多样化的促销手段（如买赠活动、免费体验、免费品尝、限时打折等）来提高消费者对产品的认可感。另外，组织现场活动能够使消费者参与产品互动，在亲身体验过程中增强对产品的感知，从而激发其购买情绪。例如，雀巢咖啡中秋试饮活动提高了消费者的参与性和积极性，使企业的营销决策有的放矢，从而激发消费者的购买欲望，影响消费者的决策和行为。

**3. 营造适宜的购买氛围**

在销售环境中，商家经常采用愉悦、享乐性的音乐来激发消费者的积极情绪，从环境入手影响消费者的购买决策和行为。例如，在花店播放浪漫的音乐，吸引消费者驻足，让其在欣赏音乐的同时选择购买鲜花；在餐厅播放慢节奏的音乐，会让消费者点更多的菜品。这些无疑是让音乐影响消费者的情绪，从而影响消费者的行为。

**4. 注重人性化的服务**

消费者在购买过程中越来越注重个人体验和感受，优质的服务能够激发消费者的购买情绪。消费者既能对先进及人性化的管理作出反应，也能清楚地认识到商家经营管理中的问题，并产生消极情绪，最终从行为上予以拒绝。因此，企业应从进门、付账、出门等细节着手提高服务质量，尽力体现人性化服务，充分显示其对消费者的尊重，最终以人性化服务的魅力赢得消费者的认可。

总之，企业要想尽办法通过唤起目标群体的情绪引发其共鸣，最终让产品或服务与消费者产生关联，从而影响消费者的感受和购买选择。

## 任务二　提高用户参与

【任务描述】本任务将主要介绍口碑营销与用户参与的关系。
【任务分析】了解并掌握数字营销时代，如何利用口碑媒体，提高用户参与。

### CADA 云数聚与高德地图开启"用消费者口碑点亮高德"活动

当地图也进入"大众点评"时代后，寻找靠谱的 4S 店以及维修店是件很容易的事。中国汽车流通协会主导建设的中国汽车售后服务质量监测大数据平台（以下简称 CADA 云数聚）与高德地图联合开启了"用消费者口碑点亮高德"活动，受到全国车企以及经销商广泛关注。今后，凡获得"口碑优选店"称号的 4S 店以及维修店，在高德地图上就会显示一个特殊的标识，消费者可以通过这个标识引导，找到靠谱的店面。

目前，已有近百个汽车品牌的近千家 4S 店入驻高德地图，预计年内将实现全国汽车授权经销店的全覆盖。

附近哪家 4S 店最靠谱？车子在陌生的路上抛锚，去哪儿寻找信得过的维修店？突如其来的新冠肺炎疫情，让本来经营困难的汽车维修业更是雪上加霜，客户难寻。一边苦恼找不到质量高的维修店，另一边又为无法获得更多的客户犯愁。

一位维修店老板曾苦恼地表示，虽然自己的修车技术"杠杠的"，但是，客户基本都是附近多年维系的老关系，好多年了，数量并无太大的增长，要想获得更多客源真是件难事。"看来'酒香不怕巷子深'这句老话，已经不适合信息快速发展的时代了。"他苦笑着说。

中国汽车流通协会 CADA 云数聚的汽车消费者 360°洞察体系，可以采集海量消费者体验数据，运用科学的计算模型，真实反映消费者体验结果，实时监测行业服务质量。这也是目前国内唯一实现汽车消费者全生命周期价值管理的数据平台。

高德地图是中国领先的数字地图，是一个拥有累计数十亿下载量的国民出行平台，汽车用户基础十分强大。高德有超过1亿用户，其中50%以上都是出行用户，每天在搜"4S店、保养、维修、洗车、配件"等关于车服务信息达百万级的搜索量。这些都是门店的潜在客户，值得关注。而且高德地图的主力军年龄段在30~49岁，这个年龄段是消费能力强的人群。

一边是精准的汽车售后服务质量测评，一边是海量传播，"用消费者口碑点亮高德"活动完全可以解决"消费者找不到高质量的门店，而维修店一客难寻"的尴尬。

## 一、口碑媒体与用户参与

### （一）口碑营销的内涵

口碑营销是一种特殊的营销方式。消费者之间会经常谈论某个企业产品的优缺点，从而形成了口口相传的口碑。这种口碑通过多种渠道在市场中传播和扩散，进而对其他消费者的购物决策产生深刻的影响。这个过程就是一次口碑营销的过程。

不同于传统的广告宣传模式，口碑营销是真实消费者之间的交谈，而不再是企业销售团队对消费者的单方面灌输。即便营销者能在一定程度上影响用户的意见，也无法绝对控制舆论走向。这是一种以企业与消费者保持平等关系为前提的营销方式。

就事论事，"口碑"一词早已出现。口碑营销，说白了也就是提高消费者对公司产品或服务的好感度，利用好感度来刺激消费。但口碑营销直到互联网时代才真正成为一种成熟的现代营销理论。因为，这种营销方式是通过人们的自然交谈实现销售信息的口口相传。唯有在社交媒体十分发达的今天，口碑传播速度才能借助互联网的聚焦放大效应，在短时期内迅速传遍全球，形成数十万甚至上百万消费者参与互动讨论的热议话题。

当然，根据美国口碑营销研究咨询公司凯勒·费伊集团的统计，互联网上的口口相传实际上只占了所有口碑传播的7%。尽管如此，口碑营销并不局限于讨论的形式，更重要的是"讨论"本身。

从根本上说，口碑营销的核心思想中有三句话：

第一，让大家有兴趣讨论你的产品、服务、创意、功绩、形象；

第二，让大家有兴趣在讨论之余购买你提供的东西；

第三，让大家有兴趣长期地讨论你的一切，并把你的各种消息扩散给更多人。

## 二、提升用户参与度

### （一）微博：引爆口碑影响力的绝佳平台

（1）微博的特性非常适合做"病毒式传播"；

（2）官方微博的个性形象在一定程度上代表着企业品牌的整体形象（图6-10）。

微博的兴起在互联网发展进程中是一件大事。它大大冲击了论坛、博客、QQ空间、贴吧等传统互联网平台，成为网络社交活动的主战场。这与微博自身的特点有关。

微博最初只能发140个字，可以上传图片和视频。许多网友用智能手机拍照片然后发到微博上，再配上一段话，短短几秒就造出了一条新闻快讯。因此，传统新闻媒体赖以生存的"时效性"被颠覆，新闻记者跑得再快，发出消息的时间也晚于只需动几下手指的现场目击者。这种便捷的产品功能让微博刚问世就带有强烈的媒体属性，让每一位用户变成了一个"自媒体"（图6-11）。

图6-10　微博平台

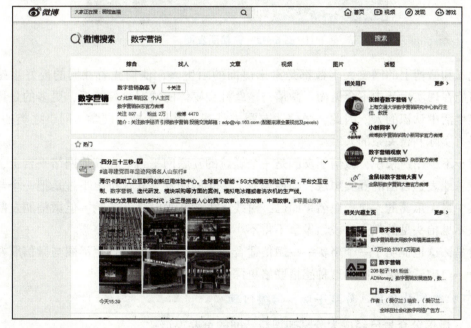

图6-11　微博关于数字营销的搜索

无论你的年龄、性别、学历、身份如何，都可以在微博上简短地发布自己的信息。由于微博字数限制比较严格，只能发出碎片化的信息（长微博工具和头条文章功能是后来添加的，也不是微博的主要功能），但发微博非常方便，可以随时随地记录身边的点点滴滴。于是，人们制造、阅读和传播信息的方式发生了翻天覆地的变化。

碎片化信息带来了碎片化阅读习惯，而碎片化阅读习惯带来了碎片化的表达方式。在微博这个平台上，人们很难用长篇大论完整地表达自己的理性观点，更多时候是以140字以内的只言片语来表达情绪化观点。这使得微博成了调动大众情绪的最佳平台，任何小事都有可能被微博放大成热议话题。

在已知的互联网平台中,微博的信息传播能力最强。所以企业做口碑营销时,绝对不能忽视这个有力的武器。

### (二)微信朋友圈:提高用户参与,构建强关系社交的首选渠道

(1)提高用户参与,需要企业与用户进行强关系社交;

(2)微信朋友圈利于企业深度发掘用户需求和精准推送营销内容(图6-12)。

图6-12 微信朋友圈

论坛和微博上的网友大多数都是素未谋面的陌生人,他们凭着共同的爱好维持着交流,可能在现实生活中不会见面。微信与这些社交媒体的情况恰好相反,更多的是用来联系现实生活中认识的人。因此,微信朋友圈成员基本上是亲戚、同学、同事之类的熟人,或者是有实际利害关系的人。

对于不少用户来说,微信朋友圈是一个尴尬的互联网平台。在其他网络平台上,可以无所顾忌地表达自己的真实想法,即便得罪了多年的网友,其代价也不过是把一个与自己在现实中毫无瓜葛的人拉入黑名单而已,对线下生活几乎没什么影响。但微信朋友圈里都是低头不见抬头见的熟人,说话做事不得不小心谨慎,避免与他人交恶。

可是,这也证明了一个事实——微信适合开展强关系社交,让生活圈与微信朋友圈合二为一。口碑营销恰恰需要这种感情联络更深入的人际关系。

### (三)微信公众号:分享干货,传播口碑

(1)微信公众号已经成为分享知识与新闻的重要渠道;

(2)经营好微信公众号可以吸引更多非产品用户成为企业的粉丝(图6-13)。

新媒体时代催生了消费者的碎片化阅读方式,这对传统的纸质书造成了极大的冲击。也许是受到这种新方式的影响,那种通过阅读大量书籍来增长知识的做法渐渐变得小众化。大多数人有兴趣每天浏览累计30万字的碎片化信息,却不愿意静下心来读一本15万字的书。他们并非都厌恶学习,只是更喜欢别人直接给出简单明快的答案,省却自己动脑动手之苦。微信公众号的兴起,与这种风气不无关系。

每一天,你打开微信朋友圈,就会看到别人转发的微信公众号上的文章。无论这些文章多么不靠谱,朋友圈里总有人深信不疑并热情地转发。当你打开微博时又发现,许多来自微信公众号的长篇大论(通常是几千到一万字的篇幅)被微博推送到你的首页上。

服务号

订阅号

企业号

图 6-13　微信公众号

之所以出现这种局面，主要是因为微信公众号非常适合作为分享内容的平台。无论是原创文字还是转载图文，都会被精准地推送到你的微信朋友圈，然后被感兴趣的人用"分享"按钮一键转发到其他的微信群、朋友圈或者微博上。那些已经养成碎片化阅读习惯的用户，最喜欢这种便于在智能手机或 PC 端浏览的公众号文章。他们能从里面看到很多有趣的故事，并学到一些知识（图 6-14）。

图 6-14　随处可见的朋友圈营销

因此，把各种各样的知识掰成便于浅阅读的碎片化信息的组合，让广大用户将订阅公众号视为主要知识来源，这便是内容营销的思路。而各个企业的微信公众号就是通过内容营销形成自己的个性品牌形象，扩大其口碑影响力，以便带动其他营销活动。

信息爆炸的时代,优质内容供应已经成了一门生意。社交媒体上充斥着大量水平参差不齐的公众号文章,吸引着不同类型的读者群体。在各花入各眼的同时,读者群里还存在歧视。文艺小清新看不起主旋律的"假大空","理中客"(指理性、中立、客观)看不起文艺小清新的"傻白甜","吃瓜群众"看不惯"理中客"高高在上地装模作样。抛开谁是谁非的问题,大家都在相互贴标签,都认为自己的"格调"比对方高。

如今是价值观多元化的时代,人民群众的需求也呈现出多元化趋势。只要定位好自己的细分市场,针对特定目标受众群体的喜好来制作内容,总能找到足够多的人为你"买单"。这个细分市场下的目标受众群体,是商家的"基本盘"。只要"基本盘"不丢,其他群体对你意见再大,也不会导致你的财源萎缩。

为什么一些营销号经常故意发表有争议的奇谈谬论却能屹立不倒?主要是因为它们的"基本盘"喜欢相关内容,营销号只要极力讨好它们的"衣食父母",就能活得很滋润。

当然,要赢得自己的"基本盘"的支持,关键是得有"料"。用互联网上的说法,就是得有"干货"。

"干货"指的是实用性、知识性、思想性较强的内容。其实,能做出真正的干货的人还是不多的,但只要看起来有干货的范,就能吸引一大批读者点赞。不过,内容被转发多了,总有真正的行家会挑出毛病来。所以,公众号运营者还是应该不断学习,完善知识结构,提高认识水平,加强把知识打碎并讲透的能力。唯有如此,才能满足其受众不断增长的欣赏水平和挑剔的胃口。

### (四) App 应用:信息传播的特殊渠道

(1)"游戏机制"对口碑营销有着不可估量的重要意义;

(2)开发 App 应用也是扩大口碑影响力的一种有效手段(图 6-15)。

图 6-15 App 应用

游戏机制与口碑传播。企业做口碑营销时，不应该忽略游戏的力量。普通的抽奖活动对消费者的吸引力一般比较有限。因为大家觉得"狼多肉少"，自己很难得到奖品，参与了也只是给别人当背景板。假如是带有游戏性质的营销活动，无论企业是否提供物质奖励，产品用户以及非产品用户的消费者可能都会跃跃欲试。原因无他，有趣、好玩，仅此而已。

假如世界上不再有游戏（包括网络游戏、单机游戏和与电子设备无关的户外游戏），人类的生活将是枯燥而单调的。这是因为，玩游戏可以消遣无聊的时间，感觉日子过得很有趣味；玩游戏可以找到自己潜在的才能，哪怕在现实世界中混得很糟糕，在游戏世界未必不能做个让人羡慕的"大神"；玩游戏还能影响社交，找到许多平时遇不到的意气相投的朋友。

游戏的力量很惊人，它能给人带来物质奖励所不具备的精神满足感。简单的游戏，比如"连连看"就有"办公室杀手"之称，规则很简单，说起来也没多少可聊的内容，但就是能吸引很多人在不知不觉中消耗大量时间。其他游戏也是如此，能最大限度地激发人们的兴趣。即使你知道玩游戏不能得到奖金（职业游戏人除外），也会心甘情愿地往里面砸钱，不惜投入大量时间和精力。一切只是为了内心的愉悦。

美国口碑传播学家乔纳·伯杰教授很早就注意到了这一点。他认为优秀的游戏机制可以从内部激发人们的兴趣，让他们乐此不疲地参与到某个活动中。如果设计一个能量化众人表现的游戏机制，大家就会为了表现自己而踊跃报名，并且在事后还会炫耀自己的成就感。在这个参与和炫耀的过程中，口碑已经在不知不觉中四处扩散，并深入到每一位游戏参与者的内心。

### 三、口碑声誉管理

口碑营销能以星星之火产生燎原之势，主要是抓住了消费者的某种情绪。消费者因营销信息而产生的正面情绪或负面情绪，会促使他们萌发强烈的分享愿望。同时，其他消费者也会形成共鸣，从而将个人情绪扩散为群体情绪。因此，口碑的力量归根结底就是群体情绪的力量。如果不能有效调动消费者的情绪，就不可能让营销信息实现裂变式传播。

（1）口碑营销的本质是让产品信息形成裂变式传播；

（2）不能调动顾客情绪，口碑营销就是纸上谈兵。

核裂变的威力无人不知、无人不晓。假如产品信息的传播能像核裂变一样迅猛扩散，将形成令人惊叹的市场影响力。到那时，企业的销售业绩将取得更多突破。比如，这几年的"双十一"购物狂欢节已经成为企业与消费者共同关注的焦点，各大商家在此期间不断刷新销售纪录，让快递小哥们不得不加班加点地送堆积如山的快件。口碑营销追求的就是这种裂变式传播的效果，用口碑拉动消费，从而迅速提高公司的销售额。

实际上，某些产品的口碑之所以能形成裂变式传播，与顾客的情绪有密切的关系。

西方经济学曾经假设消费者是"理性人"，每个人都追求以最小代价获得最大利益，并以理性的方式进行消费。但实践反复证明，消费者往往是感性的。纵然有货比三家、讨价还价的行为，还是免不了冲动消费的结果。情绪的力量太过强大，会让人在不知不觉中忘却购物的初衷，高估产品的价值。比如，许多在"双十一"期间疯狂填满购物车的顾客，过后可能会后悔自己的冲动消费，并最终退货。

会做生意的人无不善于调动消费者的情绪，在设计产品时切合消费者的实际需求，在宣传、推广产品时寻找能够让他们感同身受的情绪点。

当顾客的某种情绪被营销内容成功调动时，他们通常会因为心理需求的满足而放宽经济利益上的要求。轻则能接受更高的产品价格，重则疯狂地做出冲动消费的决定。

## 任务三 "流量"到"留量"的运营

【任务描述】本任务将主要介绍流量、留量用户特征及针对他们的运营做法。

【任务分析】了解并掌握数字营销时代，从"流量"到"留量"的运营。

### 相关知识

#### 一、"流量"和"留量"特征

在互联网领域，用户在网上的点击、浏览、注册等行为，全部会变成数据，当某一时间点有大规模用户进行点击、浏览、注册等时，相关数据就会激增。这种情形就和在某一时间点大量电子或水分子形成电流或水流一样，用户的点击、浏览、注册等行为数据形成数据流，而数据流的数量，就被称为流量。

所以，当我们在谈流量获取的时候，其实谈的是获取的某种用户行为的数据量，比如注册量、点击量、下载量等，这样的数据量越大，流量越大。

同样地，我们平时所说的百度、阿里巴巴、腾讯等互联网巨头拥有巨大流量，也是指它们拥有类似的数据流，比较典型的就是 MAU（Monthly Active Users，月活跃用户数量）。截至 2020 年 6 月 MAU 过亿的 App 数量达到 54 家，如微信、支付宝、手机淘宝、QQ、高德地图、百度、抖音短视频、搜狗输入法、爱奇艺、腾讯视频，其中微信 9.54 亿，支付宝 7.30 亿、手机淘宝 7.13 亿、QQ6.84 亿、高德地图 5.32 亿、百度 5.29 亿。

其实，所有拥有过亿 MAU 的 App，都是企业日常获取流量的宝地，每月都有过亿的用户在其中流动，进行着点击、浏览等行为，就像大海里翻滚的浪花和跳跃的鱼群一样，生机勃勃。

所谓留量，简单来说就是被留下来的流量，这种流量不完全呈现其作为原始流量时动态的特点，而是呈现出一种相对静止的状态。具体表现在数据上，最直观的表现是留量的 DAU 和新流量相比会非常低，要想重新变高，就需要创造相似的环境和再次实现的路径，相当于再造一个流量平台。比如字节跳动被誉为"App 工厂"的一个重要原因，就是其在不断打造新的流量平台。这些平台初期的流量都是从今日头条导入的，但后续的流量多是自身新产生的，即前者是旧流量，后者是新流量。

流量思维对于初创期或者再次扩张的企业来说，是一个相对可行的方法，但从长期来看，流量更需要精耕细作，这就需要我们重视留量，因为留量有三大特征：可控性、低成本、可复用，只要用好留量，就能帮助企业实现长期稳定发展。

接下来我们就来解读留量的本质和三大特征。我们前面简单提到过，留量就是留下来的流量，那什么样的流量是已经留下来的？留下来的流量是指那些经过外部引流后被使用和转化的流量，它可以以任何形态存在，线上留量则主要分布在App、社群、小程序、公众号等平台。

无论流量以什么形态存在，只要经过使用和转化，这些流量就能成为企业的资产，企业想怎么用就怎么用，这便是留量的第一个特征——可控性。这显然是外部流量不能比拟的，因为外部流量需要更高的价格去采购，并且要调查流量是否精准。对于什么是渠道工作，不同行业的人有不同的理解。比如联系分销商和开展BD（Business Development，商务拓展）合作算是常见的渠道工作，而在传统的教育培训行业，渠道工作主要指建群，以前是建QQ群，现在则以建微信群为主，而建群的目的就是获取可以控制的留量。传统的招生模式很简单，要么发传单，要么购买百度广告，获取的流量多为一次性的，用完即流失，针对这种问题，最好的解决办法就是建群。通过发传单、SEM（Search Engine Marketing，搜索引擎营销）等形式把流量吸引到群里，然后进行运营维护，并通过一些轻度转化行为，把流量变成留量。通过外部渠道吸引到的用户，经过运营环节能对企业产生信任，企业运营得越细致，服务得越好，用户的信任度越高，这时再做任何营销推广动作，都会容易得多。

营销推广更容易，转化率自然就会随之提高，这体现了留量的第二个特征——低成本，这里主要指有效用户的获取成本的降低。在流量思维中，采购的流量会直接进行转化，无须进行深度运营，这种直接营销方式的转化率往往较低，需要靠持续和大量的销售来提升成交量，若非背靠巨头，资金充裕，一般创业企业很难负担得起。而如果先培育留量再进行转化，整体获客成本就会降低很多，ROI（Return on Investment，投资回报率）也会随之升高。例如对于在线一对一产品的市场工作，主要任务就是建立以微信群为主体的留量体系，在项目发展初期成功建立起拥有几千个高质量精准用户的聚集地。在线一对一产品有"规模不经济"的特点，拥有较高的客单价，对市场端的流量质量有很高的要求。可选择"公众号推广+微信个人号裂变+微信群转化"的运营模式，每周为用户提供一次家庭教育和学科讲座内容，以音频直播的方式对留量进行激活和留存，结果不负所望，该渠道的转化率和ROI是最高的。

留量除了有可控性与低成本这两个明显特征，还有一个特征是可复用，可复用主要体现在两个方面：一是复制流量，二是盘活流量。当把流量从外部引入到自有流量池，经过一系列精细运营或产品功能激活，流量黏性会显著提升，并产生很多活跃用户，此时只需经过适当的策略引导和行为激励，新的流量就可以自发地"生长"出来，扩展成新一层的留量。

## 二、拉新、促活与留存

任何一家创业公司从启动到成功，都会把一件事情当作核心，那就是增长。什么是增长？有人说是收入，有人说是利润，还有人说是市场份额，实际上都对，但这些都建立在一个基础要素之上，那就是用户。所以，企业增长的实质是用户的增长，然后才会有收入的增长、利润的增长、市场份额的增长。留量池思维的本质也是用户思维，强调以用户为中心设计流量的运营环节，重视流量循环，从而形成留量池。

## （一）拉新

关于拉新的定义，很多人将其等同于增长，但在实际运营中，拉新只是增长的一个环节，不能把拉到新用户等同于实现增长，其原因主要有两点。首先，在拉新的过程中，用户需要被筛选，只有找到真正的用户才算完成拉新，这就好比从一个大池塘里捞鱼，不可能任选一条放进鱼缸；其次，虽然在某些条件下，拉新可以等于增长，但这时的留存率非常低，甚至没有留存，只能直接变现。这样的情况极少，模式也不健康，如果某个企业是这样的增长模式，那么很快就会被市场淘汰。所以，拉新的本质还是寻找新用户，而在寻找新用户的过程中会经历三个环节：渠道选择、内容吸引、分发引流。

渠道选择寻找新用户的第一步是确定用户存在于哪些渠道，比如某个平台、某类社群，甚至某个具体的线下场景。渠道的种类很多，本书介绍17种常见渠道。

（1）软广告：以不突兀的方式植入广告，如在公众号投放产品软文、寻找大V发布推荐产品的微博、寻找KOL出演与产品相关的短视频作品等。

（2）大众媒体：由某个行业媒体进行报道，通过投稿、采访、刊登等方式，从媒体所掌握的渠道进行曝光。

（3）创意运营：围绕产品发布需要用户参与的活动并提供相应奖励，如发布评选、投票、征集、抽奖、H5传播等活动。

（4）搜索引擎营销：在流量巨大的搜索引擎如百度、360、搜物等进行付费投放。

（5）线上推广：在大流量平台如淘宝、今日头条、抖音等的广告位，以及社交媒体广告位、信息流广告位、短视频广告位等进行投放。

（6）线下推广：在线下场景进行运营推广，最常用的方式是"地推"，也包括一切用户能看到的线下广告投放，如公交站牌广告、地铁广告等。

（7）搜索引擎优化：针对网页进行内容和链接上的优化，提升被用户搜索和被系统抓取的概率，实现流量吸引。

（8）内容营销：在内容型平台发布某垂直领域的内容，通过优质内容吸引精准用户，风格可以多样，如干货（网络流行语，指精练、实用、可信的内容）或鸡汤（网络流行语，指能够抚慰心灵却不能解决实际问题的文章）；形式可以丰富，如文字或视频。

（9）推送：国外多指邮件营销，国内包括短信、客户端消息、即时通信、公众号模板消息等一切可以触达精准用户的手段。

（10）口碑推荐：指在产品流程中植入口碑推荐机制，引起用户传播的一种手段，如公众号裂变、社群裂变、App裂变等。

（11）小程序营销：提供免费的可供用户使用的高频应用工具，如网页插件、拍照搜题工具、题库应用等，用来吸引和留存流量。

（12）商务拓展：与在业务上有互补关系的其他企业进行合作，采取广告互推、内容合作、跨界营销等方式实现双方用户的互相导流。

（13）直接推销：通过其他渠道获得用户线索，然后由销售人员进行联络，最常见的形式是电销。

（14）分销：由产品渠道代理商推荐客户，推荐成功后给予提成，常用推广员、合伙人、代理人等制度进行管理。

（15）平台流量：一切大流量平台里的某一细分产品领域，如手机应用商店的各类应用频道，淘宝、京东等电商平台的各个品类频道。

（16）线下活动：指在线下环境下举行的活动，有短时间的小规模聚会，如同城读书会；有长时间的大规模展会、演讲等，如家庭教育展、全国巡讲等。

（17）社群：指通过其他渠道以某种名义聚集的种子用户群体，并以此为基础展开一系列拉新运营活动，常见的有同城群、学习群、交友群等。

在实际运营中，以上17种渠道并不会被全部采用，因为每种产品都有其相匹配的渠道类型，此外，碍于人力和物力，企业往往也会选择少量渠道。总之，拉新的目的决定拉新的策略，这是最基本的运营原则，而另一条原则是保证优质内容的供给，毕竟只有好的内容才能带来精准的流量。

### （二）促活：如何把新用户留下来

通过外部渠道引入新用户之后，就要想办法将其留下来，这一步叫作促活。促活的目的主要有三个。第一个目的是降低拉新成本。我们都希望获取新用户的成本是非常低的，而这里的新用户指的是有效用户，也就是注册账号或下载App后愿意使用的用户，这样的用户显然只能占到新用户的一部分，而这个比例越高，拉新成本就越低。所以，促活的本质就是提升有效用户的占比。举个例子，如果你花10 000元吸引了100个用户完成注册，其中有50个用户打开App，那么有效用户比就为50%，有效拉新成本就是：10 000（元）/50（人）= 200元。如果通过促活手段将比例提高10%，即提高至60%，那么有效拉新成本则为：10 000（元）/60（人）≈167元，拉新成本显著降低。

第二个目的是提升新用户留存率，进而提升长期用户留存率。新用户留存率与长期用户留存率之间的关系如图6-16所示。

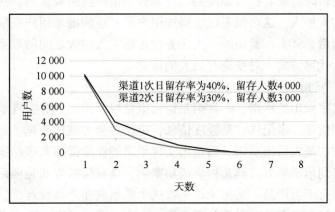

图6-16　新用户留存率与长期用户留存率之间的关系

从图6-16可以看出，次日留存率提高10%，新用户流失的数量减少、速度有所减缓，长期用户留存率有明显的提高。而通过对比不同留存曲线所围成的面积可以看出，长期留存量也是明显增多的。其中，次日留存率为40%的渠道的长期用户留存是明显增多的。

第三个目的是使运营策略更容易落地。相比于长期用户，新用户的来源可控、可查，用户行为也相对简单。只要分析新用户来源，以及通过新用户的使用反馈对个别环节进行优化，就可以有效提升活跃度，所以，促活是一项效率非常高的运营工作。

### （三）留存：如何把新用户变成老用户

留存率是产品增长需要关注的核心指标之一，那如何才能保证留存率？只需把握一点——把新用户变成老用户。老用户不一定是付费用户，而是长期活跃的具有黏性的用户，具体表现为对产品有较高的使用频率和较长的使用时间。所以，把新用户变为老用户要从提高他们的使用频率和延长他们的使用时间入手。想要新用户愿意高频且长期使用你的产品，就要让他们体验到产品的核心价值，这是新用户转变为老用户的关键动力。

### （四）转化：如何把老用户变成"印钞机"

经过拉新、促活、留存三个环节之后，流量基本就变成留量，但留量要贡献价值才能产生作用和意义。很多人在做运营时，虽然懂得如何与用户打交道，但却不太会让用户下单，因为觉得这是一件"羞耻"的事情。其实，无论做任何运营工作，最终的目的都是转化，否则你做的一切都将失去意义。

什么样的用户愿意为产品买单？首先，最好是留存用户，因为其对产品信任度最高，转化难度相对较低；其次是有明确需求的用户，而你的产品恰好能够满足他的需求。按理说这样基本就能达成交易，但事情往往没那么简单，用户远比我们想象得更加谨慎。人性营销利用人性进行营销转化，是非常有效的营销方法。以下六种用户心理的营销方法非常适用于留量池的转化。

#### 1. 互惠型营销

互惠的原理是当别人给了你好处时，你的心里会产生一种亏欠感，使你想要回报对方。正是基于这样的原理，才有了我们熟悉的免费试用、团购、抽奖等营销方法。例如，在抽奖时，活动组织者会让一部分人先中奖，然后吸引另一部分人购买，因为中奖者往往会成为抽奖活动的口碑传播者；再如拼团，首先告知用户商品有优惠，然后要求用户转发朋友圈邀请更多的人加入，这么做不仅能增加用户量，还能增加用户获取优惠的难度，有难度，用户才会珍惜。其实，营销的一大任务就是建立人与人之间的联系，所以，多从互惠角度思考和设计优惠方式，对变现有巨大的帮助。

#### 2. 承诺一致型营销

承诺指的是卖家做出的承诺，一致则是指卖家兑现承诺。只有实现承诺一致，用户才会对卖家产生轻度信任。请记住，是轻度信任，也就是会考虑试一试。那怎么才能实现承诺一致？其基本方法是先做出承诺，再给出实现承诺的保障措施和成功案例。对多数产品来说，让用户感受到承诺的方式就是列举成功案例，最直接的方式是展示用户好评，即客户证言。某些阅读打卡类产品，就把承诺一致这个要素放在产品设计里，例如承诺打卡满多少天退学费，坚持打卡多长时间瓜分现金等。总之，通过承诺一致型营销，能提升用户对产品的信任度，从而有效提升用户的参与欲望。

#### 3. 权威型营销

权威型营销的种类有很多，如专家证言、检测报告、资质证书、名人推荐等。实际上，权威在产品转化中的作用，是把权威性转嫁给具体的活动、产品和服务。我们看到的很多营销海报，都用到了这个营销方式。例如把知名分享者或有影响力的意见领袖作为背景展示在海报里；再如在文案上突出分享者吸引眼球的头衔，并配合呈现分享者最擅长的领域内容。通过这些处理技巧，用户会因为熟知这些权威人物，自然而然地信任这个产品，继而达成变现。不过，目前对于权威型营销的真实性，广告法有严格的规定和限制，在个别行业甚至不允许使用此类营销手段，除非能提供符合事实的证明，这无疑给变现增加了难度。

#### 4. 从众型营销

从众是人类固有的心理，也是在营销中常用的一个要素。为什么当你看到别人在朋友圈背单词打卡时，自己也想背单词？为什么你会效仿身边人的行为？这是因为人们常常习惯于以他人的行为和思想作为行动的参考标准，尤其当某种事物存在不确定性的时候，周围人的做法对个人的决策有很大的影响，而当一个人拿不定主意时，认同别人的可能性更大。这种心理给产品提供了很大的传播空间，而从众行为的发生多来源于人与人之间的联系和信任，所以在进行产品营销时，我们可以多使用用户故事营造一种大家都喜欢并在使用的场景；在宣传时，还可以添加用户的反馈或数据去提高产品的可信度与购买量，比如在宣传海报上添加"已有×人报名"等文字。可见，从众心理不仅利于传播，也利于转化，是变现的必备营销要素之一。

#### 5. 喜好型营销

试想一下，为什么你的产品包装很好，品质也不错，却还是没有用户购买？答案就是，没有让用户产生需要的感觉。想要做到这一点，就要学会利用用户喜好进行营销。有很多营销海报会在文案和价格上迎合用户喜好。即文案要突出用户痛点，并给用户提供解决方案，这一点做得比较好的是有书，它的经典文案《你有多久没读完一本书了》击中了很多人的痛点，帮助它赢得千万用户。而针对价格进行营销的典型案例是新世相的营销课，它利用"每万人涨五元"的加价策略，成为当年的首个刷屏（网络流行语，指互联网上某种重复信息集中出现的现象）案例。所以，喜好型营销很有效，尤其适用于文案设计和价格策略的制订，可以对营销变现起到推波助澜的作用。

#### 6. 稀缺型营销

在销售产品时，商家往往会采用限时、限量等策略让用户产生抢购的冲动。其背后的原理很简单，即稀有的东西更能令人产生冲动，这种冲动与普通的渴望相比，对人有更大的激励作用。稀缺效应在营销上的应用，多体现在数量和时间上，如"仅剩×个名额""到×时间截止"等。不过，我们对稀缺程度的设置要合理，程度过高用户容易放弃，程度过低则会失去激励作用。

### （五）裂变：如何让老用户带新用户

裂变，不单是留量池运营的环节之一，也是一种独立的流量拉新手段。其之所以会被我们与拉新、促活、留存、变现并举，是因为裂变在近几年已经成为一个风口，似乎人人都能针对裂变讲出一大堆方法论。风有停止的时候，火有熄灭的时候。微信在2019年发布公告，将重点处理各平台利诱用户分享链接到朋友圈的行为，点名批评了很多付费阅读类打卡产品，其中包括曾经风靡一时的薄荷阅读，一时间多个产品纷纷发布公告取消朋友圈打卡活动。为什么裂变会让大家趋之若鹜？这还要从裂变的本质说起。裂变是非常关键的一环，它决定了留量池能否形成一个增长循环。而老用户能否带来新用户，是评估老用户价值的核心标准之一。换句话说，裂变应基于老用户展开，这是因为决定裂变效果的因素主要有三个，分别是种子用户、裂变奖励和分享趣味，其中，种子用户是决定裂变效果的最关键因素。所谓种子用户，就是发起裂变行为的初始用户，他们的质量决定了裂变的效果。一般来讲，种子用户质量越高，裂变拉新效果越好。而种子用户的质量主要体现为用户黏性，即用户对产品的信任度。显然，老用户对产品的信任度是最高的，所以传统裂变都会基于老用户展开，俗称"老带新"。在关于拉新、促活、留存和变现的阐述中，我们一直都在讲怎么把新用户变为老用户，而裂变则是要引导老用户为我们获取新用户。

留量池思维是一种用户型思维，可用于指导拉新、促活、留存、转化和裂变各环节的精细化运营（图6-17）。

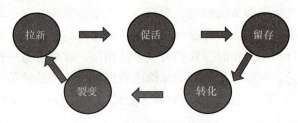

图6-17　留量池思维模型

拉新其实是找到新用户并引入留量池，但并不等于增长本身。而在留量池搭建的过程中，还需对流量进行筛选，可通过渠道选择、内容吸引、分发引流三个步骤来实现。

促活的本质是提升新用户留存率，可以通过提升用户的长期留存率，来降低新用户的获取成本。而在制定具体促活策略时，需要从找到关键行为和获得价值回报两个方面进行设计。

在新用户留存的基础上，实现其从新用户到老用户的转变，是留量池运营的目标之一。其关键是设法增加用户黏性，可通过个性化推荐、精细化召回、设计任务体系来实现。

变现的过程是老用户贡献价值的过程，运营的关键在于如何引导老用户下单，具体方法有人性营销、价格杠杆和会员复购。

裂变本质上是一种拉新手段，包含流量闭环设计和传播要素制造两个方面，以此实现"老带新"，帮助我们达成留量池运营的最后一步和留量池增长体系的关键一环。

## 三、留量留存工具

### （一）公众号，被小看的留量运营工具

作为目前微信中最主要的流量洼地之一，微信公众号于2012年被正式推出，如今，微信生态中已有超过2 000万个公众号，正在阅读本书的你也许和所有的公众号小编一样，都在这个10亿多人的流量池里"裸泳"，而每个关注你的粉丝，都有可能成为你的流量，进而成为你的客户。抖音、快手等短视频平台崛起后，公众号一度被"唱衰"。虽然公众号文章的打开率开始走低，阅读量逐渐下滑，微信对公众号内容的把控也越来越严格，但公众号的引流作用依然巨大，依然是大多数企业的宣传渠道和用户来源。所以，避开公众号谈留量池的运营还为时尚早，相反，我们应该更加重视公众号在留量池运营体系里的作用。

公众号是我们与用户进行高频互动、高效接触的重要工具，而留量池运营的一大前提，就是与用户建立紧密的联系。

### （二）微信群，低成本留住流量的利器

在讲解微信群的具体玩法之前，我们首先需要回答关于微信群的三个核心问题。

#### 1. 为什么进入微信群

微信群的定位取决于三个部分。

第一个部分是微信群针对的具体人群，比如某一个年龄段或学段的用户、某一个地区的用户及某一个行业的用户，对应建立的微信群则分别是依据年龄段或学段划分的微信群（小学群、初中群、高中群、大学群等）、依据地区划分的微信群（北京群、上海群、东三省群等）及依据行业划分的微信群（互联网群、教育群、金融群等）。

第二个部分是微信群针对的某一年龄段、地区或行业的用户所存在的具体需求或痛点，比如毕业一年以内的北京地区的互联网从业者，他们可能存在的一种问题是不会系统地使用办公软件，缺乏基本的操作技能，围绕解决这个问题的需求就可以组建微信群，提供产品和服务。

第三个部分是在明确基本群体及需求的情况下，微信群能提供什么样的方案或帮助用户达成什么样的效果。

以上三个部分可以组成关于微信群定位的精准描述句式，若为用户预期定位句式，即"建立针对＿＿＿年龄/地区/行业等区域的用户所存在的＿＿＿需求，提供＿＿＿的解决方案或达到＿＿＿效果的微信群"。以在线教育微信群为例介绍这个定位句式的具体使用方法。

首先是人群，我们设定目标人群为小学 3~6 年级的学生。

其次是需求，他们当中有一部分人对学习数学明显感到吃力，如做计算题没有方法技巧，或缺乏对数学的学习兴趣。

最后是对于这部分人的需求可提供的方案，例如在微信群中提供讲述数学运算知识和技巧的公开课、老师进行针对性辅导，并组织学习笔记大赛等。

但在向用户传递微信群定位信息时，我们并不直接按照这个句式展示，而是通过一系列手段在宣传环节中层层递进。

一般情况下，微信群名称就是简化的定位句式内容，例如"北京小学 3~6 年级计算训练营学习群"，其中"北京小学 3~6 年级"就属于人群定位，"计算"是需求定位，"训练营"是方案定位。而在用户进群后，我们需要通过群公告等方式告知用户更详细的微信群信息，包括建立微信群的目的、具体安排、具体玩法、有无规则、有无奖励及能提供什么价值和服务等。不同微信群的建立方式不同，而通过用户分层而建立的各个微信群，就是来源于对不同层级的用户的定位，再将对用户的定位延伸至对群的定位。例如针对某一类用户的需求进行分层，具体方式可以是展开水平测试，根据分数区间将用户分为初级学习群、中级学习群、高级学习群等。根据分数进行分层，实际上是通过用户筛选进行用户定位，即只有达到一定分数要求的用户才能进入某个或某几个微信群，进而获得这些微信群内提供的信息和服务。当然，这也为不同层级微信群间的成员流动奠定了基础。总之，微信群定位是微信群运营的核心，"用户为什么要进微信群"是我们建立微信群时首先要考虑的问题，这是在微信群采取拉新动作的基础，也是进行后续留存和转化的前提。

### 2. 如何扩大微信群

微信群的增长主要有两个方向，一是单一微信群成员数的增长，例如从 100 人增长到 500 人；二是群个数的增长，即从一个微信群到多个微信群的增长。这两个方向的增长所对应的策略不尽相同，对于第一个层面的增长，主要可以采取两个方式。第一个方式是在没有达到单一群的人数上限之前，不断在外部渠道宣传微信群的定位，尽可能让潜在用户知道该群能够带来哪些价值，可以满足什么需求，以此吸引他们加入微信群，直到达成人数上限。第二个方式是依靠已有用户，通过用户激励实现"老带新"，从而实现群规模的增长。由"老带新"带来的用户通常和邀请者有较强的信任关系，且多数符合微信群的定位，能够减少不必要的用户筛选流程。

无论是单一群的群成员裂变，还是以单群为基础的群复制，都离不开对老用户和种子用户的运营，这是微信群扩张的基础逻辑。

### 3. 如何进行微信群的留存及变现

关于微信群的留存，首先要做的是告知用户微信群的基础规则，如按格式修改个人名片、不许发广告等。

其次是设计行为机制，主要包含积分任务体系和游戏化激励手段。积分任务体系就是告知群成员有哪些行为需要遵守，有哪些职责需要承担，一旦完成或做得很好就能得到虚拟形态的收益，如签到得积分。游戏化激励手段则往往是与任务体系结合使用的留存手段，有兑换、排行、对战、组队、挑战等多种方式，这些手段可以培养用户的黏性，为提高长期留存率打下基础。

再次，因为留存是一个长久的过程，所以要在流量源头上做一次用户筛选，用户入群活跃一段时间后再进行一次筛选，最后通过第三次筛选再次引入新流量。筛选的目的是保证入群的用户符合微信群的定位，筛选越严格，用户越精准，质量和黏性也会越高。

最后，要构建合理的微信群结构，合理的微信群结构包含管理层、核心用户层、普通用户层和沉默用户层，具体分工如下。

管理层负责维护微信群的整体稳定与活跃。

核心用户层是微信群的活跃主力，是凝聚普通用户的核心力量，占群成员人数的 5%~10%。

普通用户层则是微信群的主体，多数情况下他们处于围观状态，偶尔会参与群内活动，甚至愿意付费，占群成员人数的 70%~75%。

沉默用户层是不管群内发生任何事都不会予以关注的群体，约占群成员人数的 20%，是我们要淘汰的主要对象。

通过构建合理的微信群结构，能有效提升用户留存率。其关键点是激发核心用户的作用，即在运营群的过程中，将主要精力放在核心用户的维护上，维护重点则是进行需求满足和行动激励。

再来说微信群的变现。

在了解微信群的变现模式之前，我们要先了解微信群为什么要变现。原因就是微信群本质上是一个流量储存形式，只有创造价值才能发挥其真正的作用，这也是微信群存在的意义。此外，做任何事都需要动力，只有在一个微信群完成变现，才有动力组建更多微信群，然后实现二次变现，形成完整的变现循环。

微信群变现涉及几个变现模式。

第一个变现模式是卖产品。例如社区团购就是基于微信群落地的售卖产品的商业模式，这种模式往往针对城市的各个居民小区，因为每个小区都建有微信群，这是具有精准定位的微信群，用户非常垂直。群里可以卖水果生鲜，也可以卖卫生纸等生活用品，只要群主发起拼团，群里的人参与拼团即可，转化率往往非常高。

第二个变现模式是卖服务。可以是咨询式服务，比如用户有学习上的问题，只需要付费就可以在群内得到解答；也可以是内容及信息服务，比如在付费微信群提供大咖讲座、精品资料、一手信息、资源置换服务等。

第三个变现模式是卖课程。课程分为教育培训类和知识付费类，而为了保证学习效果必须匹配一些服务，如答疑、讲座等，这些服务非常适合在微信群展开，所以，此类模式可以看作前两个模式的合并。

第四个变现模式是卖资源，也叫卖广告位。具体来说就是把掌握的微信群当作流量渠道，通过接广告进行变现。只要投放广告的企业的产品与群内用户的匹配度较高，双方基于此确认了交易意愿，就可以在群内进行分销推广。

不同用户组成的微信群的价值是不一样的。由女性用户组成的微信群，商业价值往往最高，因为女性的付费能力和付费意愿比较强烈，需求也更加多样化，如果你拥有这类微信群，卖资源一定是主要的变现方式。

当然，无论是卖产品、卖服务、卖课程还是卖资源，对一个微信群的发展都是有价值的。因为把用户聚在一起的是微信群的定位和功能，更深层的则是微信群体现的价值，只要用户认同这一点，就愿意留在群里，然后经过运营者的长期维护和交流，与运营者形成某种共识和信任。

这对微信群来说是最大的价值。只要给用户提供符合需求、使用体验较好的产品和服务，他们就会邀请更多人进群，也更愿意帮你的微信群进行扩张，进而使你的二次变现甚至持续变现变得更加容易。

### （三）小程序，新的留量洼地

自微信推出小程序以来，小程序已成为各大互联网巨头布局的重要方向。目前，已有微信、支付宝、百度、今日头条、抖音、淘宝、腾讯及 360 等互联网平台上线了小程序。而在微信中，用户也越来越习惯于使用小程序，基于小程序的产品服务和运营玩法也越来越多，诞生了很多以小程序为核心商业模式的创业公司和第三方服务商。可以说，小程序是非常容易被忽视的流量洼地，如果能将其系统地运营起来，其将成为企业重要的留量池组成部分。

对比小程序和 App，可以发现小程序主要有三大优势，也可以叫作三大特点。

**1. 无须安装卸载**

当我们想要使用一个新的 App 时，需要从 App Store、华为应用市场等应用商店中下载安装，而此时如果手机的内存不够，还需要卸载其他的 App 以腾出空间。此外，App 太多会占满手机屏幕，不便于用户查找，而从企业的角度来讲，也不利于每个 App 的活跃。相比之下，小程序不用安装和卸载，只需点击或扫码即可使用，真正为用户带来了便利。

**2. 触手可及**

App 的获取方式有很多，但最主要还是通过装机、应用商店、"积分墙"等方式获取，企业虽然可以通过社交裂变的形式推广 App，但用户的分享成本和使用成本会比较高。而小程序则不同，因为处于微信这样的社交平台内部，小程序有很大概率会通过好友推荐被用户获得,且微信还设有专门的搜索入口便于用户搜索并使用小程序。

### 3. 用完即走

用完即走是"微信之父"张小龙提出的产品设计原则,而小程序则完美地诠释了该原则。App 是不希望用户用完即走的,反而希望用户能花更多时间停留,因为只有这样才有机会创造更多的收入。但从用户的角度来说,用完即走更符合他们的使用习惯。我们不可能花一天时间"泡"在一个 App 上,只有有使用需要时才会打开,一旦用完就会退出。

而在微信中,用户只需点击就可以使用小程序,用完即可关掉,不会影响用户浏览群聊、文章及朋友圈。尤其是工具性小程序,即开即用、用完即走,大大节省了用户的时间成本。

虽然小程序的用户是用完即走的,但最终还是留在了微信里,小程序相当于是在为延长用户的微信使用时长做"贡献",从这一点我们就能看出这一互联网流量巨头开发小程序的真实目的。

小程序的使用属性是用完即走的,要想让用户再次光顾,就需要通过用户需求和使用场景对小程序进行定位,便于用户想起和寻找。小程序更像微信中的插件,浏览器插件的定位和功能都可以往小程序里套。所以,小程序的定位一定要精准,最好能解决单一的场景问题,保留最核心的功能,这样用户一旦有需求就能马上想到你的小程序。例如麦当劳的点餐小程序,其核心功能是点餐,如有的人每次在上班之前,都会使用这个小程序订餐,订餐过程十分流畅,而且到店就能取餐,节省了排队的时间。此外,小程序还适合搭载轻量级的课程内容,既符合用户的使用习惯,也符合小程序的定位,而一些重量级的产品,如时间特别长、特别重视练习、互动较多的课程就不适合放在小程序中。在教育行业,沪江网校的小程序矩阵的设计足以称得上惊艳,它基于内容、工具、效率、服务这四大需求一共搭建了超过 100 个小程序,覆盖的基本都是碎片化的单一学习场景。当用户有练习口语的需求时,会打开"天天练口语";当用户有练听力的需求时,会打开"天天练听力";当用户有去韩国旅行的计划时,会搜索"沪江韩语"。任何一个和语言有关的场景,都能让用户想到沪江网校的小程序,可以说在语言这个"赛道",沪江网校用小程序实现了地位上的遥遥领先。

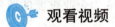

拼多多服务标签优化用户体验

https://v.qq.com/x/page/t3238c1nfis.html

完成附录二的虚拟仿真实验

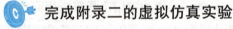

### 习近平心中的"数字中国"

(资料来源:新华网)

**建设"数字中国"**

当今时代,以信息技术为核心的新一轮科技革命正在孕育兴起,互联网日益成为创新驱动发展的先导力量，深刻改变着人们的生产生活，有力推动着社会发展。

——2014年11月19日，致首届世界互联网大会的贺词

要推动互联网、大数据、人工智能和实体经济深度融合，加快制造业、农业、服务业数字化、网络化、智能化。

——2018年4月20日至21日，在全国网络安全和信息化工作会议上的讲话

中国正在大力建设"数字中国"，在"互联网+"、人工智能等领域收获一批创新成果。分享经济、网络零售、移动支付等新技术新业态新模式不断涌现，深刻改变了中国老百姓生活。

——2018年11月18日，在亚太经合组织第二十六次领导人非正式会议上的发言

**释放数字经济潜力**

中国数字经济发展将进入快车道。中国希望通过自己的努力，推动世界各国共同搭乘互联网和数字经济发展的快车。

——2017年12月3日，致第四届世界互联网大会的贺信

要发展数字经济，加快推动数字产业化，依靠信息技术创新驱动，不断催生新产业新业态新模式，用新动能推动新发展。

——2018年4月20日至21日，在全国网络安全和信息化工作会议上的讲话

推动各方分享数字技术抗疫和恢复经济的经验，倡导优化数字营商环境，激发市场主体活力，释放数字经济潜力，为亚太经济复苏注入新动力。

——2020年11月20日，在亚太经合组织第二十七次领导人非正式会议上的发言

**催生新的发展动能**

当今世界，正在经历一场更大范围、更深层次的科技革命和产业变革。互联网、大数据、人工智能等现代信息技术不断取得突破，数字经济蓬勃发展，各国利益更加紧密相连。为世界经济发展增添新动能，迫切需要我们加快数字经济发展，推动全球互联网治理体系向着更加公正合理的方向迈进。

——2018年11月7日，致第五届世界互联网大会的贺信

数字经济是全球未来的发展方向，创新是亚太经济腾飞的翅膀。我们应该主动把握时代机遇，充分发挥本地区人力资源广、技术底子好、市场潜力大的特点，打造竞争新优势，为各国人民过上更好日子开辟新可能。

——2020年11月20日，在亚太经合组织第二十七次领导人非正式会议上的发言

疫情激发了5G、人工智能、智慧城市等新技术、新业态、新平台蓬勃兴起，网上购物、在线教育、远程医疗等"非接触经济"全面提速，为经济发展提供了新路径。我们要主动应变、化危为机，深化结构性改革，以科技创新和数字化变革催生新的发展动能。

——2020年11月21日，在二十国集团领导人第十五次峰会第一阶段会议上的讲话

**让百姓少跑腿、数据多跑路**

要运用大数据促进保障和改善民生。大数据在保障和改善民生方面大有作为。要坚持以人民为中心的发展思想，推进"互联网+教育""互联网+医疗""互联网+文化"等，让百姓少跑腿、数据多跑路，不断提升公共服务均等化、普惠化、便捷化水平。

——2017年12月8日，在十九届中央政治局第二次集体学习时的讲话

要探索"区块链+"在民生领域的运用，积极推动区块链技术在教育、就业、养老、精准脱贫、医疗健康、商品防伪、食品安全、公益、社会救助等领域的应用，为人民群众

提供更加智能、更加便捷、更加优质的公共服务。

——2019年10月24日，在十九届中央政治局第十八次集体学习时的讲话

运用大数据、云计算、区块链、人工智能等前沿技术推动城市管理手段、管理模式、管理理念创新，从数字化到智能化再到智慧化，让城市更聪明一些、更智慧一些，是推动城市治理体系和治理能力现代化的必由之路，前景广阔。

——2020年3月31日，在浙江杭州城市大脑运营指挥中心考察调研时的讲话

### 知识与技能训练题

**一、单选题**

1. 以下不属于微博取代博客的原因的是（　　）。
   A. 利用碎片化时间　　　　　　　　B. 互动性强
   C. 更有利于社交传播　　　　　　　D. 娱乐性强

2. 微信营销的模式不包括（　　）。
   A. 微信公众号　　　　　　　　　　B. 微信朋友圈
   C. 微信小程序模式　　　　　　　　D. 微信广告模式

3. 以下选项中哪个不属于目前中国的三大社交平台？（　　）
   A. 微信　　　　B. QQ　　　　C. 微博　　　　D. 知乎

4. 百度平台广告投放体系不包括以下哪一项？（　　）
   A. 搜索推广　　B. 社群推广　　C. 产品推广　　D. 网盟推广

**二、多选题**

1. 直播营销更受企业认可的原因是（　　）。
   A. 实时互动性　　　　　　　　　　B. 获取精准的用户
   C. 设计方便快捷　　　　　　　　　D. 实时产生转化
   E. 网络运营成本低　　　　　　　　F. 便于宣传

2. 社交媒体的广告表现形式大体可以分为（　　）。
   A. 开屏广告　　B. 图文广告　　C. 视频广告
   D. 植入广告　　E. 微博广告

3. 下列属于视频新闻交互方式进化阶段的是（　　）
   A. 在线评论　　B. 在线弹幕　　C. 短信投票
   D. 现场参与　　E. 热线电话　　F. 微信公众号参与

4. 网络舆情的两大公害是（　　）。
   A. 网络谣言　　B. 网络娱乐　　C. 网络诈骗　　D. 网络暴力

**三、简答题**

1. 如何激发消费者的购买情绪？
2. 流量留存的工具有哪些？

参考答案

# 项目七　数字营销中的用户"禁区"

## 项目介绍
本项目将通过介绍数字营销中运营商和用户不能"为"的行为、语言等禁忌。

## 知识目标
了解网络环境下言论道德和法律问题；比较它们的差异。

## 能力目标
讨论道德规范和自我管理的意义；解释网络环境下的版权、专利权、商标权和数据所有权问题。

## 素质目标
树立遵纪守法思想，维护公序良俗秩序。

数字营销用户分析

**项目导图**

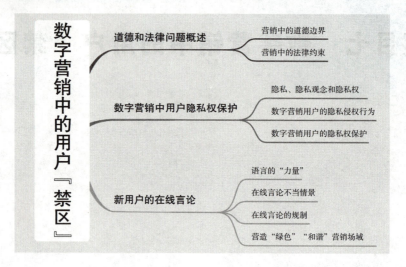

## 软件盗版行为

当人们把自己的软件光盘借给别人，或者企业安装一个没有使用许可证的软件时，实际上就已经发生了盗版行为（图7-1）。当非法复制的软件进行再复制并传递给其他人使用时，便产生了假冒、盗版行为。软件版权的保护力度很弱的国家会给软件开发的厂商造成数十亿美元的损失。

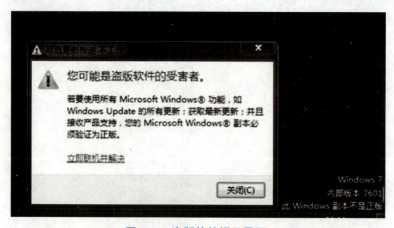

图7-1 盗版软件提示界面

从全球范围来说，市场上销售的软件中有超过1/3是盗版。微软公司使用的各种应对方法有：提议对知识产权立法，提起民事诉讼，开发反盗版技术。

微软公司相信教育是最好的工具。

**课堂讨论**
你同意这个观点吗？

## 任务一 道德和法律问题概述

【任务描述】本任务将主要介绍数字营销中的道德边界和法律约束。
【任务分析】知悉并明确数字营销中的道德和法律问题（图7-2）。

图7-2 营销中的道德与法律

 **一、营销中的道德边界**

**1. 道德和道德规范**

道德通常涉及专业人员和其他在某一领域掌握专业知识的人的价值观和行为方式。人们在谈论道德问题的时候实际上是在谈论整个社会的价值观和利害关系。

道德研究的问题包含人们相互影响的所有方面，例如政治、法律、公司经营等，道德学的研究范围十分广泛，许多道德立场之间相互格格不入。道德研究的一个重要内容是什么样的行为属于道德行为。这些工作必然包括对责任、权利和义务的研究（图7-3）。

现代技术对营销和其他各行各业的道德规范都提出了根本的挑战。它们代表了快速发展的通信方式，通过互联网和其他类似的系统，使得全球空前地联系在一起。同时出现了新问题：知识产权、隐私问题、言论自由、数据的使用和收集问题、儿童的权益保护问题等。

图7-3 公民基本道德规范

## 2. 自我规范的问题

自我管理模式认为，企业有能力迅速地识别并解决经营领域中出现的问题。根据这种观点，在网络环境中遇到的问题可以由业内人士用自己的智慧来解决，相比之下，立法、司法、执法的过程却复杂而漫长。

反对自我管理这种模式的人认为，自我管理缺乏原动力。如果没有法律的制裁，就缺乏真正的威慑力量。

遵循营销道德的营销行为，使营销人员个人、企业和顾客利益保持一致，从而有利于企业的经济效益和社会效益。违背营销道德的营销行为，使企业的利益与顾客的利益相悖，虽使企业一时受益，但不利于企业的长远发展，更有损社会公众的利益。因此，使营销行为沿着营销道德的轨道进行，对企业和社会双方都是大有裨益的。

当今世界，营销可以说是无处不在、无时不在。营销已成为企业最重要的一项职能，营销从业人员越来越多，营销手段五花八门，令人目不暇接，营销活动对公众和社会的影响日益加深。然而，在人们享受有益营销活动所带来的好处的同时，营销活动也受到了越来越多的非议。特别是每年的"3·15"晚会，揭露了许多企业在营销活动中的不道德行为，造成了全社会的信任危机。因此，现代营销必须讲求道德，实施诚信营销，使企业在消费者心目中树立起良好的形象，实现企业的可持续发展。

## 3. 市场营销活动中的道德问题

市场营销活动始于市场营销调研，通过市场营销调研了解现实和潜在顾客的需求，发现市场营销机会，然后选择目标市场，针对目标市场需求特点，制定市场营销组合策略。因此在营销活动的每个环节都存在着营销道德问题（图7-4）。

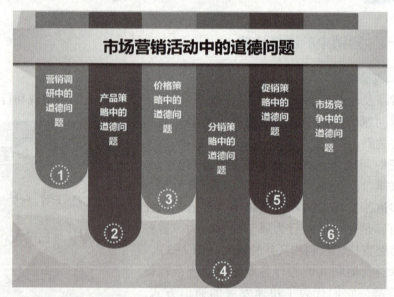

图7-4 市场营销活动中的道德问题

（1）营销调研中的道德问题 对于调研人员来讲，要为客户保守业务秘密；要保证调研工作质量，如问卷设计要认真，访问次数不要偷工减料，调研人员要经过严格培训，收集的资料要真实可靠；要尊重受访者的尊严和隐私权，并对其身份进行保密，未经许可，不能随意公布受访者提供的资料。对委托调研一方来说，要依约支付调研费，要公正全面地发表调研成果，不能断章取义等。如果违背以上原则，就属于道德问题，必然会引起人们的谴责（图7-5）。

（2）产品策略中的道德问题　第一，不能存心欺骗消费者，将假冒伪劣商品充当优质商品出售给消费者；第二，不能操纵消费者的需要，过分刺激消费者的欲望，并刺激社会成本的增加；第三，产品的包装及标签必须提供真实的商品信息；第四，产品在生产过程中不能给员工带来身心的伤害，给社会造成环境污染和危及居民的正常生活；第五，产品在使用过程中不能给消费者带来人身和财产安全方面的危害，以及产品废弃物不能对环境造成污染。违反以上任何一项都属于道德问题（图7-6）。

图7-5　例图1

图7-6　例图2

（3）价格策略中的道德问题　首先是存在欺诈性定价。如故意抬高标价，然后声称酬宾大减价或对无货的商品故意定低价，以造成廉价的错觉，行高价之实；或低价引进，然后漫天要价。其次是制定掠夺性价格。即把产品的销售价格定得远远高于生产成本，如服装、药品和保健品、化妆品等常常是销售价格高于生产成本好几倍。最后是实行垄断性价格。有些同类产品的生产商或销售商为了阻止产品价格的下降而实行价格共谋，要求此类产品必须按协议价格销售。以上这些都严重地损害了消费者的利益，扰乱了正常的市场经济秩序（图7-7）。

图7-7　例图3

（4）分销策略中的道德问题　生产商与经销商不履行双方签订的合同，或生产商不按时供货、不如数供货给经销商，或经销商不按期付款给生产商，或生产商与经销商相互推诿产品售后服务的责任等，都属于分销策略中的道德问题。另外，还存在着零售商为了自身利益，不顾合约的规定，销售其他企业的产品，或生产者利用自己的垄断地位，损害中间商的利益等不道德问题。

（5）促销策略中的道德问题　在信息时代，企业之间的竞争越来越激烈，因此，各个企业为了各自的生存和发展，过分地注重所谓的"注意力经济"，片面强调吸引消费者的"眼球"，因此在促销策略中存在的道德问题尤为严重。首先，产品包装"金玉其外，败絮其中",包装上的产品宣传言过其实或言不副实,或过度包装,加大成本,造成资源浪费。其次,在广告宣传方面播放欺骗性广告推销产品,使消费者做出错误的购买决策;或为了搞垮竞争对手以提高自己产品或企业的身份,而播放攻击竞争者的广告;或为了诱惑

图7-8 例图4

消费者购买自己产品而制作夸大其词或隐瞒缺陷的广告;或是采用含糊其词、模棱两可的广告作广告宣传,从而引起消费者对广告真实含义的误解(图7-8)。最可恨的是广告宣传的欺诈性承诺,一些企业不负责任地向消费者开"空头支票",结果很难兑现或压根就不想兑现承诺,以此来达到促销目的。再次,在人员促销中诱惑消费者购买不需要的产品或不想买的产品,或推销伪劣产品和滞销产品,或在交易中贿赂送礼等。最后,在销售促进中不道德问题更突出。有的商家有意安排"托儿",制造产品"紧俏"的假象,诱使不明真相的消费者上当;或搞有奖销售,如"买一赠一"却并非赠送同一商品;或炒作概念,利用人们对新科技产品的依赖和追求心理,故意将开发的新产品冠上科技新概念的头衔,以蒙骗消费者,促进产品销售。如无法证实其功效的节能型、抗菌型、绿色环保型的冰箱、空调,以及延寿型的营养品、化妆品和药品,纳米水、纳米衣等。

(6) **市场竞争中的道德问题** 随着市场竞争的加剧,一些企业为了谋求竞争优势,采取各种不道德的竞争手段,既破坏了正常的竞争秩序,损害了同行利益,又增大了成本。首先,以不道德的方式获得竞争对手的知识产权和商业秘密。如近年来出现了多起商标抢注案例,有的抢注并非为了生产、销售产品,而是为了投机、获利。有的企业以合作、洽谈、考察为幌子,乘机获取对手的商业秘密;有的在对手企业安插"侦察员";有的贿赂、收买对方工作人员;有的使用"商业间谍";有的利用高新技术窃取对手商业秘密等。其次,开展恶性竞争。有的是开展价格大战或有奖销售战;有的是相互攻击、诽谤,制造谣言,诋毁竞争对手企业形象和产品形象。最后,利用"权力营销",不仅污染社会风气,为各种腐败现象提供了温床,而且对正当经营造成了冲击。

**4. 违背营销道德的危害**

市场营销活动存在的不道德问题,给社会、企业和消费者带来了不利的影响(图7-9)。

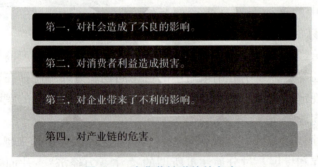

图7-9 违背营销道德的危害

对社会造成了不良的影响。一是对环境的污染。如产品本身及产品包装物的污染和制造过程对环境的污染。二是对社会文化价值的误导。如不健康的厂名、店名、品牌名称造成文字污染；不少广告强力灌输的"物质主义至上""性""地位""高消费"等观念造成对人们价值观的误导，使人们相互攀比，超前消费。有的营销活动还造成恶劣的社会及政治影响。三是增大社会成本。如香烟在满足人们需要的同时，也损害了他们的身体健康，并侵犯了不吸烟人的权利，致使因吸烟导致的疾病及死亡率增加，进而增加社会医疗费用支出。再如汽车的增加不仅使各种基础设施如公路、停车场、交通管理、警察等更加紧张，而且还造成交通堵塞、空气污染、车祸伤亡等，社会成本大大增加。

对消费者利益造成损害。尽管消费者被营销者称为"上帝"，然而，消费者在许多方面并没有品尝到做"上帝"的滋味，反而成为营销系统的牺牲品。一是产品对消费者利益的损害。有的产品本身是有害的，如烟、酒等；有的产品质量不合格，会对消费者造成人身和财产安全，如家电漏电（图7-10）、啤酒瓶爆炸等；还有的是生产假冒伪劣产品，不仅使消费者经济上、心理上、人身财产上受损，而且对同行、对社会造成不利影响，如假名牌商品。二是欺诈性的营销损害消费者利益。漫天要价、欺诈性包装、促销过度等都使消费者的利益受损。另外产品使用说明书不详所造成的消费者误用、误服事件也时有发生。

图7-10　例图5

对企业带来了不利的影响。随着市场经济体系的逐步完善，消费者变得越来越成熟，老百姓上了一回当，怎么可能二次受骗？同类产品，老百姓连续上了几回当，对整个行为肯定也会嗤之以鼻。如冠生园月饼事件不仅使该厂的月饼无法销售，而且使国内整个月饼市场陷入危机，结果害人又害己，最终以破产而告终。因此，营销道德的终结之日，将是市场的终结之日。有远见的企业和营销人员都能够诚恳地对待顾客，获得顾客的信息，并重视与顾客之间建立长期的关系往来，增加顾客的重复购买率，这样才能在顾客心目中树立起良好并长久的企业形象，最终实现企业的经济效益。

对产业链的危害。全球有诸多新兴产业在推广时违反营销道德，龙头企业如果没有遵守营销道德，不顾及消费人群的健康与安全，会直接影响此类产业在今后的合理发展。许多企业利用法律的漏洞进行大肆赚钱的行为，严重危害了整个新兴产业的规则，也会有不少喜欢投机倒把的人跟风。在这种情况下，就会像滚雪球一样，对整个社会危害加大，一旦整个产业崩溃，危害了消费人群，也会有大量的企业员工面临失业，政府的经济与就业压力必然增大，还要处理此产业崩溃所带来的社会效应。在后期如果想要重新建立此产业的形象，难之又难。

由此可见，企业在营销活动中不遵循道德准则，可能得逞于一时，却会严重损害企业的公众形象。因此，一个优秀的企业应该讲求营销道德，以提高企业的美誉度。

## 二、营销中的法律约束

**1. 法律环境的定义**

（1）法律环境是指国家在一定时期内出台颁布的法律、法规及其实施情况。

（2）法律环境是指国家颁布的有关企业经营活动的经济法、公司法等法律制度，此外还包括企业内部的各种规章制度，如财产制、组长制度、人事制度等。

（3）法律环境是指一定社会形态的法制状况。

总之，法律环境主要是法律意识形态及其与之相适应的法律规范、法律制度、法律组织机构、法律设施所形成的有机整体。

它主要包含内外有别的两个层次：一个是外显的表层结构，即法律规范、法律制度、法律组织机构及法律设施；另一个是内化的里层结构，即法律意识形态。

### 2. 法律类别

法律类别如图 7-11 所示。

图 7-11　法律类别

（1）影响市场主体的法律　目前为止，这方面的法律已经基本完成。过去按照所有制划分的企业形态，已经根据国际惯例改为按照出资形态进行划分，《个人独资企业法》《合伙企业法》《外商投资法》等的出台，给了市场经营者充分的选择。

（2）影响市场自由的法律　市场自由包括财产自由、交易自由和营业自由。市场自由的法律目前大体完善，市场自由基本都有法律保护。例如财产自由方面，《物权法》的出台，规定国家不能随意征用公司财产、私人财产，确认了私人财产的基本权利。《合同法》保证了交易自由和营业自由的权利。

（3）影响市场秩序的法律　市场秩序的法律主要有三个方面的内容：一是商业欺诈，包括产品质量、信用、财务报告等方面的欺诈，如虚假的商业信息、药品食品质量低劣等。二是商业贿赂，商业贿赂已经成为潜规则，是市场秩序中的一大顽症。三是商业垄断。

市场经济是自由竞争，不能垄断。目前，我国在如石油行业、电力行业仍存在行业垄断。从最近的立法来看，政府在市场秩序方面花费了较大的力气。比如，《企业破产法》《反垄断法》《食品安全法》等法律的出台，就是要解决安全、市场进入、产品质量等市场秩序的问题。

### 3. 法律环境要分析的因素

法律环境要分析的因素如图 7-12 所示。

图 7-12　法律环境要分析的因素

(1) 法律规范　特别是和企业经营密切相关的经济法律法规，如《公司法》《中外合资经营企业法》《合同法》《专利法》《商标法》《税法》《企业破产法》等。

(2) 国家司法执法机关　在我国主要有法院、检察院、公安机关以及各种行政执法机关。与企业关系较为密切的行政执法机关有工商行政管理机关、税务机关、物价机关、计量管理机关、技术质量管理机关、专利机关、环境保护管理机关、政府审计机关。此外，还有一些临时性的行政执法机关，如各级政府的财政、税收、物价检查组织等。

(3) 企业的法律意识　企业的法律意识是法律观、法律感和法律思想的总称，是企业对法律制度的认识和评价。企业的法律意识，最终都会物化为一定性质的法律行为，并造成一定的行为后果，从而构成每个企业不得不面对的法律环境。

(4) 国际法所规定的国际法律环境和目标国的国内法律环境　对从事国际营销活动的企业来说，不仅要遵守本国的法律制度，还要了解和遵守国外的法律制度和有关的国际法规、惯例和准则。

例如一些欧洲国家规定禁止销售不带安全保护装置的打火机，无疑限制了中国低价打火机的出口市场。日本政府也曾规定，任何外国公司进入日本市场，必须要找一个日本公司同它合伙，以此来限制外国资本的进入。只有了解掌握了这些国家的有关贸易政策，才能制定有效的营销对策，在国际营销中争取主动。

#### 4. 关系与变化

关系与变化如图 7-13 所示。

(1) 法律与营销的关系　在任何社会制度下，企业的营销活动都必定要受到政治与法律环境的强制和约束。

为了建立和维护一定的社会经济秩序、保护正常的社会竞争和保护消费者的权益，政府都会十分重视法令法规的发布和调整，而每一项新的法令法规的颁布，或者原有法令法规的调整，都会影响企业的营销活动。

图 7-13　关系与变化

对企业来说，法律是评判企业营销活动的准则，只有依法进行的各种营销活动，才能受到国家法律的有效保护。

因此，企业开展市场营销活动，必须了解并遵守国家或政府颁布的有关经营、贸易、投资等方面的法律、法规。如果从事国际营销活动，企业就既要遵守本国的法律制度，还要了解和遵守市场国的法律制度和有关的国际法规、国际惯例和准则。

(2) 法律环境的变化　我国出台了大量有关整顿和规范市场经济秩序方面的行政法规及规范性文件。全国人大及其常委会已修改了《专利法》《商标法》《著作权法》《海关法》《中外合作经营企业法》《外资企业法》《中外合资经营企业法》，抓紧制定和修改相关的法律，如制定《反垄断法》，修改《对外贸易法》和《进出口商品检验法》等法律。

加强了有关法规规章的清理工作。国务院及其组成部门应当抓紧对有关行政法规、行政规章进行审查、清理。据 2001 年 3 月的初步统计数字，国务院及其组成部门拟修改的外经贸行政法规、规章共有 148 件，拟废止的共有 571 件，以适应加入 WTO 的需要和维护公平贸易。

修订或制定了相关行政法规。通过法律形式确认的部门腐败是最大的腐败。一些政府部门打着法治的招牌，企图运用立法形式把本部门不应享有的权利和利益合法化。立法机关在委托政府部门起草法律时，应警惕一些政府部门利用立法手段巩固部门利益、争权夺利，确保法律的公正性。

开展行政审批制度改革，加速转变政府职能，实现依法行政。要真正依法治国、建设社会主义市场经济法治，政府必须率先垂范、以身作则，甘当法治改革的促进派而非抵制派。避免行政权的腐败变质，就难以赢得企业和社会公众的信赖、敬重与合作，就难以有威望求企业和其他市场主体依法办事。

### 5. 对营销的影响

法律环境对营销的影响如图 7-14 所示。

图 7-14 法律环境对营销的影响

企业是区域经济发展中的主体。在企业所面临的经营环境里，法律环境至关重要。

（1）法律环境对企业生产经营活动的影响具有如下特点：

①直接性，即国家法律环境直接影响着企业的经营状况；

②难预测性，对于企业来说，很难预测国家政治法律环境的变化趋势；

③不可逆转性，法律环境因素一旦影响到企业，就会使企业发生十分迅速和明显的变化，而这一变化企业是驾驭不了的。

（2）法律环境给企业带来的不利影响：为了达到法律的要求（如严格的废气排放标准），企业的成本费用就会增加，从而降低了相对于海外竞争对手的竞争力；规章制度的复杂程序可能产生针对小公司的进入壁垒；法律和保险成本——罚款和不利的公共宣传。

（3）法律环境给企业带来的有利影响：纠正市场运转不灵的情况并保证市场的公平。阻止限制性行为和垄断权力的立法能促进竞争机制，有利于企业的发展壮大。良好的法律环境可以为企业的经营发展提供法律保障，促进业内更加公平、公正，为自身的发展创造良好的环境。

### 6. 商业法规的目的

商业法规的目的如图 7-15 所示。

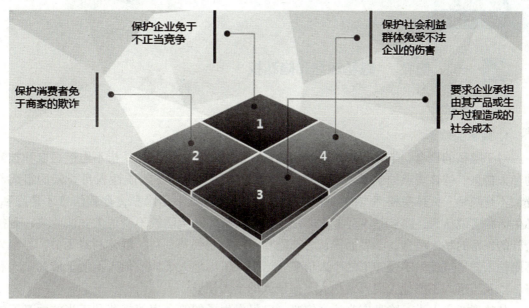

图 7-15　商业法规的目的

（1）保护企业免于不正当竞争；
（2）保护消费者免于商家的欺诈；
（3）保护社会利益群体免受不法企业的伤害；
（4）要求企业承担由其产品或生产过程造成的社会成本。

#### 7. 法律环境对互联网企业的影响

在网络安全问题日益突出、侵犯用户信息与个人隐私安全事件频发、国家互联网管制日渐趋紧的背景下，全国人大从法律层面发布《网络安全法（草案）》，集中制定了互联网运行与网络信息安全规范与责任，对互联网企业及相关个人影响重大。主要体现在强化了互联网企业的网络安全保障义务、用户信息与个人隐私保护义务、信息审查义务等，同时加大了互联网企业直接责任人员的网络安全责任。要求互联网企业制定安全管理制度和操作规程，建立网络安全事件应急预案，发生危害网络安全的事件时，必须按照规定向主管部门报告。应当记录、跟踪、保存网络运行状态及服务器日志，采取数据分类与备份制度。"用户数量众多"的互联网单位还必须设立专门安全管理机构和负责人等。

### 任务二　数字营销中用户隐私权保护

【任务描述】本任务将主要介绍隐私权在数字营销中对用户的意义和内容，以及如何保护数字用户的隐私权。

【任务分析】掌握数字营销中用户隐私权保护。

## 相关知识

### 一、隐私、隐私观念和隐私权

#### （一）隐私

**1. 隐私的概念**

对于隐私的概念，学界历来有不同的主张。信息说认为，隐私是指不愿被窃取和披露的私人信息。持该观点的学者认为人体的隐秘部位是人体这一物质性人身要素的组成部分，不是隐私，人体隐秘部位的信息才是隐私；私人存款不是隐私，存款信息才是隐私。私生活秘密说认为，隐私是不受他人非法干扰的安宁的私生活或不受他人非法收集、刺探公开的保密的私人信息。学界通说认为，隐私是一种与公共利益、群体利益无关，当事人不愿他人知道或他人不便知道的个人信息，当事人不愿他人干涉或他人不便干涉的个人私事，以及当事人不愿他人侵入或他人不便侵入的个人领域。

从法理意义上讲，隐私应当这样定义：已经发生了的符合道德规范和正当的而又不能或不愿示人的事或物、情感活动等。

**2. 隐私的特征**

隐私的主体是自然人。隐私源于人的羞耻感，故只有自然人才可以成为享有隐私的主体。企业法人及其他非法人组织等经营单位的秘密属于商业秘密，仅与商业信誉和经济利益相联系，与人的羞耻感无关，故企业单位不能构成隐私主体。国家机关的秘密，如审判秘密是公共权力运作的表现，此种秘密的泄露将对机关系统的正常运作产生损害，也与羞耻感无关，故国家机关也不能成为隐私主体。

隐私的客体是自然人的个人事务、个人信息和个人领域。个人事务是相对于公共事务、群体事务、单位事务而言，是以具体的、有形的形式表现于外界的隐私，且以特定个人为活动的主体，如朋友往来、夫妻生活、婚外性行为等。个人信息系指特定个人不愿公开的情报、资料、数据等，是抽象的、无形的隐私。个人领域是指个人的隐秘范围，如身体的隐蔽部位、日记内容、通信秘密等，隐私的客体是隐私中的"私"的具体表现。

隐私的内容即客观方面是指特定个人对其事务、信息或领域秘而不宣、不愿他人探知或干涉的事实或行为。隐私的内容是隐私主体的主观意志作用于客体及客观世界，即主客观因素相统一的过程和结果，也就是隐私中"隐"的表现。

**3. 隐私的本质**

隐私是个人的自然权利。从人类抓起树叶遮羞之时起，隐私就产生了。隐私感是自然人进入人类社会后的第一个表现，它应当产生于人类劳动之前，即在原始人能够进行抽象思维之前，就已产生了类似的意识和感觉。其中，羞耻感及其派生的隐私感是最先表征出来的本能。隐私感是人类羞耻感的表现，它使人从主观意志和客观行为两方面都告别了动物界。无论是相对个人性的隐私，如身体的隐蔽部位，还是明显社会性的隐私。如汇款希望工程、婚外性关系，均是仅凭个人的主观意志即可作为，无须公众或不特定多数人、少数人协助或配合。因此，隐私之于社会公众而言是不可剥夺的，这正是自然权利的特点。

**4. 隐私的种类**

从隐私的种类来看，可以将隐私分为个人事务、个人信息、个人领域三种。对此，学术界几乎没有争议。

根据隐私的外在表现形式，可将隐私分为抽象的隐私和具体的隐私。抽象的隐私是指隐私内容是由一些数据、情报等构成的，如日记内容、女性三围、通信秘密等。具体的隐私是指隐私的内容能够以具体形状、行为等形式表现出来，如身体的隐蔽部位、婚外性行为、夫妻生活等。将隐私分为抽象的隐私和具体的隐私，可从事物自身存在的特点方面界定对隐私客体的保护范围。例如女性的三围，只有将特定女性三围的具体数据传播或公布出去，才能构成侵权。如果仅作状态性或形象性描述，则不能构成对隐私权的侵害，至多只能是以侮辱行为构成名誉侵权。

根据隐私的性质，可将隐私分为合法的隐私与非法的隐私。合法的隐私是指符合法律明文规定和社会公德的隐私。例如，《中国人权百科全书》中将隐私定义为：隐私即秘密，是指尚未公开的、合法的事实状态和一般情况。如果已经向公众公开或向无保密义务的特定人公开，即不属于隐私。非法的隐私是指违反法律明文规定或违背社会公德的隐私，它又可分为违法的隐私、一般违规的隐私和法不调整的隐私。广义上的违法的隐私是指违反基本的实体法的强行性规定及一般的公共道德的隐私，包括严重违法即犯罪的隐私，一般违法（包括违反民事法律、行政法律）的隐私，轻微违法的隐私三类。狭义上的违法的隐私是指违反基本的实体法的强行性规定及重要的公共道德的隐私，包括严重违法的隐私和一般违法的隐私两类。鉴于通常所指的违法仅指严重违法和一般违法，而不包括轻微违法，故违法的隐私也应限于狭义的违法的隐私两类。

**（二）隐私观念**

人们关于什么是隐私、什么不是隐私以及对隐私的认识、如何保护隐私的看法，形成了人们的隐私观念。隐私观念即人们对隐私形成的抽象性认识和看法，以及人们由此采取的隐私保护态度。在不同历史时期、不同社会环境，人们对隐私的看法会有不同，但在同一历史时期同一社会环境，人们对隐私会形成一个较为相似的看法，因此从古代社会至今，人们对隐私的看法在不断地发生改变，即隐私观念在不断变迁。学者张新宝认为人们对隐私（私人生活秘密）内容的看法，总体而言经历了从少到多、从简单到复杂的变化过程。

隐私观念与隐私权之间存在着很多必然联系。人们随着社会发展以及自我保护意识提高，产生了对于自己身体保护的早期隐私观念。正是由于隐私观念的不断发展，隐私保护事实也发生了巨大变化，最终人们逐渐将隐私保护这一事实上升为法律保护的层次，并成为人类的基本人格权利之一，于是隐私权就诞生了。从隐私观念的产生到隐私权的保护经历了漫长的岁月，是历史证明人类社会发展的一个缩影。

隐私观念是指人们在日常生活中所产生的隐私保护意识，是随着社会发展不断加深的一种自我保护的主观意识。隐私观念的产生标志着人类社会的进步，是人类社会从野蛮发展到文明的标志之一。关于隐私观念的产生，可以追溯到没有出现文字的远古时代。在远古时代，先民们用树皮、树叶遮住其身体中的重要部位，这可以说是人类"羞耻心"最初萌发，也可以说是人类隐私观念的起源。我国学者张新宝就曾经指出："这种'知羞耻'

'掩外阴'的心态是人类认识隐私的开端。"

以"羞耻之心"为开端，远古时代的人们认为自己的身体是绝对隐私，不允许别人对自己身体随意窥视和打探。这种表现为"羞耻之心"的隐私来源于人们想把自己与动物分开的愿望，是人认识自我、人类意识觉醒的很重要的方面。因此，隐私观念的产生是人类区别于其他动物的最基本的特征。同时，当人类萌发了羞耻意识后，两性的性行为开始秘密进行，表明了隐私观念已经出现。但是那时人类对于隐私的认识只限于人体特殊部位和两性之间秘密，其内容虽然比较狭隘，但是已经具备了隐私的基本特征，表明了隐私观念的产生。隐私观念的产生伴着人类社会的发展而不断发展，隐私使人们告别了野蛮、落后的时代，是人类社会迈向文明的重要标志之一。这种人类最基本的隐私观念的表现，即"知羞耻""掩外阴"一直伴随着我们，直到文明高度发展的今天。

直到现代社会，人类的隐私观念明显增强，各国基本上都有相关的法律来保护保护私人生活秘密和私人生活安宁，并且随着新技术的进一步拓展，很多新的事物被纳入隐私的范围中来，人们对个人资料等方面的隐私也明显增强，隐私保护手段也发生一些改变。

### （三）隐私权

隐私权是人类隐私观念发展到成熟阶段的产物，是人们通过法律来保护隐私的一种手段。19世纪80年代末，一位波士顿女性在家中举办的晚宴细节被记者公开在报纸上，这位女性的丈夫沃伦（Wallen）先生震怒，并邀请其法律界的朋友布兰代斯（Brandeis），在著名的《哈佛法学评论》上发表了《论隐私权》一文，提出了"隐私权"的概念，文中指出隐私权是一种"免受外界干扰、独处的"权利。

隐私是人类本性所固有的，隐私观念是伴随着自由主义思想观念在近代得以确立的，隐私权是当代社会新兴人权。考察从隐私到隐私观念再到隐私权的确立，会发现隐私权涵纳了人类物质文明、精神文明发展的双重成果，对于理解隐私权的基本人权意蕴至关重要。

隐私权的概念包括道德和法律两个方面，隐私权成了不断争论的主题，但是不管从道德上还是法律上讲，它都被证明是一个不容易分辨的概念。

在社会上，对个人和公众安全的关心，对经济发展的关心，甚至对与他人交往（一种了解敏感信息的过程）这样一种社交和心理需求的关心，都与保护隐私发生了冲突。

隐私权包括如图 7-16 所示的四项权利。

图 7-16 隐私权

（1）隐私隐瞒权 隐私隐瞒权是指权利主体对自己的隐私进行隐瞒，不为人所知的权利。

（2）隐私利用权　隐私利用权是指自然人对于自己的隐私权积极利用，以满足自己精神、物质等方面需要的权利。

（3）隐私支配权　隐私支配权是指公民对自己的隐私有权按照自己的意愿进行支配。

（4）隐私维护权　隐私维护权是指隐私权主体对于自己的隐私享有维护其不受侵犯的权利，在受到非法侵犯时可以寻求公力与私力救济。

进入数字时代后，通信技术的进步极大促进了实时通信和信息共享，然而隐私权也极易受到新的侵害，联合国对隐私权保护有了新的关注。2013年12月，联合国大会就数字时代的隐私权一致通过第68/167号决议，呼吁所有国家尊重和保护数字通信中的隐私权，所有国家应当审查与通信、监视、侦听和收集个人数据有关的立法和程序，并强调各国有必要确保充分和有效地履行其根据国际人权法承担的义务。

## 二、数字营销用户的隐私侵权行为

企业在进行数字营销时的道德问题涉及面很广，它贯穿于企业整个营销实践的全过程，即从市场调研开始到针对目标市场的精细化选择，制定产品、定价、分销、促销策略等。在这些过程中我们判断企业营销实践是否符合道德标准的理论主要是道义论、功利论以及相对主义论。数字营销的道德同营销的道德一样，涉及的范围也比较广泛，只是进行道德评价的范围延伸到网络社区而已。

企业在数字营销实践的过程中，对各个客户群体中个人信息的搜集是非常必要的。这些信息一般包括客户的姓名、职业、收入、电话号码、邮箱地址及个人喜好等诸多方面。按照Ferguson的观点，个人信息可以从是否是私人秘密信息和是否对大众公开等维度进行划分，分为四种情况：一是对大众公开的非私人秘密信息，二是不对大众公开的非私人秘密信息，三是对大众公开的私人秘密信息，四是不对大众公开的私人秘密信息。在网络中，消费者的很多信息都是不对大众公开的私人秘密信息，特别是人们在网上购物过程中，购物者提供给购物网站的注册信息，对购物者个人来说是"不对大众公开的私人秘密信息"。

由于网络内容都具有较强数字化的特性，一切信息都以"0、1"这类的编码存在于计算机中，让获取和使用这类信息变得更为简便。正因为这样，企业在网络上搜集消费者的个人信息也相对更为容易，以此也带来了一些违反道德的数字营销行为，主要涵盖以下两个方面：一是信息搜集过程中侵犯到了消费者的知情权。以往的传统营销中，客户的个人信息资料主要是靠市场调研来获得，这样的途径是公开的，消费者提前知情并只有在经消费者同意后才能获得其信息，倘若缺少消费者的许可就很难甚至无法获悉这些信息。然而，随着互联网技术和计算机软件的飞速发展，企业、商家搜集消费者个人信息的途径已经越来越宽，也变得更加隐蔽。一些时候，客户的个人资料会毫不知觉地被商家搜集到。譬如很多网站利用"cookie"文件来搜集网络社区消费者的个人资料，"cookie"文件广泛存在于互联网用户的硬盘上，它记录了该用户的一些基本个人信息，像上网的时间、地点和喜好等，而目前在法律上并未对"cookie"文件的使用程度做出任何限制。二是企业在使用信息进行营销之时违背了当时搜集信息的初衷。企业网站以注册名义通过网络消费者登记来收集信息是一种正常的手段。譬如当消费者在一些网站注册时，企业通常会表明对一切资料信息绝对保密,但在真正的使用过程中,不仅是自己在使用这些信息,甚至个别企业还通过买卖客户资料来赚取收益,完全违背了搜集信息时的初衷(图7-17)。

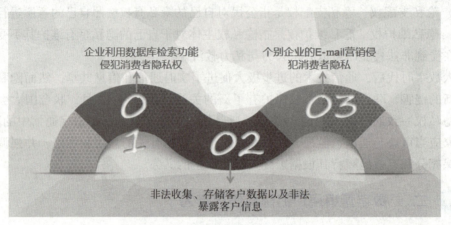

图7-17 企业侵犯隐私权的形式

### (一)企业利用数据库检索功能侵犯消费者隐私权

随着数字营销实践的开展以及电子商务技术的成熟,必须建立起大量含有客户信息资料的数据库,这些数据库一般涵盖的信息量比较大,信息分类也比较全面,很有可能就包含了客户群体各种比较敏感的隐私内容。现在计算机网络技术的发达为大家利用数据库检索各种信息提供了空前的便利,加之当前对于数据库的使用没有明确的立法控制,消费者隐私权遭受侵害的威胁处处皆有。

### (二)非法收集、存储客户数据以及非法暴露客户信息

不仅出卖、租售客户私人信息会损害隐私权,收集或储藏客户正确的数据也会对隐私权造成侵害,这类行为主要表现在以非法手段获取客户数据资料,例如以窃听、非法访问客户电脑等途径来搜集客户信息资料。其次,客户个人数据信息被他人私自处理和删除也对受害者的隐私权造成相当程度的侵犯。比如银行系统作为客户信息的合法所有者,其信用报告系统对不正确的数据信息进行收集、更改和暴露,严重破坏了数据对应客户的经济利益。除此之外,像个人健康信息、银行记录信息等隐秘资料都是应受严格保护的,但个别企业在数字营销过程中得到类似的信息之后,不仅不对其进行保密,还肆意披露这些数据,甚至利用关键数据信息对客户进行威胁和勒索,这类行为目前虽然相对较少,但却真实存在于数字营销之中。

### (三)个别企业的E-mail营销侵犯消费者隐私

**1. E-mail营销商的邮件轰炸侵犯消费者的隐私**

目前,网络上有许多企业,通过承诺免费提供DVD电影、iPods及一些颇具娱乐性的诱惑性产品,以此来换取广大消费者的姓名、E-mail地址、兴趣爱好等信息。虽然这些公司都向消费者保证对其个人资料永久保密,但这些保护声明一般都没有什么约束力,由于目前的互联网道德规范尚不够完善,网络商家在想方设法获取客户资料后大部分并没有信守承诺,于是很多注册用户的个人资料被他们透露给一些专门进行E-mail营销的服务商,这也是当前许多消费者在一些网站上注册之后会大量收到垃圾邮件的主要原因,而这些垃

圾邮件多为 E-mail 营销商的产品及服务的宣传信息。

**2. 某些企业在 E-mail 营销过程中侵犯消费者隐私权**

在网络上侵犯个人隐私的事件经常发生，个人资料被一些企业所利用来开展各类营销活动也已成为一种普遍现象。国外某网络营销专栏作家为了达到和读者交流的目的，在很多文章中都留有 E-mail 地址，结果每日都收到大量的垃圾邮件，例如在 2002 年 7 月每天收的垃圾邮件数目是一年前的 6.5 倍；另外，在网上营销新观察网页上所公布的服务邮箱中每天也同样会收到大量的垃圾邮件，且一天比一天多。显然，这些电子邮件地址是被一些非法分子所搜集，然后出卖给他人或是频繁发送商业广告。用户的 E-mail 地址如果被垃圾邮件数据库所收录，由于用户每日处理这些垃圾邮件的时间越来越多，而对自己有用的信息则很可能因垃圾营销邮件的干扰被误删，其正常的日常通信便会受到严重影响。像这种营销者肆意使用消费者 E-mail 地址的行为正是个人隐私权遭受侵犯的典型例证。

当然网络企业所关心的远不止客户 E-mail 地址这一项内容。客户资料信息在营销中具有举足轻重的作用，是营销的敲门砖，企业要做好营销首先就要对自己的目标市场客户群有清楚明白的认识，而这种认识恰恰是通过收集或整理消费者信息数据而具有的。有了这些客户基本信息之后，网络营销活动便能很快开展起来并对营销产生一定的效果。网络营销的最大特点便是能具有针对性地进行个性化营销，个性化营销的基本前提就是要了解客户的基本信息，像姓名、职业、E-mail 地址、爱好等方面，企业对用户信息的了解程度同企业个性化服务的效果是成正比的。

目前，许多法律专家往往从现有的法律条款的适用性方面来研究个人隐私保护的问题，而对于隐私怎样对市场经营活动造成影响则较少提及。伴随着网络营销中侵犯消费者个人隐私的事件不断增加，消费者的个人保护意识也已越来越强。相关调查数据表明，在美国，用户关心个人隐私的程度一直处于比较高的水平，仅有 5.5% 的用户表示不怎么关心个人信息。

**3. 以商业目买卖个人或企业信息侵犯他人隐私**

近日，一条"20 万经理人手机号码用您手中的经理人 E-mail 来换取"的帖子在某高校论坛上频频出现。发帖者表示其集团内部存有大量高端客户群体诸如姓名、手机号、家庭地址、电子邮件地址以及职位等私人信息，详细内容包括企业老板的手机号码、移动 VIP 客户的手机号码、银行金卡持有者的手机号码、清华大学 EMBA 总裁的电话名录等，发帖者要求进行面对面的交换方式，并把交换地址限定在北京、上海、广州、深圳等大城市。通过对其所提供网址的追踪查询，发现这家"直复营销公司"所经营的产品涵盖了"个人数据"和"企业数据"等许多方面，有"中国老板手机号数据库""一流高尔夫高端会员"名录、"9.3 万收入大于 5 000 万元小于 1 亿元制造业企业"名录等，甚至还有"5 069 个上海小孩名单"。当以交换者的身份拨通该公司的电话，电话那头的男子称公司做数据库营销，主要为客户经营直邮、手机短信群发等业务。问及这些手机号码的来源，该男子表示公司有"专门"的渠道获得信息，"车主的手机号是从车管所、经销商那边得到的，我们还拥有清华大学 EMBA 学院的学生名单。"至于准确率，"车主手机基本达到 80%~87%，一些老板的达到 75%，银行金卡持有者也达到 75%，基本都在 70% 以上！"该男子表示只要能提供有用信息，交换不需要任何费用。但必须提供 E-mail 主人的详细信息，如姓名、职务、公司、电话号码等。至于购买的费用，17 万个老板的联系方式卖到980元，若是购买量多，还有优惠。虽然打着"老板""车主""贵宾"等旗号，但数据并不具备很强针对性，当要求一些营销人员的号码时，对方就表示无法提供了。

据了解，这类直复营销公司多与一些大型商业机构有密切"往来"，他们在出售或交换客户数据或企业信息时，并未得到信息拥有者的同意，仅是其为了私人利益而做的单方面侵权行为，数据一旦被出售（非法交换），必然对信息拥有者造成极大的损害。

尽管当前国家的法律明文规定人身权利神圣不可侵犯，但对隐私被公开、买卖的行为却未做细致划分，因为缺乏更为具体的法律条款，当出现个人隐私被侵犯的行为时，对责任的认定和追究上通常就比较困难。

###  三、数字营销用户的隐私权保护

传统的隐私保护是通过物质手段将个人隐私隐藏起来，禁止他人侵入以及传播个人私生活信息，这是一种以隐为核心的隐私保护观念，是被动的、消极的。而新媒介技术环境下，传统的隐私保护观念开始变迁。首先，新媒介技术冲破了物质空间场所的限制，隐私再也隐藏不住；其次，在网络数字化技术下，个人隐私处于自动地、频繁地被侵害状态，必须赋予人们事先预防的权利，自主决定个人隐私信息的传播，从而实现对个人隐私的保护。现代人意识觉醒，人们追求的不仅仅是对个人隐私的保护，更重要的是对个人私生活、私人信息、私人空间的不受干涉的自我决定权。

#### （一）新媒介技术打破传统的隐私保护观念

**1. 传统隐私保护观念以"隐"为核心**

人们通过对情境的控制来实现对个人隐私的保护。传统观念认为情境主要由地点场所决定，通过物质手段将情境限定在一定的时间和地点内，这个情境就得到了控制，因此通过物质手段的遮盖或者禁止打探个人信息，就能实现对自我隐私的保护。传统的隐私保护观念是一种消极的隐私保护观念，即通过"隐"来保持自己的私生活安宁和个人生活秘密，到近代，摄像技术使得媒介能穿透物质外壳，侵入到人们的私生活当中，因此人们强烈的隐私保护观念上升到法律的层面，但隐私权最初的核心表现方式仍是在于"隐遁"和"减少同社会的交往"。

我国从20世纪80年代起开始了对隐私权的保护，并在宪法和刑法中通过消极的禁止性的规定来防止对个人隐私的侵害，如人格尊严不受侵犯、私人住宅不得非法搜查和非法侵入，不得侵犯公民通信自由和通信秘密，不得私开毁弃邮件等。《侵权责任法》和新施行的《民法总则》也将隐私权作为民事权益客体，但缺乏具体的保护。总体而言，我国的隐私法律保护制度也是以"隐"为核心。

**2. 新媒介技术侵入导致隐私无处可藏**

传统的隐私保护主要通过两种手段实现：一是利用物质外壳将个人隐私隐藏在私人空间内，禁止他人进入私人空间；二是限制对个人隐私信息的传播。而互联网时代新媒介技术的出现，使这两种手段都无法实现对个人隐私的隐藏。新媒介技术导致了空间场所的消失，物质的外壳再也无法将隐私隐藏起来。智能手机、电子摄像头、监听器、望远镜等新技术，能直接穿越物质空间的阻隔和时间的限制，实现实时的监控和传播。

物质外壳无法隐藏个人隐私，一方面是别人偷拍偷录侵入了个人空间，在浏览器中输入"偷拍"二字进行检索,就出来1 370万个相关答案;另一方面是个人通过电话、手机以及互联网等将自己的私人空间信息泄露出去。空间场所的消失,催生了人们的公共空间隐私观念。传统的观念认为公共空间没有隐私,是因为人们已经默认私人信息的传播范围只在公共场所这个相对封闭的圈子内,私人信息仍在个人的预期和控制范围内。而智能手机、电子摄像头、监听器、望远镜等新技术的出现,将公共场所这个相对圈子的信息传播到更大的圈子去,人们无法通过相对范围的公共场所"隐"住自己的私,因而开始呼吁公开场所内的个人隐私保护。据报道,中国已建设完成世界上最大视频监控网,2016年中国共装有1.76亿个监控摄像头。根据第46次中国互联网发展报告,截至2020年12月,中国网民规模达到9.89亿,手机网民规模9.86亿,即算每个手机网民一台智能手机,中国的智能手机摄像头也至少有9亿台。在一种到处都是"电子眼"的全景监控环境下,摄像头无孔不入,个人隐私无处可藏。

随着互联网以及其他新媒介技术的发展,人们逐渐失去了对个人信息隐私的控制。大量App存在过度读取个人信息的情况,包括手机通讯录、短信、位置信息等,以及开通录音、蓝牙、定位等权限。近年来,在酒店、航空公司、快递、互联网等各个领域都出现大规模的个人信息隐私泄露事件。这些被泄露的个人信息都集中在黑市贩卖,花几百块钱用电话号码就能查出一个人的所有个人信息。而人工智能、物联网等技术的发展进一步加剧对个人隐私的侵入:一是人工智能和物联网技术下各种物体以一种融合的姿态进入个人日常生活,让人无法防备;二是人工智能作用的前提是对个人数据的大量收集、学习、分析,而后才根据这些个人信息作出智能化的反应。智能家居的摄像头可能会将你输入的密码拍摄下来,可穿戴设备可以随时记录下你的脉搏、心跳、血压、睡眠质量等生理信息;最后,更令人担忧的是,这些数据都存储在云上。通过红外线感应器、射频识别(RFID)、全球定位系统、激光传感器等一系列信息传感设备收集的信息,连接上传到互联网上,实现对个人全方面的识别、定位、监控。

影响情境的关键因素在于媒介而非地点场所,互联网时代新媒介技术突破了空间界限和物质外壳,以往被隐藏在私人空间内的个人隐私被新技术挖掘出来并传播到更广泛的互联网空间里。计算机和网络的出现使得人们的交往脱离了物质空间的天然屏障,更重要的是互联网的虚拟性、可记录性、即时性、可检索性让人们的交流情境失去了时间和空间场所的限定,个人完全失去了对自己隐私的控制,可以说,互联网时代新媒介技术下,个人几乎成了"透明的",很多东西不得不公开,隐私已无法隐,传统以"隐"为核心的消极的隐私保护观念和手段无法实现对个人隐私的全面保护。

### 3. 隐私保护从消极抵抗到主动控制

以"隐"为核心的隐私保护观念,不仅仅体现在通过物质外壳的隐藏去保护隐私,更是以一种消极的、事后救济的心态去保护隐私。面对互联网时代新媒介技术对隐私的侵犯加剧,消极的事后救济手段无法弥补对当事人的伤害,人们的人格尊严无法得到维护。如上文所述,互联网的技术特性以及数字化技术,让个人隐私信息一上传至网络空间即意味着失去控制,且在近十亿网民的当代中国社会中,一旦个人隐私公开,可能会给人们带来难以想象的伤害。

以人肉搜索为例,其轻则导致个体精神痛苦,重则导致个体自杀,因人肉搜索导致自杀的案例不在少数。互联网的传播范围和影响力,使得隐私被侵害的后果加重,不仅仅给受害人带来巨大的精神压力,甚至还会带来生命危险,传统的事后救济的隐私保护方法已经不适应互联网时代的新媒介技术环境,也无法弥补由此导致的个人伤害。面对新技术对个人隐私日渐扩大的伤害,通过消极的事后救济手段无法维护个人隐私,人们必须通过事前的积极行为来预防新技术带来的隐私侵害,从而减小隐私侵害的后果。

传统观念里对隐私的消极保护,从某种程度上也是根源于人们一直以来都把隐私当作一种人格利益,维护隐私主要是为了人格尊严。互联网时代新媒介技术赋予了隐私商业价值,隐私不再仅仅是人格权利,也不能仅通过消极的对抗来维护其人格价值,更应该将个人信息隐私的所有权和处分权、受益权交给个人信息的所有人。当隐私客体的价值属性发生了变化,人们对隐私的认识以及保护观念也发生了转变。各大企业为了追求经济利益,大肆收集个人信息,甚至将收集到的个人信息用于其他目的,有的甚至将个人信息转卖给第三方。面对强大的商业技术巨头,作为弱势的个体处于信息不对称的环境中,作为个人信息所有者的个体无法占有自己的个人信息,个人信息被各大公司企业占有、使用、用于牟利,这样对个体而言是极为不公平的。因此,只有将个人信息的所有权、处分权、收益权交给当事人,让个体自行决定何时、何处在何种范围公开个人信息,才能保证作为个人隐私信息所有者的主体价值,实现人们对个人隐私信息的控制。

互联网时代新媒介技术使得个人隐私信息更容易失控,隐私侵犯现象更加普遍,后果也更加严重。更重要的是,新技术赋予隐私以新的内涵,个人隐私从人格属性拓展到财产属性,财产属性强调主体的物权,这是一种对世权。互联网时代,对个人隐私的保护不再仅限于以往对人格利益的保护,更需要尊重个人信息隐私的主体权利。在这种技术环境下,人们的隐私保护观念逐渐从"隐"向"私"转变,在"私"为核心的隐私保护意识里,以一种积极的心态和手段去控制信息的传播和流向。

### (二)隐私保护观念核心由"隐变为私"

新技术的发展将隐私从"隐"中彻底暴露出来,隐私的内容和保护观念也发生了改变,与其说隐私权是将隐私隐藏起来的权利,不如说是人们按照自己喜欢的、不受干涉的方式进行生活的权利。

隐私的本质在于对个人信息的控制,在互联网时代更能体现隐私这一本质特性。个人隐私基本是通过信息的形式表现出来,因此互联网时代的隐私保护核心,在于对个人隐私信息的自主决定权,即个人实现对私人信息的控制权,而国家在法律与制度上的跟进、企业在技术与管理上的改进,为人们通过"私"来实现隐私保护提供了制度和技术保障。总体而言,互联网时代以"私"为核心的个人隐私保护模式,主要体现在知情权、控制权、删除权三个方面。

人们的知情权逐渐得到保障。2017年6月1日施行的《中华人民共和国网络安全法》(简称《网络安全法》)确立了个人信息保护的一些重要原则和规定,要求运营商收集用户个人信息必须遵循合法、正当、必要、公开、明示等规则。2017年我国开始实现隐私条款制度,根据《信息安全技术个人信息安全规范》,各大网站和App在收集个人信息时,必须提前告知用户收集信息的内容、方式、存储、使用和披露的情况,而这些主要通过用户与平台方签订的隐私条款来实现。政府加强对App收集用户信息的监管,中央网信办、工信部、公安部、国家标准委连续两年联合对App隐私条款进行测评,促进各大App将隐私条款落实并改进,以保障用户隐私权。

## 2018年元旦支付宝账单事件

支付宝利用不显眼的颜色和字体,默认用户勾选了《芝麻服务协议》,而签订隐私协议就意味着同意芝麻信用将用户的个人数据提供给芝麻信用的合作机构或其他第三方,从支付宝账单刷屏到默认勾选芝麻协议,舆论开始反转,支付宝被迫做出整改以保障用户个人信息隐私权。2019年支付宝吸取教训,首先在查看账单之前要输入支付密码以验证身份,其次是开通专门页面询问用户是否同意将支付宝的个人数据给芝麻信用使用。

在公共空间场所里安装监控录像,都有"您已进入视频监控区"等提示,而2017年年底发生的水滴直播事件,商家用极小的"贴纸"来告知消费者到个人对隐私条款的重视,体现出人们对个人信息隐私知情权的重视,将隐私公开的控制权和选择权交给用户。

目前各大App获取用户权限,必须征求用户的意见。不过现实中也确实存在很多"流氓"App,不同意某种权限便无法使用,当然这种现象总体上正在改进。为了保护人们的搜索和浏览记录,各大浏览器先后在搜索框下设置了"消除历史搜索记录"功能和"反追踪"功能,用户可以选择打开隐私保护模式,也可以接受浏览器的追踪。在美团外卖、饿了么等外卖软件上,用户可以选择进入隐私保护模式或者正常模式。为了进行隐私保护,各大手机助手、电脑助手等都推出隐私保护模式、骚扰电话标记模式等。

自媒体上的隐私设置功能将隐私控制权交给了用户。以QQ为例,以前发"说说"会强制显示手机型号,QQ更新版本后可以选择性显示手机型号、定位等;QQ空间可以在系统设置看或者不看哪些人的动态,设置谁可以访问或不准访问自己的空间;发动态时可以设置分组仅对谁可见或不可见;对于已经发出去的QQ动态可以选择仅显示某段时间内的动态,也可以单独将某条动态设置为仅自己可见状态;对于空间相册可以选择可见范围以及设置密码等。微信的隐私设置功能与此相似,可以设置添加好友的方式,例如用户可以选择用或者禁止用微信号、手机号、QQ号等方式搜索到微信好友,也可以通过使用或禁止使用群聊、二维码、名片等方式添加微信好友。微信还可以允许或者禁止陌生人查看十张照片,以及开通或者关闭摇一摇、附近的人等功能。微信用户通过一个个开关键,可以将隐私内容的公开权利完全掌握在自己的手中。

数字化技术使遗忘变成例外,记住成为常态,这意味着信息一旦上网了,就意味着终有一天它将被人知晓。因此,人们呼吁被遗忘的权利。2014年冈萨雷斯发现在谷歌上搜索自己的名字时会出现十年前的黑历史,因此将谷歌告上法庭,最后法院判决谷歌胜诉,冈萨雷斯案一时火爆全球,被遗忘权也逐渐进入全球视野。早在2005年国内就有学者提出个人信息的删除权,2013年实施的《电信和互联网用户个人信息保护规定》确认了公民的网络账号注销权,2016年通过《网络安全法》规定两种情况下删除个人信息的方式:个人发现网络运营者违法违规或违反双方约定收集使用其个人信息时有权要求删除;发现收集和存储的个人信息有误时有权要求网络运营者更正,网络运营者应当采取措施更正或者删除。被遗忘权在实践中也逐渐得到实现。2019年,新版的QQ即推出注销功能,能将存储在服务商的个人信息和从前的"黑历史"全部消除。2018年大众点评推出的新功能会在App内显示好友去过的酒店、餐厅等,将人们的生活轨迹完全呈现在好友面前,因侵犯到人们的隐私,该功能刚上线不久便遭到人们的抗议,随后大众点评即做出修改。近日网上有人称微信将出新功能，可以显示朋友圈访问记录。微信立马做出回应，认为朋友圈访问浏览记录属于个人隐私，是否公开浏览记录的决定权在用户手中。

通过保障人们的知情权、控制权、遗忘权，人们逐渐实现对个人隐私的控制，获取个人隐私前保障用户的知情权，再获得用户的同意；用户可以选择公开还是隐藏个人信息隐私，也可以选择公开的范围；用户也能选择消除曾经公开在网上的个人信息。总之，互联网时代新技术虽然加剧了对个人隐私的侵犯，但同时也倒逼了人们隐私观念的进化，对于隐私保护观念也由消极的"隐"变为现在的积极的"私"。

## 任务三　新用户的在线言论

【任务描述】本任务从用户角度介绍在线购物或消费言论的影响力，不当言论的场景，以及如何规制言论不当行为。

【任务分析】掌握新用户在线言论的"功"与"过"。

### 相关知识

#### 一、语言的"力量"

唐·泰普斯科特在《数字化成长》一书中指出，在过去资讯垄断的权威时代里，人们无法找到真相，而掌握及控制资讯就可轻易欺骗他们。在网络的世界里，一切都会透明化，集权和欺骗将不容易存在。

民主制度与大众传播有着特殊的亲缘关系。从历史发展的逻辑来看，大众传播促成了当代民主制度的建立，而民主制度和民主生活也刺激了对大众传播的需求，并推动了它对政治生活的介入，塑造了它参与政治的方式。从网络热点事件可以看出，在线言论涉及了包括教育、医疗、三农等各个方面的问题，其覆盖面和影响力可见一斑（图7-18）。

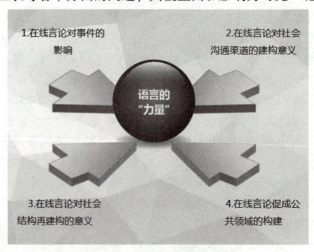

图7-18　在线言论的影响力

1. 在线言论对事件的影响

"张剑杀人事件""杭州 70 码""山西黑砖窑童工事件"等都表明,在线言论在一定程度上影响了整个事件的发展进程。2009 年 6 月,新华社发表文章肯定了网络民意的作用,提出它推动了重大事件的真相调查。浙江省委党校教授吴锦良认为,网民们的言论不仅直接推动了事件真相的调查,而且网民对事件公开讨论本身就是在践行公民权利,因为表达权和监督权是公民权利的重要组成部分。

### "张剑杀人事件"

本溪市村民张剑面对暴力拆迁,采取了以暴抗暴的手段,在反抗中将强行拆除他家房屋的赵君刺死。这一事件发生后,张剑的行为得到了多数网友的支持,他们纷纷称张剑为"草根英雄"。在互联网将事件推上社会关注的前沿时,张剑案以近乎喜剧式的结尾落幕。本溪市中级人民法院最终以"防卫过当"定刑,判决张剑有期徒刑三年,缓刑五年。民众是历史的创造者,在互联网无数网友的关注下,本溪市中级人民法院完成了一个意义深远的判决,对反抗暴力拆迁具有里程碑的意义。

另外,在山西"黑砖窑"、陕西"华南虎"等事件中,网民们都以自己的力量推动着事件真相的调查。

2. 在线言论对社会沟通渠道的建构意义

在网络出现之前,我国的社会沟通渠道比较单一。公众表达意见和获取信息的成本也很高。网络的出现大大拓宽了政府与社会、公民之间的沟通渠道。通过网络,一方面公民能够及时了解政府的工作动态、查阅政府信息,另一方面增强了政府工作的透明度,方便了社会各界的监督。在线言论的即时传输,在公民与公民、公民与政府之间建立了即时对话的机制。

2007 年被认为是"网络公民崛起元年""公共事件元年",而 2008 年则由于网民与决策初步形成互动平台,网络民意强力问政、网络情绪影响政情,而被坊间称为"网络问政元年"。2010 年 3 月 10 日全国政协十一届三次会议上,周天鸿委员发言时说:"网络民主为民众提供了一种全新的表达渠道,为民众的政治参与营造了新的公共空间。"

网络世界的开放性,为民主机制提供基础;网络世界的平等性,保证了社会成员的广泛参与;网络世界的低成本,为民主机制的建立提供了以最低消耗创造最大效益的基本途径。网络民主拓宽了民主渠道的新途径,丰富了民主形式,保障了公民的知情权、参与权、表达权和监督权。在线言论以直接、快捷的方式扩展了网络民主的监督对象和范围。在线言论在民主监督中的作用越来越大。2009 年"人肉搜索"致南京江宁房产局局长周久耕被撤职案、"躲猫猫"事件等都表明,在线言论已经演变成一种监督方式,任何背离法律和道德的行为都会受到制约。

3. 在线言论对社会结构再建构的意义

社会结构最重要的组成部分是地位、角色、群体和制度。社会结构的状况直接体现了社会关系的状况。中国社会处于社会转型期,新的社会关系结构正在形成,原有的社会结构也重新分化和整合。社会行为在很大程度上影响着社会结构的构建和塑造，在线言论的兴起也是其影响因素之一。

**4. 在线言论促成公共领域的构建**

哈贝马斯认为，公共领域存在的构成必须具备三个条件：一是由私人组成的公众，二是拥有自由交流、充分沟通的媒介，三是能够就普遍利益问题自由辩论、充分交流，形成公共舆论。"由于传统媒介始终脱离不了国家和政府力量的控制，并越来越受控于商业利益，因此公共领域的结构性框架遭到了前后夹击。"在网络媒介中，网络的开放性、互动性、平等性和广泛性使普通大众拥有了话语权，公众可以就某社会问题发表建议和看法，可以说网络重新构建了一个新的公共领域，是公共领域的又一次转型。

在网络公共领域中，以论坛为主的在线言论最能体现公众参与的程度。以陕西"华南虎"事件为例，在线言论成功将话题推向公共领域，并得以解决。但随着在线言论范围的扩大，私人领域公共化与公共领域私人化两种趋势愈加明显。

以博客为例，博主通过平台可以将私人生活纳入公共空间交往层面，从而带动自下而上的私人领域向公共空间延伸的公共化趋势。博客使私人化的内容具有了公共化的形式，意味着私人领域向公共领域迈进。不管博主是出于主动还是被动，私人领域公共化已成为不争的事实。

公共领域私人化是指在公私领域界限模糊的环境下，公共空间、公共领域大量收编私人话题、私人事件，私人话题在网络公共空间中不断膨胀，公共领域日益呈现私人化的发展趋势。在BBS的公共平台上，人们的话题既包括国家大事又涉及个人生活感受，公共领域有私人化的倾向。实际上，跟帖、论坛是将私人领域的聊天转移到了网络上，而这个网络平台却是面向社会大众的，是一个公共领域。

在线言论模糊了私人领域与公共领域的界限，网络既能够成为个人宣泄情绪的场所，又承担着"公共领域"的构建。公共领域是一种独立于政治权力之外，并不受官方干预的社会公民自由讨论公共事务、参与政治的活动空间或场所。网络的普及使大量私人信息介入到公共领域。

## 二、在线言论不当情景

### （一）网络暴力

被称为"中国网络暴力第一案"的姜岩事件，使"网络暴力"这一名词正式进入人们的视野。之后，从"虐猫事件""铜须门事件""史上最毒后妈事件"到"深圳海事局副局长林嘉祥猥亵幼女事件""南京江宁房产局局长周久耕天价烟事件"等，网络暴力有愈演愈热的趋势。网友们通过人肉搜索找出当事人的详细资料，并进行群体攻击，对其进行讨伐和谩骂，形成了网络暴力（图7-19），有的甚至还演变成现实中的暴力事件。网络暴力往往打着道德的旗号，对当事人进行评价，通过网

图7-19 网络暴力

络追查并公布出当事人的个人信息，对其进行言语或行为上的攻击。有研究表明，当网友们对事件的态度表示赞同的时候，言语措辞上往往没有不良的现象，在表明中立态度的时候，网友们的言语态度偶有失范，而在表明反对和谴责的态度和看法时，言语失范的现象就相对多起来了。网络暴力的形成和网络本身的环境有密切的关系。网络论坛里的跟帖，如果长时间传达一种声音的话，很容易让人产生同化效果，最后使个人的言论淹没在论坛里，只产生一种声音。有人说，网络是一种情绪媒介，它能够很快地点燃情绪、传递情绪、放大情绪、激化情绪。这就形成了群体极化现象。

同时，处在在线言论的庞杂信息包围中，人们并不是无目的统一接收。新科技的发展增加了人们接触信息的机会，也增强了人们无限过滤的能力。正如拉扎斯菲尔德提出的"选择性接触"，网民在浏览信息时，会选择那些与自己的既有立场、态度一致或接近的内容加以接触，以强化自己的观点。而当人们长时期处于相近的看法中就很容易变得偏激，导致群体极化现象。而在现实中，由于有多种观点之间的交流与碰撞，群体极化现象有可能避免。

### 1. 点击率：多数人的狂欢

造成网络暴力的原因很多也很复杂，其中点击率是应该考虑的重要因素之一。在网络传播中，点击率主宰着网络生产。很多时候，论坛用户根据点击量和回帖数来阅读帖子，并且形成明显的马太效应。一些网络媒体为了增加点击率，吸引眼球，追求经济效益而一味地将事件扩大化，而忽略了它可能带来的负面效应。有些网络信息服务商在制作文章标题时，还特意突出重点，以暴力、幽默、预设手法强调帖子的独特性，以赚取更多的"眼球"。

### 2. 人肉搜索：无盲区的道德批判

谈到网络暴力，不得不提的一个内容就是"人肉搜索"。人肉搜索是新媒体环境下的产物之一，人肉搜索可以形成公民监督的重要力量，但也可能成为滋生网络暴力的温床。它是整个网络暴力中最重要的部分，对网络暴力的实施起着推波助澜的作用。没有人肉搜索，网络暴力就无法继续下去，也不会产生更大的社会效应。

人肉搜索可以把一个默默无闻的公民变成网络上的明星，使他们一夜之间成名；也可以让一个普通人无限放大，成为人人口诛笔伐的对象。有些情况下，在事实还未清楚之前，网民的情绪就被一些煽动性的语言所激发，而不再进行理性的分析和思考，这样容易进入一种偏执中而造成不好的影响。尤其是当"人肉搜索"从公共生活层面进入到私人生活层面时，公民的隐私权和名誉权是极易受到侵犯的。

### （二）网络流言

流言是一种缺乏真实根据，或未经证实、公众一时难辨真伪的闲话、传闻或舆论。流言与大众媒介关系密切，流言的产生和问题的重要性与证据的暧昧性成正比关系，问题越重要越模糊，流言产生的效应也就越大。网络的开放性、匿名性以及传播范围大、传播速度快的特点使流言更具危害性。

网络流言主要来自两个方面：一是新闻媒体或政府对某些事件的隐瞒，导致公众的信息不对称，二是网络论坛的一些道听途说的消息加以改编而成的。从"流氓外教事件"可见，网络流言充分展示了其对社会生活惊人的破坏力与杀伤力。人们通过网络进行人际互动，流言在网络中迅速扩散，形成一个巨大的话语场，对社会的稳定造成了一定的影响（图7-20）。

图 7-20　网络流言

网络流言的实质是集合行为，集合行为是指在某种刺激条件下发生的非常态社会集合现象。集合行为虽然是一种自发的反常现象，但集合现象的发生需要三个基本条件：结构性压力、触发性事件以及正常的社会传播系统功能减弱。

2009 年 7 月"开封杞县钴 60 泄漏传言事件"就证明了网络流言的危害性。7 月 13 日，网上热传了河南开封杞县辐照厂"钴 60 被传泄漏事件"，不明真相的群众在信息不公开的恐慌中于 7 月 17 日上演了现代版的"杞人忧天"，一些群众纷纷奔向周边县市避难，各种车辆堵满了该县通往周边县市的道路。后经核实并没有发生泄漏，仅是"卡源"故障。真相揭开之后，很多网友对有关部门信息公开不及时、不透明表达了强烈愤慨。6 月 7 日发生故障，相关部门一直没有公开情况，直到网上开始传言。网友"晴天乖娃娃"在天涯论坛跟帖说，"谣言……为什么有谣言？就是因为你不说。你不说，其他人就说；其他人说，就会乱说。他们没亲眼看到，只能这样传。"

## 三、在线言论的规制

在线言论的规制如图 7-21 所示。

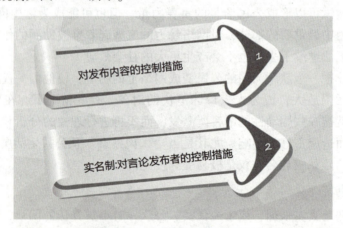

图 7-21　在线言论的规制

### 1. 对发布内容的控制措施

美国大众传播学四大先驱之一的库尔特·卢因最早提出了"把关人"概念，是关于家庭主妇对家庭实用的食品的把关。1950 年怀特将这一概念引入到传播领域，指出大众传媒对新闻的报道不是有闻必录、面面俱到的，而是加以选择、过滤和筛选，媒介组织充当了一个"把关人"的角色。在传统媒体传播过程中，媒介组织的把关作用是极其明显的，媒介组织以传者本位的价值观来设置受众议程。而开放的网络环境，使传者和收者之间不再有明显的界限，改变了信息传播者和接收者之间原有的角色和地位，淡化了传统媒体"把关人"的角色，但是不可否认的是，把关人依然存在，而且对于把关人的职责有了更高的要求。

利用技术手段过滤是网站通用的方法。即网站事先设定一个包含有害信息或诽谤、侮辱词汇的"黑名单"，如果网民的言论中出现了这些词语，帖子将会被拒绝，无法出现在网页上。另外把关人还要起到良好的在线言论的引导作用，维护网站的风格与主题，尽量保持中立，对论坛中见解深刻的言论加以重点说明，以正面、权威、理性的声音引导网民。人民网"强国论坛"将论坛分为"深水区"和"浅水区"，以适应不同的网民，利用深水区的"紧"和浅水区的"松"对论坛进行管理。

**2. 实名制：对言论发布者的控制措施**

从法学角度讲，人处于没有社会约束力的匿名状态下容易做出本能的冲动行为。这就为在线言论的不良效应埋下了隐患。2003年，清华大学教授李希光就建议人大禁止网上匿名，推行网络实名制。他认为网上写东西要负法律责任，应该提倡用真名而非笔名发表文章，利用假名发表东西是对公众的不负责。在随后的几年中，网络实名制已然成为人们热议的社会话题。最终，中华人民共和国国家互联网信息办公室于2015年和2017年相继出台《互联网用户账号名称管理规定》《互联网论坛社区服务管理规定》和《互联网跟帖评论服务管理规定》，全面落实了网络实名制，明确了注册用户需"后台实名"，否则不得跟帖评论、发布信息。

网络实名制不只限于注册用户/网络账号实名，常见的还包括网吧实名、建站实名、手机实名和应用发布实名。

网吧实名制，是网络实名制的最初体现。早在2003年，网吧开始进行大力整改，开网吧需要办理相应的营业执照，而在网吧上网的客户也必须出示身份证进行实名登记。2005年，政府主管部门要求国内网站实施建站实名制，所有网站无论是企业事业单位网站，还是个人网站，都必须使用有效证件进行备案。进入移动互联网时代，政府主管部门在2015至2017年间全面落实了手机实名制，与实名无法对应的手机号码一律停用。如今，App取代了网页，成为很多人上网时的主要消遣物。App很容易就可以绕开国内的域名解析，为用户接入到其他网络服务，造成一系列的网络安全问题，如今App的实名制也正式展开了。

### 四、营造"绿色""和谐" 营销场域

从我国目前的实践来看，对于网络言论的保护和规制仍不完善，需要进一步加强。网络言论在促进信息多元化的同时，也出现了传播淫秽思想、侵犯个人权利、网络诈骗等恶劣后果，对社会稳定和公民权利构成了新的威胁。因此，对网络言论的保障应当遵循尊重公民权利、维护社会秩序的原则（图7-22）。

图7-22 对网络言论的保障和规制

**1. 立法保护**

一般而言，通过立法来保障言论自由是对网络言论保护的最重要途径，立法也是将理论变为实践的第一步。随着人们法制意识的提高，我国的法制进程不断推进。目前我国已经初步形成了《宪法》《刑法》《国家安全法》《国家保密法》《互联网新闻信息服务管理规定》《互

联网信息服务管理办法》《计算机信息系统安全保护条例》等一系列有关网络言论的法律体系，保护网络言论的立法已经迈出了新的步伐，但法律体系还不健全。

网络空间的广阔性可以容纳不同主体发表的各种言论的多元化。既要保护网络言论的多样化，又要做到限制不利言论的发表，这对我们的立法是一个极大的挑战。因此，我国首先将网络言论纳入言论自由宪法保护的范围之内，以宪法为其基础权利保障，其次在立法过程中注重网络言论的基本权利属性，以及它的民主价值。

### 2. 加强行业自律

对于网络言论的保护，除依靠法律外，还应该注重发挥网络管理技术的作用，同时建立民间网络协调机构对网络进行自我规范。法律法规的强制性规定不能对网络言论进行全面的保护，我们在寻求更加有效的保护机制的同时，也应当重视网络的自律功能。有效的网络协调机制可以促进网络的优化管理。因此，要加强网络技术的研究，培养专业的网络技术人才，才能为网络空间的言论自由保驾护航。

（1）建立网络协调机构　20世纪90年代以来，随着网络的普及和广泛应用，国家制定的法律已经不能对网络这一新的言论领域进行有效的调控，这就需要一个社会组织的参与，加强对网络安全问题的合作与协调，对网络实施协调管理，优化网络环境，保障网络言论健康发展。网络广泛普及以后，在世界各国的不断努力之下出现了一些社会性的组织，这些组织不分国界，共同努力，发展成为国际性的社会网络研究机构。这些机构在优化网络环境、加强网络管理方面起到了积极的作用，为网络言论自由奠定了基础。

（2）加强对网络技术的研究和网络基础知识的教育　首先，加强网络技术方面的研究，切实保护网络言论健康发展。密码技术的不断改进和完善有助于对个人信息安全的保护，同时能够有效保护个人隐私不受非法侵犯。其次，网络硬件设施与软件环境的改善，需要具有专业技术的人才的支持，对于网络技术人才的培养应当加强重视，加强信息技术人员的培养，为网络言论健康发展提供人才保障。

### 3. 网络言论主体的自我约束

网络出现以后，为人们交流思想、发表意见提供了一个广阔的平台，人们自由的观念及思想得以展现。然而，任何自由都不是绝对的，网络言论同样也要受到道德的规范和法律的约束。那些侵犯公民个人隐私权、名誉权的行为将会受到道德谴责和法律的惩罚；那些有伤社会风化、扰乱社会公共秩序的不良言论将会受到法律的限制。

我国的网民是一个庞大的社会群体，他们当中有工人、农民、学生和国家工作人员等，他们当中大多是"80后"或"90后"，对于网络上出现的不良信息缺乏辨别能力，同时容易受到虚假信息的蒙骗。因此，提高网民的道德素质和法律意识成为必要之举。

### 4. 加强网络言论保障问题的研究

言论自由是宪法规定的基本权利和自由，在网络技术发达的今天，言论自由在网络空间中又有了新天地。网络是一个开发的虚拟世界，为人们发表言论提供了一个充分的空间。同时，网络有利于信息资源共享，促进先进文化的传播。如何正确地规制和引导网络言论，保障网络言论健康发展，尤其是如何处理网络言论与隐私权和知识产权的关系、网络与信息公开及电子出版等问题，需要人们深刻研究。

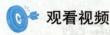

知识帖！这些中华礼仪用语，你会用吗？

https://v.qq.com/x/page/k0551jg37zt.html

## 希波克拉底誓词

(资料来源：百度百科)

道德研究中一个特别重要的方面涉及对职业行为的研究。一个典型的例子就是医生所遵循的希波克拉底誓词。

希波克拉底誓词，又称希波克拉底誓言，是要求医学生入学的第一课就要学习并正式宣誓的誓言。

简短而凝练的誓言，向世人公示了四条戒律：对知识传授者心存感激；为服务对象谋利益，做自己有能力做的事；决不利用职业便利做缺德乃至违法的事情；严格保守秘密，即尊重个人隐私、谨护商业秘密。

### 知识与技能训练题

**一、名词解释**

1. 隐私观念
2. 道德

**二、多项选择**

1. 商业法规的目的是（    ）。

A. 保护企业免于不正当竞争

B. 保护消费者免于商家的欺诈

C. 保护社会利益群体免受不法企业的伤害

D. 要求企业承担由其产品或生产过程造成的社会成本

2. 营造"绿色""和谐"营销场域需要（    ）。

A. 立法保护　　　　　　　　　B. 加强行业自律

C. 网络言论主体的自我约束　　D. 加强网络言论保障问题的研究

3. 法律环境对企业生产经营活动的影响具有如下特点：（    ）

A. 直接性　　B. 难预测性　　C. 不可逆转性　　D. 间接性

**三、论述题**

现代营销中不道德行为带来的问题。

参考答案

# 附录一 基于用户画像分析的精准营销实践实验手册

基于用户画像分析的
精准营销实践

## 一、课程概况

某公司最近发现用户流失率一直居高不下,因此希望进行一次促销活动,对精准人群进行定向促销,从而降低流失率。学生需要通过用户画像和数据挖掘知识完成这次精准营销。

## 二、实验课程设计目的与考核

### 1. 实验背景

实验以一家电商公司为背景。公司在网上设有线上旗舰店,主营手机配件,学生为公司市场部运营专员。公司最近发现用户流失率一直居高不下,因此希望进行一次促销活动,对精准人群进行定向促销,从而降低流失率。学生需要通过用户画像和数据挖掘知识完成这次精准营销。

### 2. 教学目的

(1) 让学生了解用户画像的标签体系。
(2) 让学生学会实际场景用户画像的应用。
(3) 让学生了解数据挖掘和机器学习在用户画像中的应用。
(4) 让学生熟悉短信营销如何配合精准营销设计促销活动。

### 3. 实验对应理论课程

数据化运营与用户画像对应的理论课程。

### 4. 实验特色

(1) 知识点囊括完整,让学生能全面学习。
(2) 全3D案例流程展示,让学习有趣味不枯燥。

（3）内置仿真模型，动态模拟营销效果，让学生的决策有不同的反馈。

（4）从实际角度出发，让学生能够了解知识点的应用。

（5）云端移动授课，课时较短，节省时间，上手开课简单，老师省力。

## 三、实验内容概述

### （一）实验基本流程（教师）

**1. 登录系统**

单击链接 http：//www.suitanglian.com/#/，进入"随堂练在线实验平台"，见附图 1-1，单击"登录"按钮，进入登录界面（附图 1-2），输入登录账号、密码、验证码，进入实验教学界面（附图 1-3）。

附图 1-1

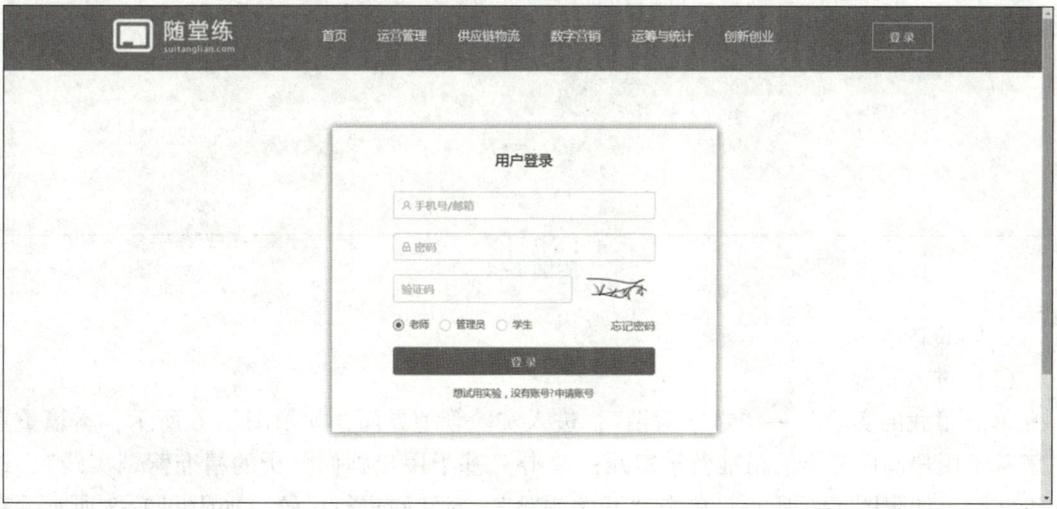

附图 1-2

附图 1-3

**2. 班级管理**

单击"我的班级",进入班级管理界面(附图1-4);单击"新增班级",如附图1-5所示,填写班级名,导入班级名单,单击"提交",完成新增班级;单击"学生",可以查看学生名单;单击"修改",可以修改班级名称;单击"删除",可以删除班级。

注:学生名单必须按照规定模板导入。

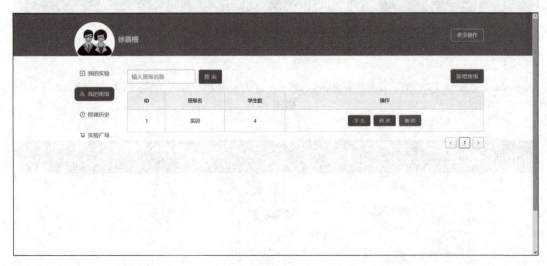

附图 1-4

**3. 实验管理**

(1) 进入实验

单击"我的实验"—"数字营销",进入实验管理界面,如附图1-6所示,本篇重点讲解基于用户画像分析的精准营销实践;单击"基于用户画像分析的精准营销实践",进入本实验,如附图1-7所示;单击"开始实验",对实验进行设置,如附图1-8所示,在此可以选择实验班级,选择好后,单击"开始实验",进入实验界面,如附图1-9所示。

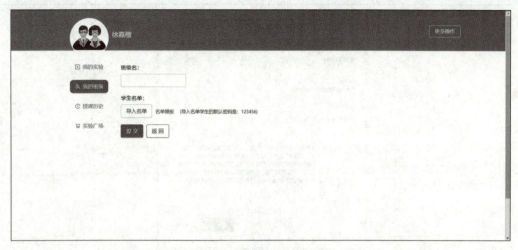

附图 1-5

附图 1-6

附图 1-7

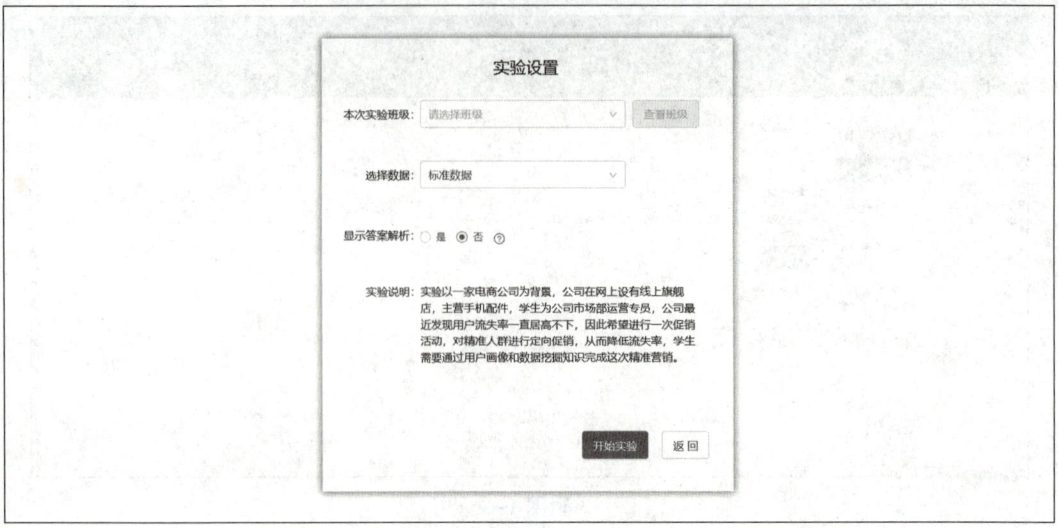

附图 1-8

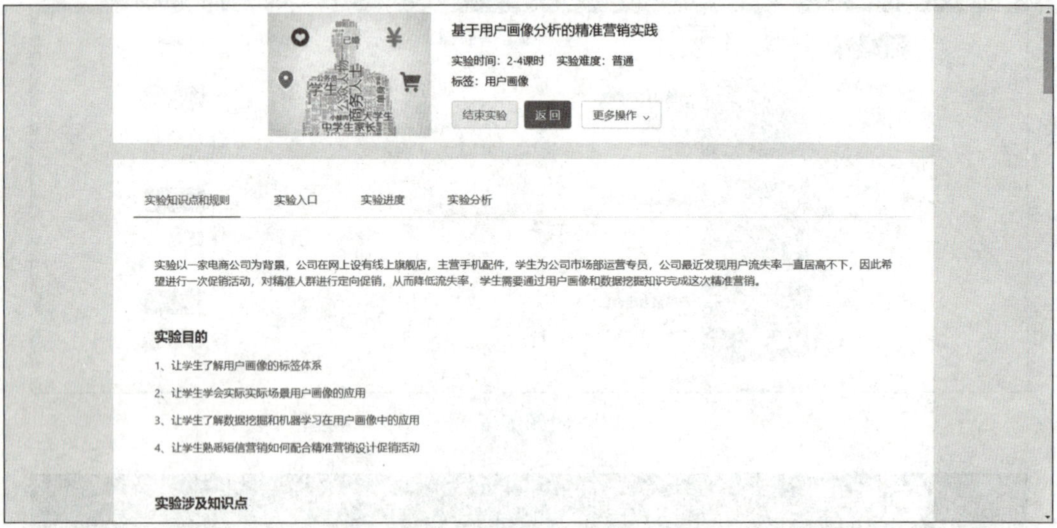

附图 1-9

（2）实验知识点和规则讲解

单击"实验知识点和规则"，进行查看，了解相关知识点以及规则，如附图 1-10 所示。

（3）学生实验入口

单击"实验入口"，如附图 1-11 所示，出现一个二维码，学生可以通过微信或主流浏览器扫描二维码，也可以在电脑浏览器输入以下网址：http：//www.suitanglian.com：80/#/studentLogin/ydt，进入操作界面，进行实验操作。

（4）教师实验管理

单击"实验进度"，如附图 1-12 所示，对学生进度进行查看，可查看学生状态以及学生当前决策环节。

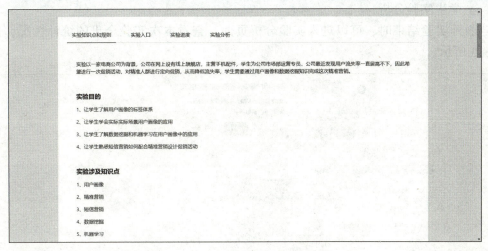

附图 1-10

附图 1-11

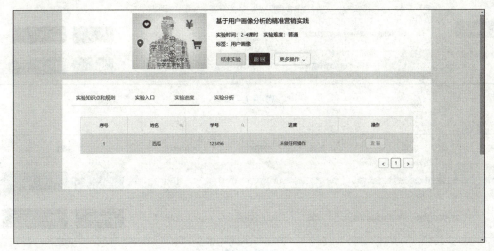

附图 1-12

（5）学生实验分析

当教师实验结束时，可以进入实验分析页面，查看本次实验全班的统计情况，如附图 1-13 所示。

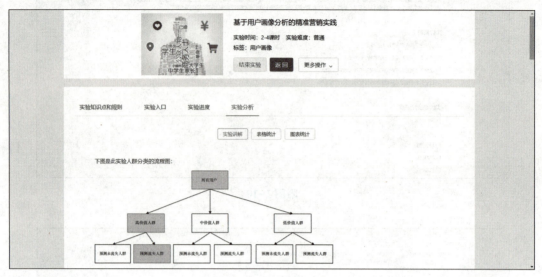

附图 1-13

## 4. 学生实验报告

实验结束后，返回实验首页，单击附图 1-14 所示的实验报告，进入实验报告界面，如附图 1-15 所示，进入后可以看到教师以往的授课历史记录，单击“数据分析”可以看到那次实验最后的实验分析数据，如附图 1-16 所示；也可以单击“查看参与学生”查看那次实验当中每个参与学生的实验情况，如附图 1-17 所示；教师可以对某个学生进行实验打分，可以先点击学生的详细数据，然后进行评分，如附图 1-18 所示，单击“点击查看该学生详细数据”可以看到学生每次实验的详细情况。

附图 1-14

| 序号 | 实验 | 班级 | 开课时间 | 实验状态 | 操作 |
|---|---|---|---|---|---|
| 1 | 基于用户画像分析的精准营销实践 | 实训 | 2021/5/26 10:20:52 | 进行中 | 进入实验 查看参与学生 |
| 2 | 基于用户画像分析的精准营销实践 | 实训 | 2021/5/26 10:05:57 | 已结束 | 数据分析 查看参与学生 |

附图 1-15

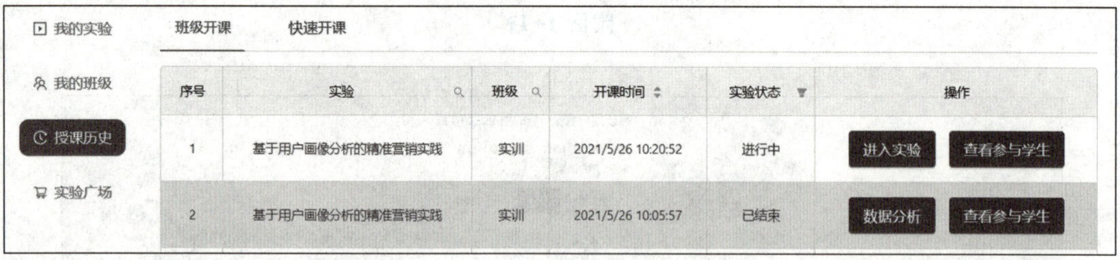

附图 1-16

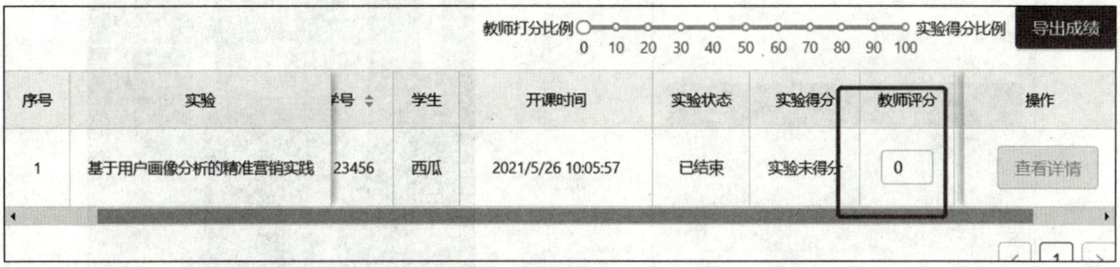

附图 1-17

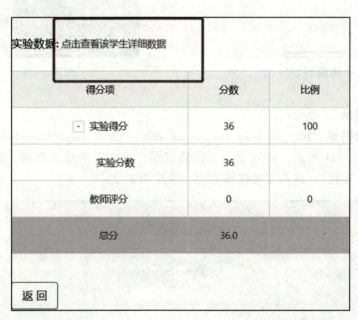

附图 1-18

（二）实验基本流程（学生）

**1. 登录系统**

（1）手机扫码登录

学生用手机扫码后，首先出现登录界面，如附图 1-19 所示，学生使用学号和密码进行登录，登录系统后，进入系统主界面，如附图 1-20 所示。

附图 1-19　　　　　　　　　　　附图 1-20

（2）电脑登录

浏览器访问网址：http://www.suitanglian.com:80/#/studentLogin/ydt，进入系统登录界面，如附图 1-21 所示，输入学号、密码登录，进入系统操作界面，如附图 1-22 所示；选择"进入实验"，进入实验操作界面，见附图 1-23。

附图 1-21

附图 3-22

附图 3-23

注：手机端和电脑端的操作内容完全一致，因此后续操作步骤用电脑端进行讲解，实验报告界面只有电脑端有。

**2. 查看规则**

单击附图 1-23 所示界面上的"?"按钮，查看实验规则，下拉到最后，查看实验的操作步骤（附图 1-24）。

**3. 知识学习**

单击附图 1-23 所示界面中的"知识学习"按钮，对实验知识点进行学习，学习用户画像、数据挖掘和机器学习、精准营销，如附图 1-25 所示。

**4. 统计报告**

单击附图 1-23 所示界面中的"统计报告"按钮，查看"网站数据统计图表""已流失未流失人群特征对比"，如附图 1-26 所示。

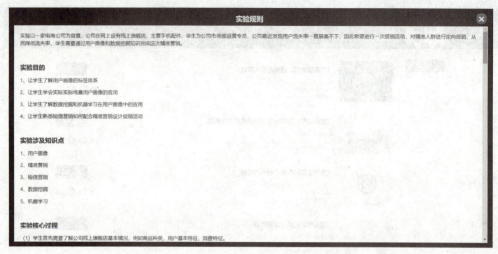

附图 1-24

附图 1-25

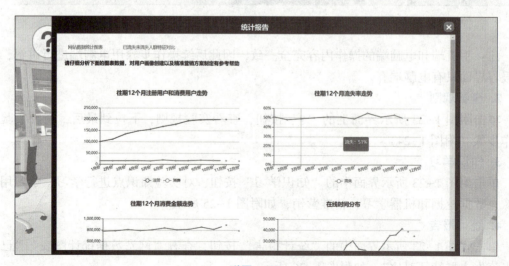

附图 1-26

## 5. 用户画像

单击附图 1-23 所示界面中的"用户画像"按钮，可以单击"手动创建用户画像"或"数据挖掘分析数据"按钮，如附图 1-27 所示；单击"手动创建用户画像"按钮，对用户画像进行创建，如附图 1-28 所示，单击"数据挖掘分析数据"，选择想要做的事情，如附图 1-29 所示。

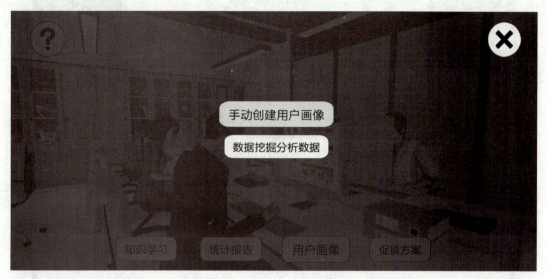

附图 1-27

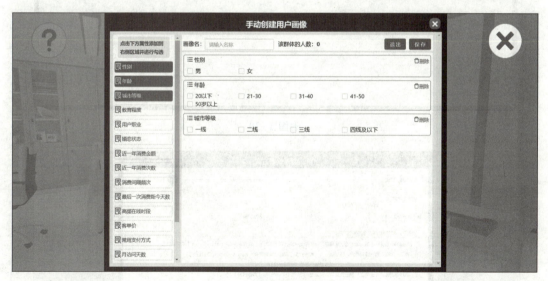

附图 1-28

## 6. 促销方案

单击附图 1-23 所示界面中的"促销方案"按钮，进入制定促销方案界面（附图 1-30），单击"新增方案"按钮，选择创建过的方案进行制定（附图 1-31），制定完毕单击"开始实施"按钮，进入实施动画仿真界面（附图 1-32），仿真动画结束查看实验报告（附图 1-33）。

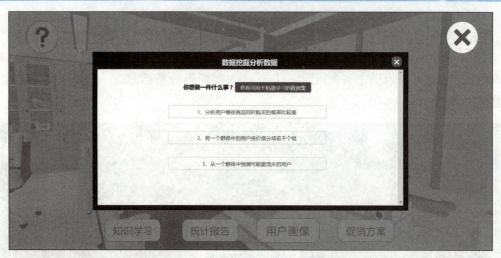

附图 1-29

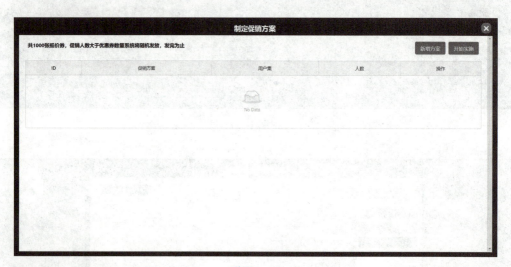

附图 1-30

附图 1-31

附图 1-32

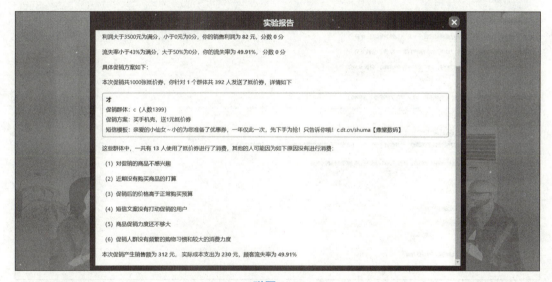

附图 1-33

### 7. 实验报告

学生在电脑端选择"实验报告",选择自己做的相应实验进行提交(附图 1-34);单击"提交作业",可查看自己的实验评分(附图 1-35);单击"点击查看详细数据",可对实验详细数据进行查看(附图 1-36)。

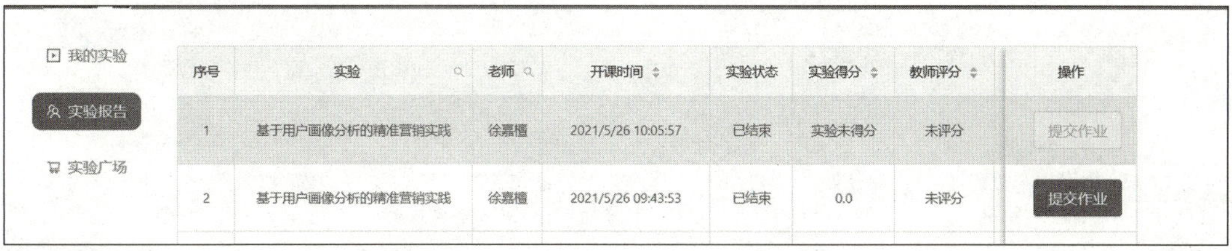

附图 1-34

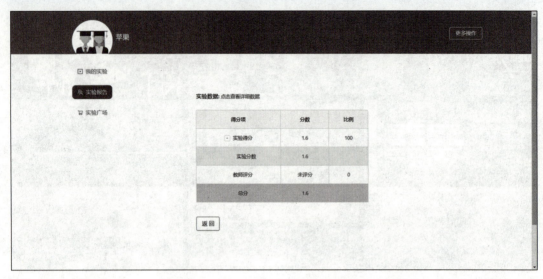

附图 1-35

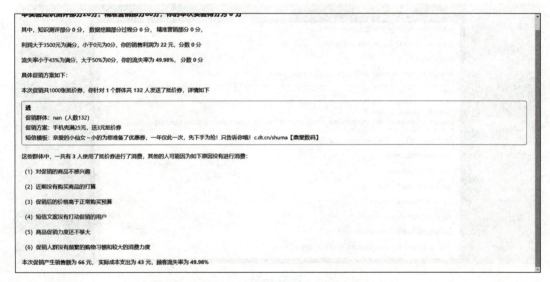

附图 1-36

# 附录二　基于大数据分析的用户体验改善实验手册

基于大数据分析的
用户体验改善

 **一、课程概况**

某公司网站刚上线,所以用户体验需要持续改进。学生需要分析网站的各种用户行为以及各种运营指标数据,从数据中分析出网站交互体验和服务体验不友好的地方,并提出修改建议。

### 1. 实验背景

实验以一家电商公司为背景。该公司主营女士服装产品,学生为公司市场部运营专员。公司有自己的商城网站,因为网站刚上线,所以用户体验需要持续改进。学生需要分析网站的各种用户行为以及各种运营指标数据,从数据中分析出网站交互体验和服务体验不友好的地方,并提出修改建议。

### 2. 教学目的

(1) 让学生了解描述用户体验的模型。
(2) 让学生学会如何从数据分析中去总结用户体验的好坏。
(3) 让学生了解客户旅程的概念,明白用户体验是多方位多阶段的。

### 3. 实验对应理论课程

用户体验理论与实践、用户体验要素对应的理论课程。

### 4. 实验特色

(1) 知识点囊括完整,让学生能全面学习。
(2) 全3D案例流程展示,让学习有趣味不枯燥。

（3）从实际角度出发，让学生能够了解知识点的应用。

（4）云端移动授课，课时较短，节省时间，上手开课简单，老师省力。

## 三、实验内容概述

### （一）实验基本流程（教师）

#### 1. 登录系统

点击链接 http://www.suitanglian.com/#/，进入随堂练实验教学平台，见附图 2-1，单击"登录"按钮，进入登录界面（附图 2-2），输入登录账号、密码、验证码，进入实验教学界面（附图 2-3）。

附图 2-1

附图 2-2

附图 2-3

**2. 班级管理**

单击"我的班级",进入班级管理界面,如附图 2-4 所示;单击"新增班级",如附图 2-5 所示,填写班级名,导入班级名单,单击"提交",完成新增班级;单击"学生",可以查看学生名单;单击"修改",可以修改班级名称;单击"删除",可以删除班级。

注:学生名单必须按照规定模板导入。

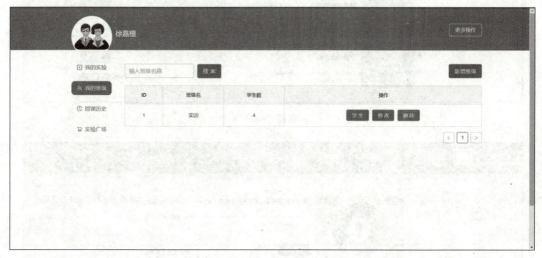

附图 2-4

**3. 实验管理**

(1) 进入实验

单击"我的实验"—"数字营销",进入实验管理界面,如附图 2-6 所示,本篇重点讲解基于大数据分析的用户体验改善;单击"基于大数据分析的用户体验改善",进入本实验,如附图 2-7 所示;单击"开始实验",对实验进行设置,如附图 2-8 所示,在此可以选择实验班级,选择好后,单击"开始实验",进入实验界面,见附图 2-9。

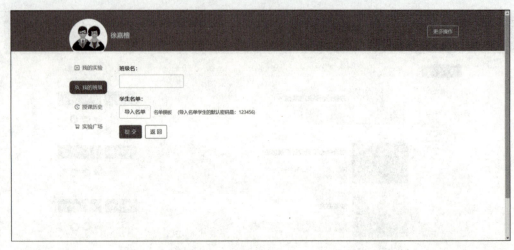

附图 2-5

附图 2-6

附图 2-7

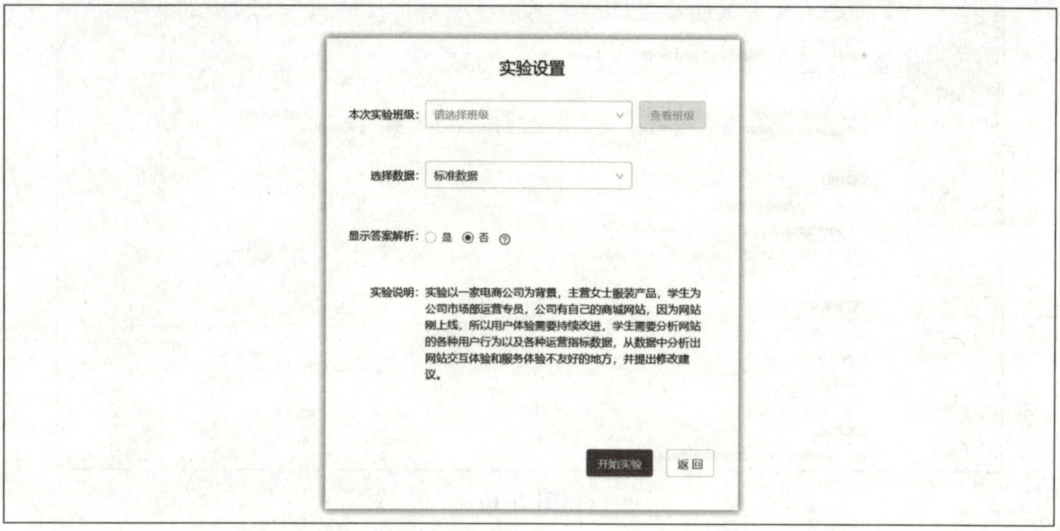

附图 2-8

附图 2-9

(2) 实验知识点和规则讲解

单击"实验知识点和规则",进行查看,了解相关知识点以及规则,如附图 2-10 所示。

(3) 学生实验入口

单击"实验入口",如附图 2-11 所示,出现一个二维码,学生可以通过微信或主流浏览器扫描二维码,也可以在电脑浏览器输入以下网址:http://www.suitanglian.com:80/#/studentLogin/ydt,进入操作界面,进行实验操作。

(4) 教师实验管理

单击"实验进度",如附图 2-12 所示,对学生进度进行查看,可查看学生状态以及学生当前决策环节。

· 253 ·

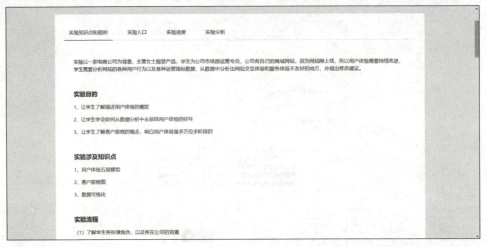

附图 2-10

附图 2-11

附图 2-12

（5）学生实验分析

当教师实验结束时，可以进入实验分析页面，查看本次实验全班的统计情况，如附图 2-13 所示。

附图 2-13

## 4. 学生实验报告

实验结束后，返回实验首页，单击附图 2-14 所示的实验报告，进入实验报告界面，如附图 2-15 所示，进入后可以看到教师以往的授课历史记录，单击"数据分析"可以看到那次实验最后的实验分析数据，如附图 2-16 所示；也可以单击"查看参与学生"查看那次实验当中每个参与学生的实验情况，如附图 2-17 所示；教师可以对某个学生进行实验打分，可以先点击学生的详细数据，然后进行评分，如附图 2-18 所示，单击"点击查看该学生详细数据"可以看到学生每次实验的详细情况。

附图 2-14

附图 2-15

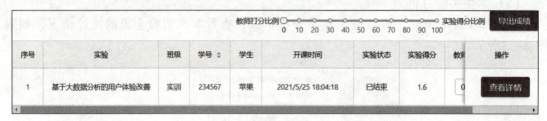

附图 2-16

附图 2-17

附图 2-18

## （二）实验基本流程（学生）

### 1. 登录系统

（1）手机扫码登录

学生用手机扫码后，首先出现登录界面，如附图 2-19 所示，学生使用学号和密码进行登录，登录系统后，进入系统主界面，如附图 2-20 所示。

附图 2-19　　　　　　　　　　　　　　　　附图 2-20

（2）电脑登录

浏览器访问网址：http：//www.suitanglian.com：80/#/studentLogin/ydt，进入系统登录界面，如附图 2-21 所示，输入学号、密码登录，进入系统操作界面，如附图 2-22 所示；选择"进入实验"，进入实验操作界面，如附图 2-23 所示。

附图 2-21

附图 2-22

附图 2-23

注：手机端和电脑端的操作内容完全一致，因此后续操作步骤用电脑端进行讲解，实验报告界面只有电脑端有。

**2. 查看规则**

单击附图 2-23 所示界面上的 "？" 按钮，查看实验规则，下拉到最后，查看实验的操作步骤（附图 2-24）。

**3. 知识学习**

单击附图 2-23 所示界面中的 "知识学习" 按钮，对实验知识点进行学习，学习用户体验模型、客户旅程、常见用户指标，如附图 2-25 所示。

**4. 大数据报告**

单击附图 2-23 所示界面中的 "大数据报告" 按钮，查看 "网站运营报告" "大数据统计报告"，如附图 2-26 所示。

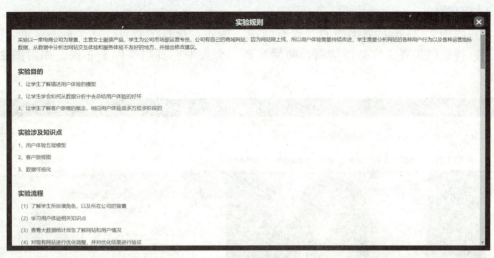

附图 2-24

附图 2-25

| | 指标 | 网站数据-改善前 | 网站数据-改善后 | 同类平均 |
|---|---|---|---|---|
| | 注册用户 | 45000 | 未改善 | 65000 |
| 流量 | 访客数 | 6267 | 未改善 | 7215 |
| | 总浏览量（商品详情页） | 17450 | 未改善 | 18350 |
| | （总）支付件数 | 108 | 未改善 | 129 |
| | 成交金额 | 10710 | 未改善 | 17784 |
| 交易 | 客单价 | 102 | 未改善 | 156 |
| | 支付买家数 | 105 | 未改善 | 114 |
| | 支付转化率 | 1.7% | 未改善 | 1.8% |
| | 加购率 | 5% | 未改善 | 6% |
| 转化 | 收藏率 | 5.5% | 未改善 | 4.9% |

附图 2-26

### 5. 现有网站

单击附图 2-23 所示界面中的"现有网站"按钮,查看注册页、登录页、首页、商品分析页、搜索结果页、商品详情页、购物车页、个人中心页当前网页布局,如附图 2-27 所示。

附图 2-27

### 6. 优化体验

单击附图 2-23 所示界面中的"优化体验"按钮,选择不同的客户类型(附图 2-28),对不同群体客户旅程的每个环节变现和诉求进行填写(附图 2-29),单击"优化方案"按钮,根据客户分析对网页进行优化(附图 2-30),可以选择不同的网页进行优化,单击"优化"按钮,进行选项决策,点击选项会实时更新网页(附图 2-31),优化决策完毕后点击"提交"按钮,单击"实施优化方案"按钮实施优化(附图 2-32),优化动画结束后查看实验报告(附图 2-33)。

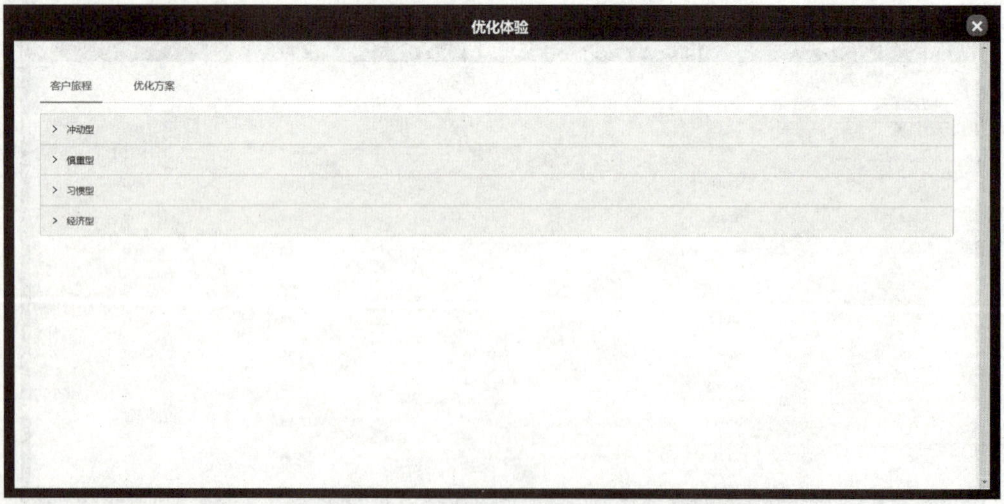

附图 2-28

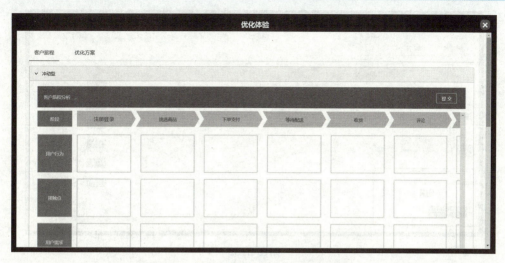

附图 2-29

附图 2-30

附图 2-31

附图 2-32

附图 2-33

### 7. 实验报告

学生在电脑端选择"实验报告",选择自己做的相应实验进行提交(附图 2-34);单

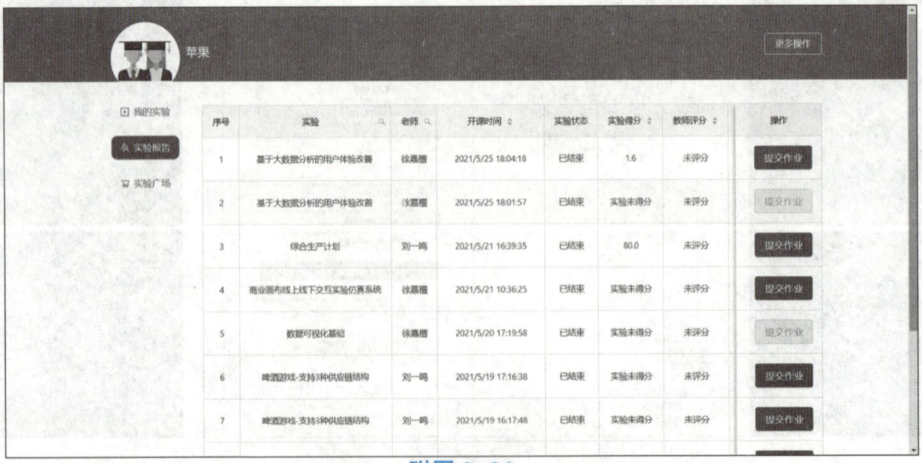

附图 2-34

击"提交"作业,可查看自己的实验评分(附图2-35);单击"点击查看详细数据",可对实验详细数据进行查看(附图2-36)。

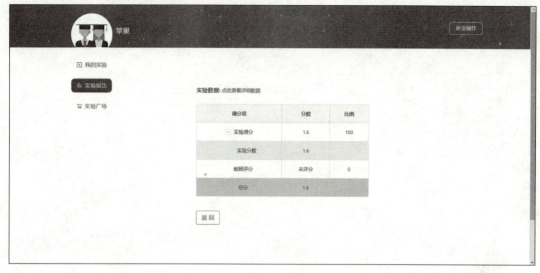

附图 2-35

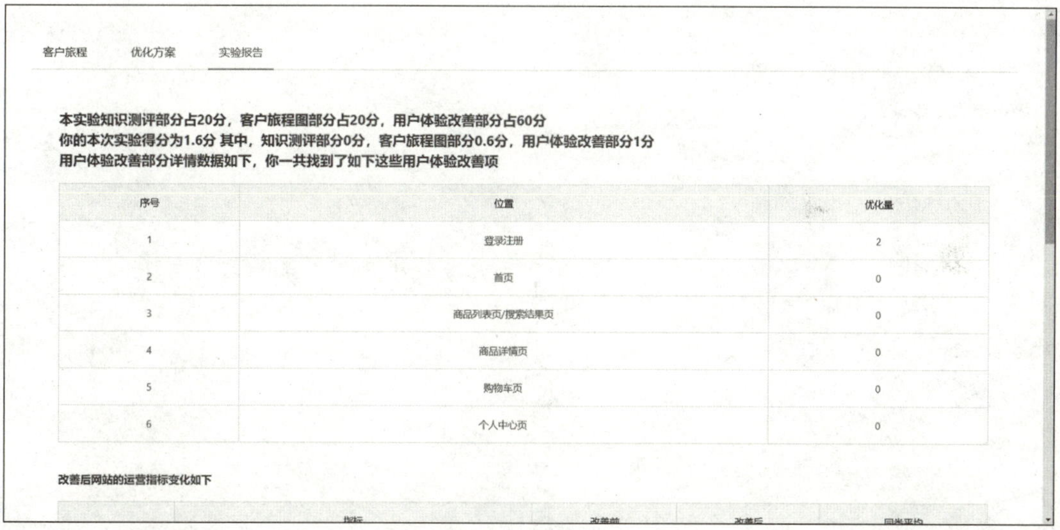

附图 2-36